이것이
전인치유다

이화영 목사의 성경주의 치유론

개정 증보판

이것이 전인치유다

이화영 지음

크리스챤서적

| 추천사 |

『이것이 전인치유다』의 출간을 축하합니다. 이 책은 다른 어떤 책보다도 구체적이고 실제적으로 도움을 받을 수 있는 치유 교과서입니다. 읽으면서 "아하 그렇구나!" 하는 감탄사를 연발하게 되는 귀중한 책입니다.

이 책은 여러 가지 책을 조합해 놓은 것이 아닙니다. 저자가 수많은 체험과 오랜 치유사역, 깊은 성경연구 끝에 내놓은 것입니다. 이 책을 읽고 그대로 실천하면 수많은 시행착오를 하지 않을 것입니다. 영, 혼, 육을 치유하기 위해 시간과 물질을 낭비하지 않고 정코스로 치유 받을 수 있을 것입니다.

저자는 『지옥에 가는 크리스천들?』(1, 2, 3)의 저자로도 유명합니다. 처음에는 그 책 때문에 찬사도 많이 받았지만 시비도 많이 받았습니다. 긴 고난의 시간을 보냈습니다. 그 고난을 잘 통과한 후에 진주처럼 만들어진 결정체가 이 책입니다.

저자 부부는 어느 누구보다 성실하고 정직합니다. 또한 겸손합니다. 꾸밈이 없고 가식이 없습니다. 정말 주님이 기뻐하시는 신실하고 믿을 수 있는 사역자 부부입니다.

저자 부부를 만나는 내담자들은 주님을 제대로 소개받아 구원의 확신을 얻어서 새롭게 신앙생활을 합니다. 오랫동안 신앙생활을 하면서도 구원의 확신이 없었던 사람은 흔들리지 않는 구원의 확신을 얻고, 풍성한 삶으로 초대받습니다.

현재 수많은 사람이 유튜브를 통하여 저자의 동영상을 시청하고 있으며, 국내는 물론 심지어 외국에서 저자를 만나러 오기도 합니다.

저자가 이렇게 성장한 것은 배우고 연구하는 일에 열심을 냈기 때문입니다. 저자는 특히 성경의 난해 구절 연구에 심혈을 기울이고 있습니다. 그 결과 여러 권의 탁월한 책을 출간했습니다. 앞으로 전인치유에 관한 책을 더 많이 저술하기를 기대합니다.

한편으로 저자는 양촌힐링센터에서 실시하는 가정사역 전 과정을 수료한 이후, 가정사역자로서 흔들리는 가정들을 든든하게 세우고, 부부가 하나 되게 하고, 가정을 천국으로 만드는 일에도 성실하게 섬기고 있습니다.

모든 그리스도인에게 이 책의 일독을 권합니다. 그리하여 주님이 벌써 마련해 놓으신 풍성하고 신나는 삶을 누리시기를 원합니다.

2013. 8. 20.
유난히 더운 여름철 아침에
양촌힐링센터, 크리스찬가정사역센터 원장 김종주

| 시작하는 말 |

프랜시스 맥너트(Francis Macnutt) 박사님은 그의 저서『거의 완벽한 범죄(Nearly Perfect Crime)』에서 '목회자가 전인치유사역을 하지 않는 것'을 '거의 완벽한 범죄를 저지르는 것'으로 규정했습니다.[1]

오늘날 헤아릴 수 없이 많은 성도가 전인치유를 받지 못하여 정신질환과 육체질환으로 고생하거나 다른 사람들을 괴롭히거나 심지어 살인, 또는 자살을 감행합니다. 가장 큰 원인은 신학교에서 전인치유를 가르치지 않는 데 있습니다.

제가 그랬던 것처럼 대부분이 오랫동안 이런저런 문제로 큰 고통을 받다가 전인치유를 받으러 옵니다. 어떤 이는 수십 년 동안 지옥 같은 생활을 하다가 오기도 하고, 심지어 자살, 또는 이혼을 결심한 상태에서 물에 빠진 사람이 지푸라기를 잡는 심정으로 오기도 합니다.

그중에는 간혹 소극적으로 치유에 임하여 비교적 작은 은혜를 받는 사람도 있지만, 대부분은 전인치유를 통하여 큰 문제들을 해결받습니다. 이런 분들은 하나님께 감사와 찬양을 올리는 것은 물론

---

[1] 거의 완벽한 범죄, 프랜시스 맥너트 저, 김주성 역, 양촌힐링센터, 2013년

전인치유사역자에게도 사의를 표합니다. 심지어 어떤 분은 저에게 큰절을 하거나 저를 '생명의 은인'으로 칭하기도 했습니다. 이런 보람 때문에, 그리고 강한 사명감 때문에 저는 기쁘게 전인치유사역을 감당했습니다.

하나님이 저에게 양촌힐링센터의 김종주 원장님을 만나는 은혜를 베풀지 않으셨으면 지금도 저는 거의 완벽한 범죄를 저지르고 있을 것입니다. 한편으로는 많은 고통을 받고 있을 것이고, 다른 사람들을 괴롭히고 있을 것입니다. 생각만 해도 끔찍합니다.

연약하고 부족한 저를 전인치유사역자로 세워 주신 하나님께 감사와 찬송을 올립니다. 아울러 저를 전인치유사역자로 훈련시켜 주시고, 전인치유사역자로 세워 주신 김종주 원장님, 저에게 전인치유사역자의 모범을 보여 주셨을 뿐만 아니라 전인치유사역 기법을 전수해 주신 김준태 목사님을 비롯한 양촌힐링센터의 전인치유사역자들, 그리고 헌신적인 동역자인 아내 및 두 자녀와 저의 내담자들에게 감사를 드립니다.

제가 본서를 쓰게 된 동기는 다음과 같습니다.

첫째, 전인치유사역을 하면서 전인치유 이론을 보완할 필요성을 느꼈기 때문입니다.

둘째, 하나님이 전인치유에 관한 성경의 난해 구절들을 깨닫게 해 주셨기 때문입니다.

셋째, 저의 전인치유 강의를 경청한 몇몇 분들이 강의 내용을 책으로 써 줄 것을 요청했기 때문입니다.

이 책이 전인치유가 필요한 분들에게 도움이 되기를 간절히 바랍니다.

책에서 사례로 든 내담자님들이 경험한 일들은 신분의 노출을 우려하여 이름, 직분, 사는 곳, 치유 기법 등을 바꿨습니다. 오직 치유 결과만 사실대로 소개했습니다.

제가 하나님께 본서의 출판비를 공급해 주실 것을 1주일 정도 기도하던 중에 어떤 목사님이 오늘(2020년 5월 15일) 출판에 필요한 후원금을 보내 주셔서 본서를 출판하게 되었습니다. 하나님이 그 목사님에게 큰 은혜를 부어 주시기를 기도합니다.

본서는 2013년도에 출판한 초판을 개정하고 증보한 것입니다.

본서를 정성껏 만들어 주신 크리스챤서적 임성암 사장님과 임직원님들에게 하나님의 은혜가 넘치기를 기도드립니다.

본서를 통한 모든 영광을 하나님께 돌립니다.

2020년 5월 15일
천안시 월봉산 기슭에서

* 유튜브에 '이것이 전인치유다', '전인치유' 등의 제목으로 올린 동영상이 있습니다.

| 차례 |

추천사 • 4

시작하는 말 • 6

제1부 | 전인치유란 무엇인가?

1. 내가 왜 이러는 걸까? • 14
2. 전인치유란 무엇인가? • 40
3. 악령의 진지를 파쇄(破碎)하라 • 48
4. 거의 완벽한 범죄 • 56
5. 양촌힐링센터에서 사용하는 전인치유법 • 72
6. 토설치유법 • 76
7. 용서치유법 • 113
8. 회개치유법 • 121
9. 고백치유법 • 136
10. 선포치유법 • 141
11. 축사치유법 • 145
12. 악령을 추방하는 방법 • 162
13. 자가(스스로)축사 방법 • 189
14. 내담자가 주의해야 할 것들 • 198
15. 솔 타이(Soul-Tie)란 무엇인가? • 211
16. 성경의 치유에 관한 두 가지 중대한 오해 • 236

제2부 | 가계치유론

1. 가계치유란 무엇인가? • 270
2. 가계저주 반대론자들의 주장 • 279
3. 가계저주의 원리 • 330
4. 가계저주의 증거 • 336
5. 가계저주를 끊는 방법 • 351

맺는말 • 390

제1부

전인치유란 무엇인가?

1. 내가 왜 이러는 걸까?
2. 전인치유란 무엇인가?
3. 악령의 진지를 파쇄(破碎)하라
4. 거의 완벽한 범죄
5. 양촌힐링센터에서 사용하는 전인치유법
6. 토설치유법
7. 용서치유법
8. 회개치유법
9. 고백치유법
10. 선포치유법
11. 축사치유법
12. 악령을 추방하는 방법
13. 자가(스스로)축사 방법
14. 내담자가 주의해야 할 것들
15. 솔 타이(Soul-Tie)란 무엇인가?
16. 성경의 치유에 관한 두 가지 중대한 오해

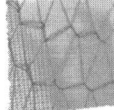

1. 내가 왜 이러는 걸까?

그는 대학 시절부터 절대로 국을 먹지 않았다.

장교로 군대에 입대한 그는 소대장이 되었다. 그는 자신의 당번병에게 엄명을 내렸다.

"나는 국을 안 먹으니까 절대로 국을 가져오지 마. 알았어?"

"네, 알겠습니다!"

당번병은 한 달이 지나도록 그에게 국을 주지 않았다. 하루하루가 평온하게 지나갔다.

한 달이 지난 어느 날이었다. 예전처럼 그날도 당번병이 밥상을 들고 왔다. 그런데 그 밥상에 국그릇이 놓여 있는 게 아닌가? 그것을 보는 순간, 소대장의 눈에 불꽃이 튀었다. 소대장은 다짜고짜 밥상을 둘러엎었다. 그러고는 당번병을 흠씬 두들겨 팼다. 한참 만에야 제정신을 차린 소대장은 당번병에게 소리쳤다.

"내가 '절대 국을 가져오지 말라'고 했는데, 왜 국을 가져왔어?"

당번병이 울면서 대답했다.

"오랜만에 좋은 소고기가 나와서 소대장님이 다른 국은 안 드셔도 소고깃국은 드실 줄 알고 가져왔습니다."

"……."

그 소대장은 나중에 목회자가 되었다. 그는 지금 70세가 다 되었지만 그때 구타했던 당번병에게 사과하기 위하여 그를 찾고 있다!

그가 절대 국을 먹지 않은 데는 그만한 이유가 있었다.

어릴 때 그의 집은 찢어지게 가난했다. 아버지가 독립운동을 하다가 장애인이 되어서 돈을 벌지 못했기 때문이었다. 아버지는 봄이 되면 불편한 몸을 이끌고 날마다 쑥을 뜯었다. 어머니는 그 쑥으로 죽을 끓였다. 온 가족이 지겹도록 쑥죽을 먹었다. 이 때문에 그는 죽은 물론 국까지 먹지 않는 사람이 되었던 것이다. 더 나아가 자신이 고통받을 뿐만 아니라, 다른 사람에게까지 고통을 주는 사람이 되었던 것이다.

많은 사람이 우리에게 질문한다.

"내가 왜 이러는 걸까요?"

"우리 집안은 왜 이러는 걸까요?"

많은 성도가 열심히 신앙생활을 하는데도 경제적 어려움, 육신의 질병, 부부 갈등, 마음의 갈등 등으로 고통을 받고 있다.

- '욱!' 하고 갑자기 튀어나오는 혈기, 분노, 화(火)……. 가슴에 맺힌 울화병
- 병원에서도 병명(病名)이 나타나지 않는 성인성 질병들
- 끊이지 않는 음란한 생각과 외도, 음란행위
- 알코올중독, 약물중독, 마약중독, 쇼핑중독, 도박중독, 게임중독, 일중독, 종교중독
- 어쩔 수 없는 폭력

- 끊이지 않는 자살 충동
- 애완동물과의 솔 타이(Soul-Tie, 혼적 묶임)
- 가계에 흐르는 부정적 영향력
- 각종 정신질환

이것에 대한 지금까지의 처방은 "금식기도를 해라!", "100일 작정기도를 해라!", "서원기도와 예물을 드려라!" 등이다.

그런데 산기도, 작정헌금, 금식기도, 은사와 능력을 받은 종들의 안수기도 등 백방으로 노력해도 잘 풀리지 않으면 어떻게 할 것인가?

사람이 고통을 당하는 원인은 네 가지로 분류할 수 있다.[2]

첫째, 마음의 상처 때문에 고통을 당한다.
둘째, 죄를 짓기 때문에 고통을 당한다.
셋째, 조상의 범죄 때문에 고통을 당한다.
넷째, 하나님의 도구로 사용되기 때문에 고통을 당한다(욥의 고난, 날 때부터 맹인이 된 사람의 경우 등).

하나님의 도구로 사용되어 고통을 받는 것은 하나님의 뜻이 이루어질 때까지 참고 기다려야 한다. 하지만 그 외의 원인으로 생긴 고통은 당사자의 믿음과 노력으로 얼마든지 제거할 수 있다.

---

[2] 양촌힐링센터 김종주 원장은 고통의 원인을 다섯 가지 뿌리로 설명한다. '태아기의 뿌리, 성장기의 뿌리, 성적인 뿌리, 아버지의 뿌리, 가계의 뿌리'가 그것이다.

마음의 상처와 범죄로 고통을 당하는 경우를 구체적으로 알아보자.

1) 마음의 상처 때문에 고통을 당하는 경우

마음의 상처는 사고와 천재지변을 겪을 때 생기기도 하지만 대부분은 사람에게 거절(拒絕)을 당할 때 생긴다.

데릭 프린스는 '거절'을 아래와 같이 정의했다.

"거절이란 '다른 사람이 나를 원하지 않는다고 느끼는 상태'라고 정의할 수 있습니다."[3]

거절의 상처가 있는 사람은 배신감과 수치심과 무력감에 시달린다. 이런 감정이 심하면 자신은 물론 남들까지 힘들게 한다.

거절의 상처가 생기는 원인은 여러 가지다.
가장 큰 원인은 부모의 거절이다. 부모가 낙태를 원했을 경우, 출생 후에 부모로부터 무시를 당했을 경우, 성장하는 동안 부모에게 충분한 사랑을 받지 못했을 경우에 가장 큰 거절의 상처가 생긴다. 부모의 거절 다음으로는 형제자매와 스승과 친구의 거절이 큰 상처를 준다.

---

3) 거절의 상처를 치유하시는 하나님, 데릭 프린스 저, 조철환 역, 순전한나드, 2013년, p. 8

데릭 프린스는 거절의 상처로 빚어지는 결과를 네 가지로 정리했다.

첫째, 사랑을 표현하지 못하는 사람이 된다.
둘째, 굴복하는 사람이 된다.
셋째, 방어하는 사람이 된다.
넷째, 거역하는 사람이 된다.[4]

거절의 상처의 반대는 과잉보호(過剩保護)의 상처다. 이것 역시 거절의 상처만큼 무서운 결과를 초래한다.

과잉보호의 상처는 사람을 무기력하게 만든다. 과잉보호를 받으며 자란 사람은 의타심 때문에 정상적인 생활이 어렵다.

사람에게 가장 중요한 것은 권위자의 적절한 사랑과 훈육이다. 특히 어린이는 권위자의 사랑과 훈육을 적절하게 받아야 한다. 권위자 중에서도 하나님과 부모와 스승의 사랑과 훈육은 어린이에게 매우 큰 영향을 끼친다.

하나님은 언제나 적절한 사랑과 훈육을 하시기 때문에 아무 문제가 없다. 하지만 사람인 권위자들은 부적절한 사랑과 훈육을 하는 경우가 많아 많은 문제를 일으킨다.

마음에 상처를 받는 경우를 몇 단계로 구분하여 설명하는 것이 전인치유를 이해하는 데 도움이 될 것이다.

---

[4] 거절의 상처를 치유하시는 하나님, 데릭 프린스 저, 조철환 역, 순전한나드, 2013년, p. 42

(1) 어떤 사람은 태아기 때 마음에 상처를 받는다

태아는 어머니의 실수와 무지로, 또는 태아가 원하지 않는 일들로 종종 위험에 노출될 수 있다. 부모의 불화를 비롯하여 각종 사고가 태아에게 큰 충격을 주는 경우가 많기 때문이다.

태아는 충격을 방어할 능력이 거의 없다. 이 때문에 어른에게는 전혀 상처가 안 되는 일도 태아에게는 큰 상처가 될 수 있다.

사람의 의식은 태아기 때 경험한 일을 전혀 기억하지 못한다. 그러므로 대부분의 사람은 누가 가르쳐 주지 않는 한 태아기 때 받은 상처를 알 수 없다. 이 상처는 무의식에 숨어 있다. 이 때문에 많은 사람이 태아기 때 받은 상처로 인하여 고통을 당하는 것을 모르고 살아간다.

❦ 크리스티나의 사례

이 사례는 토마스 버니 박사의 책에 소개되어 있다.[5]

크리스티나가 태어났을 때 모든 것이 순조로워서 아기는 아주 건강했다. 엄마와 태아기의 유대감을 갖고 태어난 갓난아기들은 반드시 엄마 젖을 빨기 마련이다. 그런데 무슨 까닭인지 크리스티나는 그렇지 않았다. 엄마가 젖을 갖다 대도 아기는 얼굴을 돌리고 빨지 않았다. 분유는 먹으면서도 엄마 젖은 먹지 않았다. 그 뒤로 며칠 동안 계속하여 똑같은 일이 벌어졌다. 의사는 뭔가 짚이는 것

---

[5] 태아는 알고 있다, 토마스 버니 저, 김수용 역, 샘터, 2012년, p. 95

이 있어서 크리스티나를 다른 여성에게 데려가서 그녀의 젖을 빨게 했다. 크리스티나는 아무렇지도 않은 듯이 힘차게 그녀의 젖을 빨았다.

다음 날 의사는 크리스티나의 엄마에게 단도직입적으로 '크리스티나를 임신했을 때 임신을 진심으로 원했는지'를 물었다. 엄마는 "임신을 원하지 않았기 때문에 임신중절을 하려고 했으나 남편이 아이를 원해서 그냥 출산했다"고 말했다. 이것이 크리스티나가 엄마의 젖을 빨지 않는 원인이었다. 갓난아기인 크리스티나가 자신을 거절한 엄마를 온몸으로 거부한 것이다!

성장할 때 큰 상처를 받지 않았는데도 두려움, 무기력, 분노, 음란, 과도한 의존, 신경과민, 중독 등에 시달리는 사람은 태아기의 상처 때문에 그럴 가능성이 크다.

특히 낙태를 시도한 부모와 임신 중에 부부싸움을 심하게 한 부모는 아이에게 매우 큰 상처를 준 것을 깨달아야 한다. 이런 부모는 철저하게 그 죄를 회개하고, 자녀에게 충분히 사과하여, 자녀 속에 있는 상처받은 내면 아이(Inner Child)의 분노를 풀어 주어야 한다.

(2) 어떤 사람은 성장기 때 마음에 상처를 받는다

태아기 때 받은 상처 다음으로 사람에게 큰 영향을 끼치는 것은 열 살 이전에 받은 상처다. 그다음에는 청소년기 때 받은 상처가 큰 영향을 끼친다.

어려서 물에 놀란 사람은 그 상처 때문에 물을 두려워하거나 싫어하고, 사람에게 놀란 사람은 그 상처 때문에 사람을 두려워하거나 싫어한다. 상처가 심하면 정상적인 생활을 할 수 없다.

태아기와 성장기 때 마음에 상처를 받은 사람에게는 육체 속에 내면 아이가 생긴다. 이런 사람은 성장한 후에도 상처를 받았을 때의 감정을 그대로 표출한다. 내면 아이를 이해하지 못하는 사람에게는 이런 사람이 황당하게 여겨질 수밖에 없다. '내면 아이'를 '어릴 때 상처받은 감정'으로 정의할 수 있다.

존 브래드쇼(John Bradshaw)는 내면 아이가 만들어지는 원인을 아래와 같이 정리했다.

> "이제 내가 확실하게 이해하게 된 사실은 어린아이의 성장이 저지되거나 감정이 억제되었을 때, 특히 화가 나거나 상처받았을 때의 감정들을 그 아이가 그대로 가진 채 자라서 성인이 된다면 화가 나 있고, 상처받은 그 아이는 어른이 된 후에도 계속하여 그의 내면에 자리 잡게 된다는 것이다. 그리고 그 내면 아이는 그 사람이 성인으로서 행동하는 데 계속하여 지장을 주게 된다는 것이다."[6]

▼ 내담자 사례

그의 첫인상은 차분했다. 하지만 안타깝게도 그는 어릴 때 부모가 이혼한 상처가 있었다. 그는 부모가 이혼 판결을 받을 때 법정에 있었다. 그는 부모의 이혼을 아버지의 책임으로 여기고 있었다. 그의 마음속에는 그때 생긴 내면 아이가 있었다.

---
6) 상처받은 내면 아이 치유, 존 브래드쇼 저, 오제은 역, 학지사, 2010년, p. 31

필자는 그에게 눈을 감으라고 한 다음 그의 부모가 이혼 법정에 있던 장면을 떠올리게 했다(이렇게 하는 것을 직면이라 한다). 이어서 그의 부모가 이혼할 때 하고 싶었던 말을 따라 하게 했다.

"아버지, 왜 이혼했어요?"

그는 이 말을 따라 하자마자 눈물을 흘리며 분노하기 시작했다.

"아버지, 왜 이혼했어요? 왜 이혼했어요? 왜 이혼했어요? 왜 이혼했어요!"

그는 엉엉 울면서 아버지에 대한 분노를 토해 냈다. 얼마 지나지 않아서 그의 몸속에 숨어 있던 악령들이 정체를 드러냈다. 그러자 그는 더욱 열심히 토설했다. 그가 토설하는 동안에 악령들이 많이 빠져나갔다. 토설 후에 필자는 그의 속에 들어 있는 나머지 악령들을 쫓아내 주었다. 토설과 축사(逐邪, 축귀, 구마) 후에 그가 말했다.

"목사님, 마음이 너무 편합니다. 정말 감사합니다."

❧ 과잉보호 사례

그는 인물이 훤하고 머리가 좋았다. 하지만 뒤처리를 하지 않는 것 때문에 자신과 타인을 힘들게 했다. 결국 직장생활과 결혼생활에 실패했다. 그가 이렇게 된 것은 그의 부모가 그를 과잉보호했기 때문이다.

그의 부모는 그를 금이야 옥이야 하며 애지중지했다. 어른이 된 후에도 지극정성으로 보살펴 주었다. 결국 그는 좋은 재능을 살리지 못하는 무기력한 사람이 되고 말았다. 과잉보호의 상처가 이렇게 무섭다.

(3) 어떤 사람은 성년기 때 마음의 상처를 받는다

사람은 어른이 되어도 지나치게 억울한 일을 당하면 마음에 상처를 받는다. 이런 상처는 반드시 치유해야 한다.

🌱 **내담자 사례**

그는 가족들을 양촌힐링센터에 데려다주려고 왔다가 그의 아내와 양촌힐링센터 원장에게 설득을 당하여 억지로 치유를 받게 되었다.

그는 아내와 함께 열심히 교회에 다녔다. 그러던 중에 담임목사가 무리하게 교회당을 건축하게 되었다. 담임목사는 그에게 그의 집을 저당 잡혀서 대출을 해 줄 것을 요구했다. 처음에 그는 거부했지만 결국에는 아내와 목사의 설득을 이기지 못하고 대출을 해 주었다. 그런데 그 목사가 교회를 짓다가 부도를 내고 말았다. 더 기가 막힌 것은 그 목사가 젊은 여 집사와 바람을 피운 것이다.

그는 그때 받은 상처 때문에 신앙생활을 제대로 하지 못하는 것은 물론 아내와도 사이가 벌어져서 가정생활에 어려움을 당하고 있었다.

필자는 그에게 '상처를 치유하지 않으면 삶에 얼마나 부정적인 영향을 끼치는지'를 차근차근 설명했다. 그러자 자신의 상처가 심각한 것을 깨달은 그는 매우 적극적으로 치유를 받았다. 그리하여 마음의 상처를 치유 받은 것은 물론 몸속에 있던 악령도 쫓아낼 수 있었다.

치유사역이 끝난 후에 그가 말했다.

"목사님, 감사합니다. 치유 받지 않고 갔으면 큰일 날 뻔했습니다!"

▮ 사람에게 큰 고통을 주는 두 가지 상처

첫째, 성적인 상처가 큰 고통을 준다.

전인치유사역을 하다 보면 성적인 상처가 있는 사람을 많이 만난다. 특히 남성보다 여성이 성적인 상처 때문에 더욱 큰 고통을 당하는 것을 볼 수 있다.

어떤 사람은 성폭행을 당한 상처 때문에 큰 고통을 겪는다. 어떤 사람은 성추행의 상처 때문에 많이 힘들어한다. 이런 상처를 치유하지 않으면 다른 사람에게 분노를 표출하거나 자신에게 분노한다.

마음에 상처가 있는 사람이 자신에게 분노하면 우울증·강박증·정신분열에 걸리고, 심하면 자살을 감행한다. 남에게 분노하면 남을 해친다.

ꕤ 내담자 사례

그녀는 어릴 때 오빠에게 성추행을 당했다. 그녀는 오빠를 증오했다. 그와 동시에 남편도 미워했다. 오빠에게 받은 상처를 남편에게 투사하고 전이했기 때문이었다.

그녀는 치유를 받은 후에 남편과 친밀해졌다. 그녀의 변화에 감동을 받은 남편도 치유를 받았다. 그리하여 그들 부부는 가정 천국을 이루게 되었다.

둘째, 아버지에게 받은 상처가 큰 고통을 준다.

전인치유사역을 하다 보면 아버지에게서 받은 상처가 매우 큰 영향을 끼치는 것을 알 수 있다. 또한 아버지(또는 어머니)에게서 받은 상처가 없는 사람이 거의 없는 것도 알 수 있다.

사람은 어릴 때 부모에게 충분한 사랑과 보호를 받지 못하거나, 충분한 공급을 받지 못하거나, 부모에게 학대를 당하면 마음에 큰 상처를 받는다. 이런 상처를 치유하지 않으면 가족과 이웃이 힘들어지고, 자신도 불행하게 된다.

❧ 내담자 사례

그의 아버지는 엄한 사람이었다. 그가 어릴 때 사소한 잘못을 저질렀는데도 아버지는 그를 발가벗겨서 밖으로 내쫓았다. 더군다나 아버지가 때리려고 쫓아와서 그는 발가벗은 채로 동네를 가로질러서 도망을 쳤다. 많은 사람이 구경했다. 그 일은 그의 마음에 깊은 수치심과 큰 분노를 안겨 주었다.

그는 그때 받은 상처를 그의 가족들, 특히 아들에게 투사하고 전이했다. 그는 아들이 어릴 때는 엄하게 교육했고, 아들이 성인이 된 후에는 아들과 자주 말싸움을 했다. 상처를 치유 받은 후에야 그는 아들과 진지한 대화를 할 수 있었고, 친밀하게 지낼 수 있었다.

자신의 아버지가 어떤 사람이었는지를 아는 것은 치유를 받는 데 매우 중요하다. 아버지는 자녀에게 가장 큰 영향을 끼치는 존재이기 때문이다.

박상신 목사의 글을 통하여 아버지의 유형을 알아보자.

① 자랑스러운 아버지가 있다.
자랑스러운 아버지는 두 종류다.

첫째, 자녀를 훌륭하게 양육한 아버지가 있다.

이런 아버지를 둔 사람은 복을 받은 사람이다.

둘째, 아버지가 별로 훌륭하지 않은데도 아버지를 이상화하여 훌륭한 아버지로 여길 수 있다.

'나의 아버지는 훌륭하다'고 말하는 사람들 가운데 상당히 많은 사람이 아버지에 대한 나쁜 기억을 지워 버렸기 때문에 아버지를 좋게 여긴다. 이런 사람은 정확하게 아버지를 평가해야만 아버지에게서 받은 상처를 치유할 수 있다.

② 성취 지향적인 아버지가 있다.

성취 지향적인 아버지는 가이드라인을 정해 놓고 자녀가 거기에 도달하도록 강요하고, 도달하지 못할 경우에는 엄격한 비판과 언어 폭력은 물론 심하면 물리적 폭력까지 가한다. 이런 아버지 밑에서 자란 사람은 '나는 못난 사람, 아버지의 마음에 들 수 없는 사람'이라고 느낀다. 이런 사람은 우울증에 시달리기 쉽고, 어떤 일을 해도 만족하기 힘들어 강박주의에 빠지기 쉽다.

③ 무서운 아버지(권위만 내세우는 아버지)가 있다.

무서운 아버지는 위압, 명령, 공포로 자녀를 양육한다. 이런 아버지 밑에서 자란 사람은 마음속에 분노가 가득 차 있다. 심하면 가슴에 한이 맺히기도 한다. 이런 사람은 다른 사람들에게 그 분노를 쏟기 쉽다. 남자의 경우에는 결혼한 후에 아버지와 똑같이 권위만 내세우는 사람이 되거나 아내와 자녀를 방임하여 아내와 자녀가 문제를 일으키기 쉽다.

여성의 경우에는 무서운 아버지에게서 벗어나려는 방편으로 자신과 맞지 않은 사람과 쉽게 결혼하기도 한다. 이런 사람은 흔히 아버지를 닮은 사람과 결혼하기 때문에 또다시 고통 속에 살게 된다.

④ 무능한 아버지가 있다.

무능한 아버지는 자녀에게 기대를 걸지 않는다. 그는 자녀를 칭찬하고 격려해 주지 않는다. 대체로 무능한 아버지의 아내는 적극적이다. 이 때문에 가정의 살림살이를 아내가 주도한다. 자녀들은 아버지를 무시하고, 어머니를 존경한다.

무능한 아버지 밑에서 자란 사람은 불신 속에서 살아가기 쉽다. 이런 사람에게 세상은 적대적이고 위험한 곳이다. 이런 사람은 자신 외에는 누구도 믿지 못한다.

무능한 아버지 밑에서 자란 사람은 탐욕의 노예가 되거나 의기소침하게 살아가기도 한다. 그 결과 자신을 경멸하게 되고, 우울증에 시달리게 된다.

⑤ 학대하는 아버지가 있다.

첫째, 성적 학대를 하는 경우가 있다.

아버지와 어머니의 사이가 좋지 않을 때, 아버지는 딸에게 관심을 돌려서 딸을 정서적인 배우자로 삼는다. 이것이 심하면 딸을 성적 대상으로 이용한다. 이런 학대를 받으며 성장한 딸은 결혼을 거부하거나 결혼을 해도 남편과의 관계가 원만하지 못하다.

둘째, 신체적 학대를 하는 경우가 있다.

신체적 학대는 아버지가 자녀에게 폭력을 행사하는 경우와 자녀를 유기하는 경우로 나타난다. 아버지에게 폭력을 당한 사람은 폭력적이 되기 쉽고, 아버지에게 유기를 당한 사람은 불안심리에 빠지기 쉽다.

셋째, 정서적 학대를 하는 경우가 있다.

아버지가 자녀에게 언어폭력을 가한 경우다. 아버지에게 언어폭력을 받으면서 자란 사람은 수치심, 무기력감에 시달리게 된다. 또는 아버지를 닮아서 자신의 자녀에게 정서적 학대를 가하기도 한다.

⑥ 알코올 중독자 아버지가 있다.

알코올 중독자 아버지 밑에서 자란 사람은 내면에 엄청난 분노가 잠재되어 있는 경우가 많다. 이런 사람은 우울증에 시달리기 쉽다.

여성인 경우에는 남성을 동물로 취급하고 결혼하기를 싫어한다. 어렵사리 결혼할 경우에도 아버지와 같은 사람을 만나기 쉽다. 알코올 중독자 아버지 밑에서 자란 사람의 특징은 첫째로 두려움, 둘째로 분노, 셋째로 슬픔이 있는 것이다.

⑦ 아버지의 부재(不在)가 있다.

아버지의 부재는 아버지가 일찍 세상을 떠난 경우와 아버지가 멀리 떨어져 있어서 자녀를 돌봐 주지 않은 경우로 나뉜다.

아버지의 부재 속에 자란 사람의 특징은 전이와 투사가 심하다. 아버지에 대한 갈망을 전이와 투사로 나타내기 때문이다.

"아버지의 부재 속에 자란 사람의 또 다른 특징은 고아 심리다. 고아 심리가 있는 사람은 배우자, 친구, 동료, 고용주의 비판을 받을 때 적개심을 보이기도 있고, 퇴행으로 반응하기도 한다. 또한 다른 사람의 관심을 끌기 위해 돌출행동을 잘하고, 인정받고 싶은 욕구가 강하며, 비난을 피하기 위하여 완벽을 추구한다. 이런 사람은 종교중독, 일중독, 완벽주의, 강한 성취욕에 빠지기 쉽다. 친밀에 대한 갈망이 동성애로 나타나기도 하고, 경제적으로 어려우면서도 사람들을 만날 때 드는 비용을 기어코 자신이 지불하는 것으로 나타나기도 한다. 있는 척해야 살아남을 수 있기 때문에 자기방어적 몸부림을 하는 것이다. 이런 사람은 다른 사람들을 철저하게 불신하기도 하고, 박탈에 대한 두려움 때문에 무조건 신뢰를 하다가 이용당하거나 빼앗기기도 한다. 이런 사람은 심지어 하나님의 임재와 성령의 역사를 거부하기도 한다."[7]

필자는 여기에 한 가지를 덧붙이고 싶다. 그것은 부도덕한 아버지다.

부도덕한 아버지의 전형은 '바람을 피운 아버지'다. 이 밖에도 '살인자 아버지', '도둑질한 아버지' 등이 있다.

전인치유사역을 하다 보면 부도덕한 아버지 때문에 큰 상처를 받은 내담자들을 많이 만난다. 그들은 이 상처로 인하여 자신이 큰 고통을 당하고, 다른 사람들을 많이 괴롭힌다.

부도덕한 아버지를 둔 사람은 분노가 심하거나, 완벽주의에 빠지거나, 조종의식이 강하거나, 불안의식이 강하거나, 수치심이 많다. 어떤 사람들은 전이와 투사가 심하고, 어떤 사람들은 가족과 동료를 압박하고, 어떤 사람들은 자기 맘대로 해야 직성이 풀리고, 어떤 사람들은 의심이 많다.

---

[7] 아버지 치유, 박상신, 크리스찬치유영성연구원, 2011년, pp. 29-81

|참고|

마음의 상처 때문에 마음이 우울한 사람은 정신분열로 발전하기 전에 전인치유를 받는 것이 현명하다. 그래야만 상처를 치유할 수 있기 때문이다. 우울증이 정신분열로 발전하면 치유가 쉽지 않다. 그런데도 많은 사람이 우울증을 대수롭지 않게 여긴다. 심지어 어떤 이들은 자신이 우울증에 걸린 것을 모르기도 한다. 요즘은 초기 우울증을 쉽게 치료하는 약이 개발되어 병원을 이용하면 초기 우울증은 간단하게 치료받을 수 있다.

『헬스조선』의 2013년 1월 4일 자 기사 중에 아래와 같은 내용이 있다.

> **남 일이 아니다! 직장인 10명 중 7명은 '우울증'.**
> 직장인 10명 중 7명은 '겨울 우울증'을 앓고 있다는 조사결과가 나왔다. 취업포털 '커리어'는 직장인 514명을 대상으로 겨울 우울증과 그 증상에 대한 설문조사를 실시했다. 그 결과 74.3%가 '겨울 우울증을 겪고 있다'고 답했으며, 그 증상으로는 '짜증과 잦은 심경 변화'가 72.5%로 1위를 차지했다. 이어서 '무기력증'(57.6%), '소화불량'(37.2%), '불면증'(33%), '두통'(28.5%), '피부 트러블'(19.4%), '탈모'(10.7%) 등의 증상이 있었다.

2) 범죄 때문에 고통을 당하는 경우

범죄 때문에 고통을 당하는 사람들을 두 종류로 나눌 수 있다.

(1) 어떤 사람들은 자신이 지은 죄 때문에 고통을 당한다

성경에는 스스로 죄를 지어서 고통을 받는 사람들이 많이 기록되어 있다. 아담과 하와가 스스로 범죄한 것 때문에 고통을 받은 것, 동생을 살해한 가인이 고통을 받은 것, 노아 시대에 범죄한 사람들이 고통을 받은 것을 들 수 있다.

요즘은 수많은 청소년이 스마트폰을 남용하는 것 때문에 스마트폰 중독에 걸려서 큰 고통을 받고 있다. 미래창조과학부가 조사한 바에 의하면 2012년도의 청소년 스마트폰 중독률은 18.4퍼센트다. 정부가 스마트폰 중독 실태조사를 발표한 내용을 다룬 『앱스토리(appstory)』의 보도내용을 보자.

> "스마트폰의 보급률이 폭발적으로 증가하면서 이에 따른 여러 사회적 부작용이 나타나고 있다. 청소년들의 스마트폰 중독 현상도 그중 하나로, 시간이 흐를수록 청소년들의 이러한 문제는 점점 심해져 가고 있는 추세다. 실제로 미래창조과학부가 내놓은 '2012 인터넷중독 실태조사'에 따르면 10-19세 청소년 5명 중 1명에 해당하는 18.4%가 스마트폰에 중독되어 있는 것으로 나타났다. 이 같은 결과는 지난 2011년 당시 청소년 중독률 11.4%보다 크게 증가한 것으로 성인의 9.1%와 비교해 보면 약 2배나 높은 수치다."[8]

스마트폰에는 TV, 게임, 영화, 그림이 모두 들어 있다. 이 때문

---

8) http://monthly.appstory.co.kr/it4256

에 스마트폰이 무서운 것이다.

　스마트폰에 중독되면 전두엽이 파괴되어서 창의력과 판단력이 없어진다. 아이들의 말로 표현하면 '멍때리는 사람'이 된다.

　도박중독을 예방하려면 도박을 하지 않는 것이 최선이고, 마약중독을 예방하려면 마약을 복용하지 않는 것이 최선이다. 이와 마찬가지로 스마트폰 중독을 예방하는 길은 스마트폰을 사용하지 않는 방법이 최선이다.

　어린 자녀에게 스마트폰을 주지 않으면 처음에는 아이가 친구들과 어울리는 데 어려움을 겪을 수도 있다. 하지만 아이에게 스마트폰의 위험성과 스마트폰을 멀리하는 것의 필요성을 충분히 설명해 주면 아이가 적응하게 된다. 아이는 시간이 지나면 지날수록 창의력과 판단력이 강해진다. 결국에는 아이가 부모와 자신을 자랑스럽게 여기게 된다. 어릴 때는 텔레비전도 보여 주지 않는 것이 좋다. 미국 IT 기업의 CEO 중 많은 이들이 자녀의 창의력을 길러 주기 위하여 약 14세가 될 때까지 스마트폰 사용을 금지한다고 한다.

　(2) 어떤 사람들은 조상들의 범죄 때문에 고통을 당한다

　어떤 사람들은 비교적 성실하게 산다. 그런데도 조상들의 범죄 때문에 고통을 당한다. 성경에는 이런 사람들이 많이 기록되어 있다. 특히 오랜 역사가 담긴 구약성경에 이에 관한 기록이 많다. 실례(實例)로 인류가 아담의 범죄 때문에 고통을 받고 있는 것과 신실한 요나단이 그의 아버지 사울 왕의 범죄 때문에 비참하게 죽은 것을 들 수 있다. 이것은 제2부에서 자세히 다룰 것이다.

■ 고통과 악령의 관계

사람이 죄를 지으면 하나님은 사탄과 악령들이 죄인을 공격하도록 허용하신다. 악령들의 공격을 받은 죄인은 자신이 고통을 받거나 다른 사람들에게 고통을 준다. 하지만 불행하게도 많은 기독교인이 사탄과 악령들의 공격 때문에 자신이 고통을 받거나 남을 고통스럽게 하는 것을 전혀 모르고 있다.

『깊은 상처를 치유하시는 하나님』이란 책을 통하여 기독교인들이 사탄의 공격에 무지한 것을 지적한 풀러 신학교의 교수 찰스 크래프트(Charles H. Craft) 박사의 말을 들어보자(다음은 필자가 요약한 것이다).

"불행하게도 많은 성도가 구원을 받았음에도 불구하고 사탄의 포로가 되어 있다. 그런데 이들 중 많은 사람이 전혀 자기 잘못이 없었던 사람들이다. 더욱 불행한 것은 이들이 자신의 포로 됨을 모르고 있다는 점이다. 성도들이 사탄의 개입을 모르게 된 이유는 일부 신학자들과 목회자들이 '성도는 새로운 피조물이므로 사탄, 또는 귀신의 공격에서 안전하다'고 가르친 데 있다.
하지만 우리는 지금도 사탄의 공격을 받는다. 우리의 영적 관계는 가끔 우리가 바라는 수준과는 거리가 멀다. 그동안 우리는 그것이 완전히 우리의 잘못이라고 생각해 왔다. 우리는 문제 속에 역사하는 마귀의 개입을 보지 못했다. 그렇다고 해서 우리가 지닌 모든 문제가 사탄의 책임이라는 말은 아니다. 우리 자신이 사탄이 일할 수 있는 틈을 주었기 때문에 우리는 자신의 실패를 복구하기 위해 책임을 지고 어떤 일을 해야 한다. 우리는 나쁜 태도를 과감하게 버리고, 자신의 짐을 하나님께 가지고 나아가서 하나님이 약속하신 쉼을 누려야 한다. 하나님은 우리에게 '죄를 고백함으로써 그것을 정직하게 대하라'고 명령하신다(요일 1:9). 예수님은 포로 된 자에게 자유를 주기 위하여 오셨다(눅 4:18-19). 사람이 예수님을 구주로 받아들일 때, 그분은 사람을 자유케 하는 사역을 시작하셨다. 그러나 그것이 전부가 아니다. 예수님은 신자들이 사탄의 영향에서 자유롭기를 원하신다. 그런데도 많은 신자가 자유를 누리지 못한다."[9]

크래프트 박사는 사람이 귀신 들리는 원인을 몇 가지로 분류했다(다음은 필자가 요약한 것이다).

"1) 귀신들은 초청을 받아서 들어간다.
제리는 다섯 살 때 아버지의 매를 피하여 아는 사람의 뒤로 숨기 위해 달려가면서 '도와달라'고 울부짖었다. 그 즉시 소년은 위안을 느꼈다. 그는 괴로움을 당할 때마다 도움을 구했고, 그때마다 위안을 느끼곤 했다. 나는 35세가 된 제리와 대화하면서 그에게 위안을 주었던 실체가 귀신임을 알았다. 귀신은 제리가 도움을 구할 때 위안을 주기도 했지만 다른 한편으로는 그의 삶을 파괴하고 있었다.
영적 세계의 법과 원칙은 우리가 살고 있는 영역에서만큼이나 구속력을 지니고 있음을 알아야 한다. 비록 무의식적인 가운데 귀신을 초청한 것이더라도 그것은 무의식적으로 만유인력의 법칙을 깨는 것과 같은 이치다. 우리가 무의식적으로 비틀거리게 되었다고 해

---

9) 깊은 상처를 치유하시는 하나님, 찰스 크래프트 저, 이윤호 역, 은성, 2005년, pp. 17-20

도 만유인력의 법칙으로 쓰러지게 된다. 영적 세계도 마찬가지다. 의식적이든 무의식적이든 귀신을 초청하면 귀신은 사람 속에 거하게 된다.

성적인 죄, 능력을 잘못 사용한 죄, 하나님 이외의 것들이나 사람에게 연합하는 서약을 한 죄 등을 고백하지 않은 상태로 있는 것 역시 귀신을 무의식적으로 초청하는 것이다. 그리고 습관적으로 계속하는 행위(음란물을 접하는 것, 마약중독, 음란한 생각, 질투, 걱정, 두려움, 자기 증오 등) 역시 귀신을 무의식적으로 불러들이는 원인이 된다.

이러한 위험으로부터 보호하기 위하여 우리는 확실한 죄뿐만 아니라 의심이 가는 태도, 행위 등도 모두 다루어야 한다. 우리에게는 우리 안에 있는 '쓰레기'를 처리하고, 육체의 일을 없애야 할 의무가 있다.

2) 그가 인정하는 권위 있는 어떤 인물의 초청으로 귀신 들릴 수 있다.
트리사는 사탄을 숭배하는 가정에서 태어났다. 그녀의 어머니는 사탄을 숭배하는 믿음에 의거하여 트리사를 사탄에게 바쳤다. 그 순간 트리사에게 권위를 행사하던 자의 초청을 받아서 하나 혹은 그 이상의 귀신들이 트리사에게 들어갔다.

내가 사역한 몇몇의 경우는 어머니들이 아이를 갖기 위하여 영적인 능력을 구한 후에 임신이 되어서 태어난 사람들이다. 그렇게 태어난 사람들은 태아로 만들어지는 순간에 귀신이 들렸다.

이단 종교의 지도자에게 복종하는 사람들은 그들의 헌신이나 사탄이 주는 능력에 의한 축복을 통하여 귀신이 들리게 된다.

부모들이 저주하여 자녀가 귀신이 들리게 될 수도 있다.

3) 조상으로 인하여 귀신 들림의 현상이 나타날 수 있다.

나는 왜 하나님께서 이것을 허락하시는지 이해할 수 없지만 아이들은 조상의 문제로 귀신이 들릴 수 있다. 우리는 이것을 가계를 통하여 내려오는, 또는 핏줄을 타고 내려오는 영, 또는 힘이라고 명명한다. 때때로 하나, 또는 그 이상의 영들이 유전된다. 나는 이러한 경우를 여러 번 다루었다.

그러나 어떤 경우에는 조상에게서 귀신이 아닌, 귀신이 붙을 수 있는 먹이나 감정적인 연약함을 물려받을 수도 있다. 드물게는 조상으로 인한 귀신 들림이 아버지와 어머니 양쪽 모두에서 오는 경우도 있다. 나는 최근에 그런 사람을 치료한 적이 있다.

우리는 한 가족의 조상을 통하여 내려오는 영들을 '가족의 영', 또는 '가족과 친밀한 영'이라고 부른다.

조상을 통하여 들어온 영들은 조상들과 같은 정신적 문제, 죄, 질병을 일으키는 경향이 있고, 조상들과 같은 충동을 느끼기도 한다. 그러므로 어떤 사람이 알코올중독, 우울증, 암, 당뇨 등의 문제를 가지고 있으면 그의 조상을 조사해 볼 필요가 있다.

4) 귀신들은 저주를 통하여 들어간다.

나는 귀신이 저주를 통하여 사람들에게 들어가는 경우를 자주 발견했다. 그러나 저주가 항상 귀신 들림을 초래하는 것은 아니다. 저주 그 자체 때문에 귀신 들리는 경우는 사실상 극히 드물다. 헌신, 맹세, 주문 등이 저주와 함께 드려질 때 사람들은 귀신 들리게 된다. 또한 권위를 남용하여 저주함으로 귀신이 들리는 경우도 있다. 그러나 어떤 사람이 저주를 받을 때, 그를 위하여 중보기도 해 주는 사람이 있거나 그 사람에게 내적 문제가 없으면 저주가 허공을 칠

뿐 아무런 영향을 끼치지 못한다. 이것은 잠언 26장 2절의 '까닭 없는 저주는 참새가 떠도는 것과 제비가 날아가는 것같이 이루어지지 아니하느니라'는 말씀이 의미하는 것이라고 생각한다."[10]

■ 방어기제(防禦機制, defense mechanism)

'방어기제'란 '자아가 위협받는 상황에서, 무의식적으로 자신을 속이거나 상황을 다르게 해석하여 감정적 상처로부터 자신을 보호하는 심리 의식이나 행위'를 가리키는 정신분석 용어다.[11]

효과적으로 전인치유를 받으려면 자신에게 어떤 방어기제가 있는지를 깨달아야 한다. 이것을 모르면 자신의 상처 때문에 생긴 방어기제를 정상적인 마음으로 오판하여 전인치유를 거부하기 때문이다. 내담자에게 어떤 방어기제가 있는지를 전인치유사역자가 깨닫는 것이 매우 중요함은 두말할 필요조차 없다.

아래의 글은 박상신 목사가 방어기제를 설명한 것이다(필자가 요약했다).

> 인간은 불완전한 존재이고, 아동기에는 많은 보살핌이 필요하다. 부모의 불완전성과 환경적인 이유로 인하여 아이는 의존적 욕구와 본능적 욕구의 좌절을 겪을 수밖에 없다. 그 결과 마음속에서는 욕구와 금지 사이의 갈등이 일어나고, 마음의 평화가 깨지면서 불안

---
10) 사악한 영을 대적하라, 찰스 크래프트 저, 윤수인 역, 은성, 2006년, pp. 90-101
11) 두산백과사전 참조.

이 생긴다. 아이는 두려움에서 자신을 보호하고, 부분적이라도 욕구의 충족을 얻을 방법을 습득한다. 이 방법이 방어기제다. 이것이 개인의 성격특성으로 나타난다.

① 억압(抑壓, Repression)
억압은 우리에게 상처를 주는 존재에 대한 무의식적인 부정이다. 의식에서 용납하기 힘든 생각, 욕망, 충동들을 무의식 속으로 눌러 버리는 것이다.

② 투사(投射, Projection)
자신의 무의식 속에 숨기고 있는 공격적 계획과 충동을 남의 것이라고 떠넘겨 버리는 정신기제다. 이 때문에 '방귀 뀐 놈이 성 낸다'는 속담이 만들어진 것이다.

③ 내사(內的投射, Introjection)
타인의 패턴(Pattern)을 자신의 것으로 비판 없이 받아들이는 것을 의미한다.

④ 반동형성(反動形成, Reaction Formation)
개인의 내면에서 수용할 수 없는 충동을 정반대로 적극적으로 표현하는 것이다.

⑤ 자기비난(自己非難, Turning against the self)
공격적인 충동이 다른 사람이 아닌 자기에게로 향하는 것을 의미한다.

⑥ 저항(抵抗, Resistance)
억압된 자료들이 의식으로 떠오르는 것을 막는 것이다.

⑦ 해리(解離, Dissociation)
마음을 편치 않게 하는 성격의 일부가 그 사람의 지배를 벗어나서 하나의 독립된 성격인 것처럼 행동하는 경우를 말한다.

⑧ 전치, 혹은 전이(轉移, Displacement)
자신의 감정을 들어줘야 할 사람에게 감정을 표현하는 것이 안전하지 못할 때 다른 존재에게 감정을 표현하는 것이다. 이 때문에 '동대문에서 뺨 맞고 한강에서 눈 흘긴다'는 속담이 만들어졌다.

⑨ 대체형성(代替形成, Substitution)
목적하던 것을 얻지 못할 때 생기는 좌절감을 줄이기 위하여 원래의 것과 비슷한 것을 취하여 만족을 얻는 것이다.

⑩ 퇴행(退行, Regression)
위협적인 현실에 직면했을 때, 그보다 덜 불안을 느꼈던 이전의 발달 단계의 행동(어린아이처럼 행동함 - 필자 주)을 하는 것이다.

⑪ 합리화(合理化, Rationalization)
자신의 잘못된 행동을 그럴듯한 이유를 들어서 포장하는 것이다.[12]

---

12) 아버지 치유, 박상신, 크리스찬치유영성연구원, 2011년, pp. 82-86

2. 전인치유란 무엇인가?

양촌힐링센터를 설립하여 20여 년 동안 전인치유사역을 시행해 온 김종주 원장은 전인치유를 아래와 같이 설명했다.

"한국 교회는 오래전에 내적치유라는 용어로 치유사역을 해 왔다. 더 옛날에는 축사 위주의 사역을 해 왔다. 최근 수년 사이에는 내적치유라는 용어보다 전인치유사역이라는 용어를 사용하고 있다. 필자는 오래전부터 전인치유사역이란 용어를 사용하였고 '통합적, 통전적으로 영, 혼, 육을 치유한다'는 뜻으로 '전인치유사역'이란 용어를 사용하였다."[13]

찰스 크래프트 박사는 전인치유의 필요성을 이렇게 피력했다.

"사람은 복합적 존재이므로 단순히 육체나 감정 또는 영으로가 아니라 전인(全人)을 다루어야 한다."[14]

---

13) 조상의 우상숭배와 신비술(神秘術)이 子孫에게 미치는 영향력에 관한 硏究, 김종주, 2010년, 철학박사학위논문, p. 49

안타깝게도 한국 교회에는 전인치유를 이해하지 못하는 성도들이 대부분이다. 이 때문에 수많은 성도가 받지 않아도 될 고통을 받거나 이웃을 고통스럽게 만들고 있다.

🌱 내담자 사례

그는 아버지와 여러 사람에게서 마음의 상처를 많이 받았고, 조상으로부터도 나쁜 영향을 크게 받은 사람이었다. 이 때문에 여러 가지 문제로 고통을 받고 있었고, 다른 사람들을 힘들게 하고 있었다.

그는 필자에게서 전인치유사역을 받을 때 사람들에게 받은 마음의 상처와 조상들의 죄로 인한 영향력이 얼마나 무서운지를 깨닫게 되었다. 그는 매우 열심히 치유를 받았다.

필자는 치유 말미에 그에게 축사사역을 시행할 때 늘 하던 대로 성령님을 초청했다.

"성령님, 이 아들에게 임하시옵소서."

"성령님, 이 아들에게 빛으로 임하시옵소서."

그러자 그가 엉엉 울면서 하나님께 용서를 빌기 시작했다.

"하나님, 잘못했습니다. 용서해 주세요!"

"하나님, 잘못했습니다. 용서해 주세요!"

"하나님, 잘못했습니다. 용서해 주세요!"

필자는 충분히 회개할 시간을 갖게 한 후에 축사사역을 시행했다. 곧바로 그에게서 세력이 강한 악령이 드러났다. 필자는 예수님의 이름으로 악령을 추방하여 주었다. 그러자 성령님이 그의 몸을 진동시키기 시작했다. 그는 펑펑 울며 하나님께 감사했다.

---

14) 깊은 상처를 치유하시는 하나님, 찰스 크래프트 저, 이윤호 역, 은성, 2005년, p. 122

이윽고 그의 울음이 그쳤다. 그때부터 그는 조용히 기도하기 시작했다. 그런데 얼마 못 되어서 두 손을 들고 덩실덩실 춤을 추기 시작했다. 얼굴에 기쁨이 가득했다. 잠시 후에 그의 입에서 방언이 터졌다. 그는 더욱 기쁨이 충만하여 오랫동안 두 손을 들고 춤을 추며 방언을 했다.

20-30분 정도 춤을 추며 방언을 한 후에 그가 말했다.

"목사님, 저는 10년 넘게 교회를 다녔는데 처음으로 이런 은혜를 받았습니다. 목사님은 제 생명의 은인이십니다! 정말 감사합니다. 이런 치유가 있는 것을 모르고 지금까지 살아온 것이 후회스럽습니다."

두 주가 지난 후에 그는 다음과 같은 문자를 보내왔다.

"저는 양촌을 다녀온 후 많은 변화가 생겼습니다. 그 성령 체험을 잊지 못합니다. 하나님과의 관계 회복이 이루어진 양촌힐링센터를 잊지 못하고, 자주자주 그립습니다. 이화영 목사님! 진심으로 감사합니다."

❧ 목회자 사례

그는 목사가 된 후 선교에 헌신했고, 많은 결실이 있었다. 하지만 자신의 가정과 다른 이들의 가정에 계속 어려움이 생기는 것 때문에 고민했다. 그는 양촌힐링센터에 와서야 자신의 마음속에 상처가 있는 것을 알게 되었다. 또한 자신에게 조상들의 나쁜 영향력이 있는 것을 깨닫게 되었다. 그 때문에 자신과 가족들이 더욱 어려움을 당한 것도 알게 되었다. 적극적으로 치유를 받은 그는 자신의 마음의 안정과 가정의 평화를 얻었다. 그는 이렇게 고백했다.

"전인치유를 모를 때, 예수님의 제자들이 감당했던 주님의 3대

사역, 즉 가르치는 사역, 전파하는 사역, 치유하는 사역을 가르칠 기회가 오면 가르치는 사역과 전파하는 사역은 적극적으로 가르쳤지만 치유하는 사역은 그냥 작은 목소리로 읽고 지나치는 정도였습니다. 그러나 나 스스로 확실하고 뜨거운 치유를 체험한 후에 전인치유를 공부했습니다. 그 후부터 예수님의 제자들이 반드시 감당해야 하는 주님의 3대 사역을 적극적으로 가르치는 것은 물론 가정과 교회에 치유를 적용하여 큰 유익을 얻고 있습니다."

모든 목회자가 "교회는 예수님의 3대 사역(가르치는 사역, 전파하는 사역, 치료하는 사역)을 감당해야 한다"고 주장한다. 하지만 대다수의 목회자가 가르치는 사역과 전파하는 사역만 한다. 치료하는 사역은 외면한다. 귀신을 추방하는 사역은 더욱 외면한다.

교회 성도들 중에 귀신 들린 사람이 생기면 대부분의 목회자가 그를 위하여 예배를 드려 주거나 기도해 주는 것이 고작이다. 귀신과 맞장 떠서 귀신을 쫓아내는 목회자는 매우 드물다.

물론 간혹 귀신을 쫓아내는 목회자들이 있기는 하다. 하지만 쫓겨난 귀신들이 쫓겨났던 사람에게 다시 돌아와서 그의 형편이 처음보다 더 나빠지면 그들은 더 이상 대책이 없어서 크게 당황해한다.

필자의 축사사역 실패 사례

필자가 어느 교회에서 섬길 때의 일이다. 다른 교회에 다니던 어떤 여성도가 악령에게 극심하게 시달리다가 우리 교회에 왔다. 그때 필자가 성령세례를 받은 지 얼마 되지 않아서 성령의 능력이 나타났기 때문이다.

필자는 성도들과 함께 매일 저녁 그녀를 위하여 기도를 해 주었다. 일주일 만에 그녀는 정상이 되었다. 그녀와 가족은 물론 온 교회의 성도들까지 크게 기뻐하며 하나님께 감사했다.

그런데 몇 달 후부터 그녀에게 예전과 같은 증상이 다시 나타났다. 다시 그녀를 위하여 기도했지만 증상은 점점 더 악화되었다. 결국 그녀와 가족들은 다른 교회로 가고 말았다. 필자는 크게 좌절했다.

크래프트 박사는 축사사역의 필요성을 아래와 같이 강조했다.

"사람들은 지금도 사탄의 공격을 받는다. 우리의 영적 관계는 가끔 우리가 바라는 수준과는 거리가 멀다. 그동안 우리는 그것이 완전히 우리의 잘못이라고 생각해 왔다. 우리는 문제 속에 역사하는 마귀의 개입을 보지 못했다. 그렇다고 해서 우리가 지닌 모든 문제가 사탄의 책임이라는 말은 아니다. 우리 자신이 사탄이 일할 수 있는 틈을 주었기 때문에 우리는 자신의 실패를 복구하기 위해 책임을 지고 어떤 일을 해야 한다."[15]

크래프트 박사는 탭스콧(Tapscott)과 씨맨즈(Seamands)의 말을 인용하여 전인치유의 필요성을 아래와 같이 강조했다.

"인생을 살아가다 보면 상처를 입게 마련이다. 상처는 받는 즉시, 혹은 가능한 한 빨리, 솔직하게 다루는 것이 이상적이다. 우리는 자신의 솔직한 감정을 직면하고, 인정하고, 예수님께서 이를 해결하

---

15) 깊은 상처를 치유하시는 하나님, 찰스 크래프트 저, 이윤호 역, 은성, 2005년, p. 122

시도록 내어놓는 일을 해야 한다. 예수님은 수고하고 무거운 짐을 모두 가져오기를 원하신다(마 11:28).

우리가 상처를 바로 처리하지 않고 우리 안에서 곪아 터지게 방치해 둘 때, 세 가지 관계(하나님과의 관계, 자신과의 관계, 다른 사람과의 관계)에 약하게든 심각하게든 문제가 생기게 된다. 이 세 가지 관계의 분열이야말로 귀신들이 좋아하는 대부분의 쓰레기를 만들어 내는 요인이 된다. 그러므로 이 세 분야에서의 자유야말로 우리를 물고 늘어지는 사탄의 힘을 약화시키는 것이다.

하나님과 이상적인 관계를 맺으면 자신을 새로운 피조물로 볼 수 있고, 자기 자신과 이상적인 관계를 맺으면 자신을 용서하고 사랑하게 되며, 다른 사람과 이상적인 관계를 맺으면 다른 사람을 용서하고 사랑하게 된다.

그러나 우리의 실상은 이와 같은 기준에서 멀리 떨어져 있다. 그러므로 우리는 우리의 삶 속에서 영적 질병을 찾아내서 치유해야 한다."[16]

크래프트 박사는 마음의 상처 때문에 나타나는 증상을 아래와 같이 정리했다.

1) 자신이 버림받았다고 느낀다.
2) 자신이 거부당했다고 느낀다.
3) 자신이 무가치하거나 부적당하다고 느낀다.
4) 수치심과 죄책감에 시달린다.

---

[16] 사악한 영을 대적하라, 찰스 크래프트 저, 윤수인 역, 은성, 2006년, pp. 188-189

5) 분노, 원망, 앙심을 품고 산다.

6) 두려움 속에서 산다.

7) 반항적으로 산다.

8) 마음이 혼란스럽거나 결단력이 부족하다.

9) 삶이 불안정하다.

10) 도피증이 있다.[17]

■ 전인치유가 필요한 사람

① 억울한 일을 당하여 마음에 상처가 있는 사람
② 악한 영들에게 시달림을 받는 사람
③ 열심히 사는데도 생활이 나아지지 않는 사람
④ 반복적으로 억울한 일을 당하는 사람
⑤ 별것 아닌 일로 다른 사람들을 힘들게 하는 사람
⑥ 범죄행위에서 벗어나지 못하는 사람
⑦ 삶에 의욕이 없는 사람
⑧ 신경이 과민한 사람
⑨ 원인을 알 수 없는 육체질환이나 정신질환에 시달리는 사람

🌱 내담자 사례

그는 1년이 넘도록 아내와 말을 하지 않았다. 꼭 해야 할 말은 글로 적어서 소통했다. 그는 치유를 받는 동안에 자신의 상처와 조상의 범죄와 가계저주의 무서움을 깨달았다. 그는 매우 열심히 토설

---

17) 깊은 상처를 치유하시는 하나님, 찰스 크래프트 저, 이윤호 역, 은성, 2005년, p. 216-219

했고, 진심으로 회개했고, 적극적으로 악령을 대적했다. 축사할 때 그의 몸에서 강한 세력의 악령들이 추방되었다.

치유 후에 그는 "집에 가서 아내에게 용서를 구하겠다"고 선언했다. 다음 날 그에게서 다음과 같은 문자가 왔다.

"아내에게 절하면서 '용서해 달라'고 하고 '모든 게 내 탓이다'라고 하니까, 아내가 울면서 '나도 미안하다'고 사과했습니다. 우리 집이 지옥에서 천국으로 변했습니다. 앞으로 서로 주님 대하듯 하기로 했습니다. 감사합니다. 이 모든 게 주님께서 하신 일입니다. 또 이 목사님께서 엄청난 도움을 주셨고요. 원장님께도 감사드리고, 양촌힐링센터 모든 분들에게 감사드립니다. 아내도 치유를 받겠다고 했습니다. 할렐루야!"

가정 천국을 이룰 수 있는 몇 가지 비결

- 여자의 칭찬은 남자에게 에너지다.
- 남편은 집에 있을 때 여섯 살이다.
- 남편의 스킨십은 아내에게 보약이다.
- 여자는 말하는 재미로 산다.
- 아내가 불평할 때 해답을 주지 말고 끝까지 들어주어라.

3. 악령의 진지를 파쇄(破碎)하라

군인들은 가능한 한 진지를 구축한 후에 전투하기를 힘쓴다. 악령들도 가능한 한 진지를 구축한 후에 싸우기를 힘쓴다. 이것을 정확하게 깨달아야 악령을 효과적으로 제압할 수 있다.

바울 사도는 악령들이 진지를 구축할 수 있는 사실을 아래와 같이 설파했다.

> (고후 10:3-5) 우리가 육신으로 행하나 육신에 따라 싸우지 아니하노니 우리의 싸우는 무기는 육신에 속한 것이 아니요 오직 어떤 견고한 진도 무너뜨리는 하나님의 능력이라 모든 이론을 무너뜨리며 하나님 아는 것을 대적하여 높아진 것을 다 무너뜨리고 모든 생각을 사로잡아 그리스도에게 복종하게 하니

바울 사도가 본문에서 말한 '견고한 진'이 필자가 말하는 '악령들의 진지'다.

영(영혼)이 구원을 받지 못한 불신자에게는 악령의 진지가 영, 혼, 육에 만들어진다. 불신자는 영이 구원을 받지 못했기 때문에 악

령들이 영과 혼과 육을 모두 지배할 수 있기 때문이다.

영(영혼)이 구원을 받은 성도에게는 악령의 진지가 혼과 육에 만들어진다. 성도는 영이 구원을 받아서 악령들이 성도의 혼과 육만 지배할 수 있기 때문이다. 이것에 관한 설명은 필자의 저서『지옥에 가는 크리스천들?』(1, 2, 3)을 참고하기 바란다.

악령의 진지는 세 종류다.

첫째, 사상의 진지가 있다.
이것은 악령들이 넣어 준 나쁜 사상을 의미한다. 이방 종교를 좋게 생각하는 것, 세상의 철학과 사상을 좋게 생각하는 것 등을 들 수 있다.

둘째, 감정의 진지가 있다.
이것은 무의식에 구축된 부정적인 감정과 의식에 구축된 거짓 감정을 의미한다.

셋째, 죄악의 진지가 있다.
이것은 충분히 회개하지 않은 죄들을 의미한다. 여기에는 자신이 지은 죄는 물론 조상들이 지은 죄도 포함된다.

악령이 구축한 진지의 형태는 두 종류다. 하나는 위장진지(僞裝陣地)고, 다른 하나는 방호진지(防護陣地)다. 위장진지는 적을 속이기 위한 것이고, 방호진지는 적의 공격을 막기 위한 것이다.
대한민국 군인들의 위장진지에는 얼룩무늬 군복, 위장막 등이 있고, 방호진지에는 장갑차, 벙커 등이 있다. 군인들이 위장진지와 방호진지를 만드는 것처럼 악령들도 이것들을 만든다.

1) 악령들의 위장진지

악령들의 위장진지는 마음의 상처다. 악령들은 마음의 상처 속에 숨어서 암약한다. 이것을 모르는 사람들은 악령들의 활동을 자신의 성격으로 착각한다.

필자는 전인치유를 받기 전까지 '욱!' 하는 것 때문에 나 자신과 이웃을 힘들게 했다. 전인치유를 받기 전에는 '욱!' 하는 것을 천성으로 알았다. 아버지와 어머니가 모두 '욱!' 했기 때문에 그 성격을 물려받아서 그러는 줄 알았다. 그러나 전인치유를 받고 '욱!' 하는 것이 사라진 후 그것이 나의 천성이 아니라 악령의 위장진지인 것을 깨달을 수 있었다!

마음의 상처가 있는 만큼 악령이 침투하고, 그만큼 악령이 암약한다. 악령을 확실하게 제압하여 추방하려면 철저하게 마음의 상처를 치유해야 한다. 뒤에서 충분히 설명하겠지만 마음의 상처는 토설을 한 만큼 치유된다.

2) 악령들의 방호진지

악령들의 방호진지는 죄(罪)를 의미한다. 사람이 범죄하는 만큼 악령이 힘을 얻기 때문이다. 예수님은 이 사실을 아래와 같이 설명하셨다.

> **(요 5:14)** 그 후에 예수께서 성전에서 그 사람을 만나 이르시되 보라 네가 나았으니 더 심한 것이 생기지 않게 다시는 죄를 범하지 말라 하시니

죄를 용서받은 후에 다시 죄를 지으면 '더 심한 것'이 생긴다. 죄를 용서받은 후에 다시 죄를 지으면 악령들이 합법적으로 더욱 강력한 진지를 구축하기 때문이다.

죄는 두 가지로 구분된다. 하나는 자신이 지은 것이고, 다른 하나는 조상들이 지은 것이다. 이 두 가지 죄를 처리해야만 악령의 진지가 파쇄된다(본서의 제1부에서는 자신의 죄를 처리하는 문제를 다룰 것이고, 조상의 죄를 처리하는 문제는 제2부에서 다룰 것이다).

악령들의 진지 중에서 가장 파쇄가 힘든 것은 '부정적 사고체계'로 명명(命名)된 죄다.

프랜시스 프랜지팬은 부정적인 사고 체계로 인하여 악령의 진지가 만들어지는 것을 아래와 같이 설명했다.

> "귀신들이 의지하는 '무장'은 '우리 자신의 생각, 마음가짐, 의견들'입니다. 예수님이 '무장'이라고 표현하신 것을 사도 바울은 '요새들'로 분류했습니다."[18]

---

18) 영적 전투의 세 영역, 프랜시스 프랜지팬 저, 이재인, 박선규 역, 순전한나드, 2013년, pp. 40-41

사람의 마음에 부정적인 생각이 들어오는 것으로는 악령의 진지가 만들어지지 않는다. 부정적인 생각은 사탄이 강제로 넣어 주는 것이기 때문이다. 강제로 하는 일이 죄가 아닌 것은 상식적으로 알 수 있다.

사탄은 예수님에게도 부정적인 생각을 넣어 준 적이 있었다. 예수님이 광야에서 40일 동안 금식하실 때(마 4:1-11)와 겟세마네에서 기도하실 때(마 26:36-46), 사탄은 예수님에게 부정적인 생각을 넣어 주었다. 예수님에게 부정적인 생각이 들어온 것 자체로는 예수님이 죄를 지은 것이 아니다. 예수님은 사탄이 부정적인 생각을 넣어 줄 때 말씀과 기도로 즉시 물리치셨다.

사탄은 우리에게도 온갖 부정적인 생각을 넣어 준다. 이것 자체로는 죄를 지은 것이 아니다. 사탄이 넣어 준 부정적인 생각에 얽매일 때(부정적인 생각을 계속할 때) 비로소 죄가 된다. 그러므로 부정적인 생각이 들어오면 최대한 빨리 추방해야 한다.

사탄이 부정적인 생각을 넣어 준 것을 물리치지 않고, 그것을 계속 생각할 때 부정적 사고 체계가 만들어진다. 이것이 죄다.

새가 머리에 똥을 싸는 것은 막을 수 없다. 하지만 새가 머리에 둥지를 트는 것은 막을 수 있다. 새가 머리에 둥지를 트는 것을 막지 않는 사람이 어리석은 사람인 것처럼 부정적 사고 체계가 생기는 것을 막지 않는 사람도 어리석은 사람이다.

전인치유사역을 해 보면 마음의 상처가 비교적 쉽게 고쳐지는 것을 알 수 있다. 반면 부정적 사고 체계는 비교적 어렵게 고쳐진다. 마음의 상처는 토설을 열심히 하면 금방 고쳐진다. 하지만 부정적 사고 체계는 토설을 열심히 해도 금방 고쳐지지 않는다.

부정적 사고 체계를 고치려면 가장 먼저 부정적인 생각에 얽매인 죄를 회개해야 한다. 그 후에는 부정적 생각에 얽매이지 않을 때까지 기도하거나 찬송하거나 성경을 읽거나 성경을 암송하거나 성경을 묵상하거나 성경을 선포해야 한다. 계속 이렇게 하면 하나님의 능력이 나타나서 부정적인 사고 체계가 파쇄된다.

부정적 사고 체계 때문에 어려움을 겪는 예로 우울증과 정신분열에 시달리는 사람을 들 수 있다. 우울증에 걸린 사람보다 정신분열에 걸린 사람이 부정적 사고 체계 때문에 더욱 큰 고통을 받는다. 이런 사람들을 치료하는 데는 많은 시간이 걸린다. 그리고 우울증은 대부분 완치가 되지만, 정신분열은 어느 정도 완화시킬 수는 있어도 완치가 되는 경우가 매우 드물다.

존 & 마크 샌드포드는 현대인들에게 존재하는 견고한 진을 아래와 같이 정리했다.

> "마약의 견고한 진, 성적인 자유의 견고한 진, 모더니즘, 해방주의, 그리고 자유사상의 견고한 진, 동성애의 견고한 진, 권리운동의 견고한 진, 외도와 이혼의 견고한 진, 가정파괴의 견고한 진, 종교의 견고한 진, 육적인 신학의 견고한 진."[19]

---

19) 축사사역과 내적치유의 이해가이드, 존 & 마크 샌드포드, 심현석 옮김, 순전한나드, 2006년, pp. 396-420

존 & 마크 샌드포드는 견고한 진지를 무너뜨리는 방법을 여섯 가지로 정리했다.

"첫째, 견고한 진이 어떻게 우리 안에 들어오게 됐는지 살펴야 한다. 둘째, 회개해야 한다. 셋째, 확실한 지도를 받아야 한다. 넷째, 사탄과 전투하는 법을 배워야 한다. 다섯째, 사탄의 대응 사격에 대해서 방어할 태세를 갖춰야 한다. 여섯째, 오랫동안의 전투를 참고 견뎌야 한다."[20]

필자는 주로 세 가지 방법으로 악령의 진지를 파쇄한다.

첫째, 감정의 진지는 토설로 파쇄한다.
둘째, 사상의 진지는 말씀으로 파쇄한다.
셋째, 죄악의 진지는 회개로 파쇄한다.

악령의 진지들을 파쇄한 후에 악령을 대적하면 쉽게 악령이 도망치고, 도망친 후에는 다시 들어오지 않는다. 반대로 이것들을 파쇄하지 않은 채로 악령을 대적하면 악령이 정체를 드러내지 않거나, 정체를 드러내도 나가지 않고 버티거나, 나간 후에 금방 다시 들어온다.

필자는 주로 세 가지 무기로 악령의 공격을 방어한다.

---

20) 축사사역과 내적치유의 이해가이드, 존 & 마크 샌드포드, 심현석 옮김, 순전한나드, 2006년, pp. 420-424

첫째, 말씀의 칼로 악령들의 공격을 방어한다.
둘째, 예수님의 보혈로 악령들의 공격을 방어한다.
셋째, 영적 전신갑주로 악령들의 공격을 방어한다.

이 밖에도 찬송, 기도, 예배, 봉사(奉仕) 등을 사용한다.

4. 거의 완벽한 범죄

『거의 완벽한 범죄』는 로마 가톨릭 신부인 프랜시스 맥너트 박사의 책 이름이다. 그는 이 책에서 교회가 전인치유사역을 말살한 역사를 명확하게 서술했다. 아마도 그는 이 책 때문에 로마 가톨릭 지도자들의 미움을 받았을 것 같다. 독자들이 교회가 저지른 과오에서 벗어나는 데 도움이 되기를 바라는 마음으로 이 책의 내용을 요약하여 소개하겠다.

우리의 스승이시며, 구주시며, 왕이신 예수님은 공생애 기간 동안 힘써서 전인치유사역을 하셨다. 성경에 이 사실이 명백하게 기록되어 있다.

(마 4:23-24) 예수께서 온 갈릴리에 두루 다니사 그들의 회당에서 가르치시며 천국 복음을 전파하시며 백성 중의 모든 병과 모든 약한 것을 고치시니 그의 소문이 온 수리아에 퍼진지라 사람들이 모든 앓는 자 곧 각종 병에 걸려서 고통당하는 자, 귀신 들린 자, 간질 하는 자, 중풍병자들을 데려오니 그들을 고치시더라

예수님은 열두 제자를 세우신 후에 그들에게 "전인치유사역을 하라"고 명령하셨다.

(눅 9:1-2) 예수께서 열두 제자를 불러 모으사 모든 귀신을 제어하며 병을 고치는 능력과 권위를 주시고 하나님의 나라를 전파하며 앓는 자를 고치게 하려고 내보내시며

그 후에 예수님은 70인의 제자들에게도 열두 사도에게 준 것과 똑같은 사명을 주셨다. 그리하여 70인의 제자들도 열두 사도들처럼 전인치유사역을 할 수 있었다.

(눅 10:1-2) 그 후에 주께서 따로 칠십 인을 세우사 친히 가시려는 각 동네와 각 지역으로 둘씩 앞서 보내시며 이르시되 추수할 것은 많되 일꾼이 적으니 그러므로 추수하는 주인에게 청하여 추수할 일꾼들을 보내 주소서 하라

(눅 10:8-9) 어느 동네에 들어가든지 너희를 영접하거든 너희 앞에 차려놓는 것을 먹고 거기 있는 병자들을 고치고 또 말하기를 하나님의 나라가 너희에게 가까이 왔다 하라

(눅 10:17-20) 칠십 인이 기뻐하며 돌아와 이르되 주여 주의 이름이면 귀신들도 우리에게 항복하더이다 예수께서 이르시되 사탄이 하늘로부터 번개같이 떨어지는 것을 내가 보았노라 내가 너희에게 뱀과 전갈을 밟으며 원수의 모든 능력을 제어할 권능을 주었으니 너희를 해칠 자가 결코 없으리라 그러나 귀신들이 너희에게 항복하는 것으로 기뻐하지 말고 너희 이름이 하늘에 기록된 것으로 기뻐하라 하시니라

예수님이 승천하신 후, 오순절에 성령님이 강림하셨다. 성령세례를 받은 사도들은 더욱 담대하게 예수님이 맡기신 사명들, 즉 가르치고 전파하고 치유하는 사명을 감당했다.

(행 2:40-43) 또 여러 말로 확증하며 권하여 이르되 너희가 이 패역한 세대에서 구원을 받으라 하니 그 말을 받은 사람들은 세례를 받으매 이날에 신도의 수가 삼천이나 더하더라 그들이 사도의 가르침을 받아 서로 교제하고 떡을 떼며 오로지 기도하기를 힘쓰니라 사람마다 두려워하는데 사도들로 말미암아 기사와 표적이 많이 나타나니

초대교회 때는 사도들뿐만 아니라 일반 성도 중에서도 가르치고, 전파하고, 치유하는 사역을 감당하는 이들이 많았다. 그중의 한 사람이 빌립 집사다.

(행 8:5-8) 빌립이 사마리아 성에 내려가 그리스도를 백성에게 전파하니 무리가 빌립의 말도 듣고 행하는 표적도 보고 한마음으로 그가 하는 말을 따르더라 많은 사람에게 붙었던 더러운 귀신들이 크게 소리를 지르며 나가고 또 많은 중풍병자와 못 걷는 사람이 나으니 그 성에 큰 기쁨이 있더라

맥너트 박사는 초대교회가 성실하게 전인치유사역을 감당한 것을 다음과 같이 소개했다.

"초대교회는 성령세례를 생명력 있게 지켜온 것과 마찬가지로 예수님의 치유와 축사사역도 계승했다. 그 사역들이 그토록 중요했던 이유는 그리 비밀스런 것이 아니다. 그것은 예수님이 병자를 치

유하고 악한 영들을 쫓아내는 데 엄청나게 많은 시간과 에너지를 바치셨던 것과 똑같은 이유로 되돌아간다. 즉 병자를 치유하고 악한 영들을 쫓아내는 것은 도래하는 하나님 나라의 당연한 한 부분이었던 것이다. 예수님은 그의 제자들에게 복음을 전파하기 위하여 능력으로 움직이도록 가르치셨다. 마침내 오순절이 되자, 교회는 사역과 메시지가 결합하여서 폭발적인 충만함이 나타났다."[21]

맥너트 박사는 초대교회 때 사도들과 목회자들만 전인치유사역을 한 것이 아니라 일반 성도들도 전인치유사역을 한 것을 아래와 같이 소개했다.

"교부 오리겐(Origen, 약 253년경에 순교함)은 '대부분 귀신 쫓는 사역을 행하는 사람은 배우지 못한(문맹의) 사람들이었기 때문에 그리스도인들은 가장 평범한 사람이라도 단순한 기도와 탄원으로 귀신을 쫓아냈다'고 기록했다. 그는 '축사에는 논쟁에 강한 사람들의 능력과 지혜가 필요치 않다'고 덧붙였다. 다시 말하면 어떤 그리스도인이라도 할 수 있는 것이다.
터툴리안(Tertullianus)은 가장 고상한 그리스도인의 삶은 '하나님을 향해 살기 위하여 악한 영들을 쫓아내고 치유를 행하는 것'이라고 주장했다. 그는 한 걸음 더 나아가 이교도들에게 '이교적인 유희와 검투사 경기에 참석하는 것보다 병자를 치유하고 악한 영들을 쫓아내는 데서 더 실제적인 즐거움을 얻을 것이다'라고 설득하려고 노력했다. ……주후 150년경 저술 활동을 했던 순교자 저스틴

---

21) 거의 완벽한 범죄, 프랜시스 맥너트 저, 김주성 역, 양촌힐링센터, 2013년, pp. 115-116

(Justin Martyr)은 '이교도들이 쫓아낼 수 없었던 그 귀신들을 기독교인들은 쫓아낼 수 있었다'고 언급했다. 불신자들은 자신들과 그 평범한 사람들 간에 그렇게 분명한 차이가 있는 것을 보고 점차 회심으로 이끌리게 되었다."[22]

맥너트 박사가 천명한 것처럼 모든 그리스도인은 전인치유사역을 할 수 있다. 모든 성도에게 예수님의 이름으로 병자를 고치고, 귀신을 쫓아낼 수 있는 권세가 주어졌기 때문이다. 하지만 대부분의 성도들은 물론 대부분의 목회자들조차도 자신에게 예수님의 이름으로 병자를 고치고, 귀신을 쫓아낼 수 있는 권세가 주어진 것을 믿지 않는다. 이런 사람들은 전인치유사역을 할 엄두조차 내지 못한다. 심지어 어떤 이들은 남이 하는 전인치유사역을 비판하기조차 한다.

물론 하나님은 어떤 성도들에게는 특별한 권능을 주어서 특별한 전인치유사역을 하게 하신다. 고린도전서 12장에 이 사실이 기록되어 있다.

(고전 12:4-11) 은사는 여러 가지나 성령은 같고 직분은 여러 가지나 주는 같으며 또 사역은 여러 가지나 모든 것을 모든 사람 가운데서 이루시는 하나님은 같으니 각 사람에게 성령을 나타내심은 유익하게 하려 하심이라 어떤 사람에게는 성령으로 말미암아 지혜의 말씀을, 어떤 사람에게는 같은 성령을 따라 지식의 말씀을, 다른 사람에게는 같은 성령으로 믿음을, 어떤 사람에게는 한 성령으로 병 고치는 은사를, 어떤 사람에게는 능력 행함을, 어

---

22) 거의 완벽한 범죄, 프랜시스 맥너트 저, 김주성 역, 양촌힐링센터, 2013년, pp. 117-118

떤 사람에게는 예언함을, 어떤 사람에게는 영들 분별함을, 다른 사람에게는 각종 방언 말함을, 어떤 사람에게는 방언들 통역함을 주시나니 이 모든 일은 같은 한 성령이 행하사 그의 뜻대로 각 사람에게 나누어 주시는 것이니라

(고전 12:28-30) 하나님이 교회 중에 몇을 세우셨으니 첫째는 사도요 둘째는 선지자요 셋째는 교사요 그다음은 능력을 행하는 자요 그다음은 병 고치는 은사와 서로 돕는 것과 다스리는 것과 각종 방언을 말하는 것이라 다 사도이겠느냐 다 선지자이겠느냐 다 교사이겠느냐 다 능력을 행하는 자이겠느냐 다 병 고치는 은사를 가진 자이겠느냐 다 방언을 말하는 자이겠느냐 다 통역하는 자이겠느냐

중요한 사실은 전인치유사역이 열두 사도의 전유물이 아닌 것과 열두 사도가 세상을 떠난 후에 초대교회가 활발하게 전인치유사역을 전개한 것을 깨닫는 것이다. 하지만 불행하게도 중세교회는 물론 종교개혁 이후의 개신교회에서도 오랫동안 전인치유사역이 거의 실종되고 말았다!

맥너트 박사는 중세교회 때 전인치유사역이 거의 실종된 것을 아래와 같이 소개했다.

"환상과 치유는 특별히 거룩한 사람들과 관계있는 것이 되어 버렸다. 성령의 은사들은 일반적인 현상으로 여겨지지 않고, 희귀한 것인 동시에 그리스도인이 성인의 자격이 있음을 보여 주는 증거로 여겨지게 되었다. 성 안토니(St. Anthony)를 포함한 사막의 교부들처럼 진실로 거룩한 사람들은 도시의 타락으로부터 도망쳤지만,

동시에 병자를 위해 기도하는 일로부터도 등을 돌렸다. …… 또한 기독교는 점차 수용 가능하고 표준적인 종교가 되어 갔다. 열정은 사그라들었고, 프랑크족들처럼 종족 전체가 회심하여 단체로 세례 받는 일까지 생겨났다. …… 그런 집단적 회심과 세례는 심지어 강요에 의하여 일어나는 경우도 있었다. 그러면서 교회 안에 점점 더 많은 명목상의 그리스도인들이 출현하게 되었고, 그 결과 사막의 은둔자들 같은 열정적인 그리스도인들은 그런 무리들로부터 도망쳐서 새롭고 이상적인 공동체를 형성해야만 했다."[23]

시간이 더욱 흐르자, 교회는 사제들에게만 축사사역을 하는 것을 허용했다. 세월이 더욱 흐른 후에는 사제들도 주교의 허락을 받아야만 축사사역을 할 수 있도록 규정했고, 사제에게 축사사역을 받기를 원하는 사람은 그가 귀신이 들린 사실을 입증해야만 축사사역을 받도록 규정했다. 이렇게 되자 축사사역을 하려는 사제들도 거의 없었고, 축사사역을 요청하는 성도들도 거의 없었다. 이에 관한 맥너트 박사의 설명을 들어보자.

"결국 사제들만 축사를 행하는 것이 허용되었다. 몇 세기 후에는 훨씬 더 제한적인 상황으로 바뀌었다. 사제가 어떤 사람에게서 귀신을 쫓아내기 위하여는 주교로부터 허가를 받아야 했고, 그 사람도 귀신이 들렸다는 사실이 입증되어야만 했다. 하지만 그렇게 할 수 있는 경우는 극히 드물었다."[24]

---

23) 거의 완벽한 범죄, 프랜시스 맥너트 저, 김주성 역, 양촌힐링센터, 2013년, pp. 129-131
24) 거의 완벽한 범죄, 프랜시스 맥너트 저, 김주성 역, 양촌힐링센터, 2013년, p. 161

세월이 더욱 흐르자, 교회는 고백성사를 한 후에 속죄규정을 지킨 성도에 한하여 치유기도(병자성사)를 해 주기로 결정했다. 그런데 고백성사를 한 성도에게 부과한 속죄규정이 매우 까다로운 것이 문제였다. 이 때문에 성도들은 고백성사를 한 후에 속죄하는 것을 두려워한 나머지 병이 들어도 사제의 치유기도 받기를 꺼려 하는 웃지 못할 희극이 전개되었다.

맥너트 박사는 주후 830년경에 사용한 『로마의 고해규정서』(할리트 주교에 의해 쓰여짐)에서 발췌한 내용(고백성사를 한 성도가 속죄해야 할 것을 규정한 내용)을 아래와 같이 소개했다.

"신체적인 간음을 저지르는 사제는 3년 동안 속죄할 것이며, 부활절과 오순절 사이의 날들을 제외하고는 매시간 용서를 구하고, 매주 금식할 것이다. 낙태를 유발하는 모든 자는 3년 동안 속죄하되, 1년은 빵과 물로만 연명할 것이다. 누구든지 탐욕으로 위증죄를 범하는 자는 자신의 모든 소유를 팔아서 가난한 자들에게 줄 것이며, 머리를 깎고 수도원에 들어갈 것이다. 그리고 그곳에서 죽을 때까지 충성스럽게 섬길 것이다. 가볍게 입만 맞추는 자들은 7번의 특별 금식으로 속죄할 것이며, 음탕하게 입을 맞췄으나 타락에 빠지지 않은 자들은 8번의 특별한 금식으로 속죄할 것이지만, 타락에 빠지거나 몸을 껴안은 자들은 15번의 특별 금식으로 교정받을 것이다.

사람들이 사제를 불러서 고백성사 하는 것을 죽기 직전까지 미뤘던 것도 그리 놀랄 만한 일은 아니다. 고백성사가 먼저 행해져야 했기 때문에 그들은 병자성사를 요청하는 일도 뒤로 미루었다. 당시에는 더 이상 병자성사가 결코 신체적인 치유를 일으키려는 의도로 행해지지 않고 있었다. 이제는 병자가 병자성사를 받으려면 죽음의 위험에 처해 있어야만 했기 때문에 그것은 마지막 기름 부음, 또는 최후의 기름 부음, 따라서 종부성사라 불리게 되었다. …… 이 모든 것이 얼마나 아이러니한 것인지 생각해 보라! 병에 걸렸지만 죽음의 위험에 처해 있지 않다면 당신은 치유를 위한 기도를 받을 수 없다. 그리고 만약 용서받은 후에도 가혹한 속죄의 대가를 지불해야 하는 죄를 범했다면 당신은 치유를 위한 기도를 받고 싶지 않을 수도 있다."[25]

속죄하는 일이 이렇게 어려운데 어떤 사람이 고백성사를 하려 했겠는가? 고백성사를 한 후에 병이 나으면 이처럼 힘든 속죄 행위를 해야 하는데 누가 치유기도를 받으려 했겠는가? 이 때문에 대부분의 성도들은 속죄 행위를 하는 것이 무서워서 사제의 치유기도(병자성사)를 받지 않으려 했다. 결국 그들은 죽기 직전에 고백성사를 한 후에 사제의 치유기도(병자성사)를 받았다. 이런 사람들은 대부분 치유기도(병자성사)를 받은 후에 죽었다. 이처럼 병자성사가 죽어가는 신자들에게만 시행되는 사태가 벌어지자, 로마 가톨릭 지도자들은 아예 병자성사란 말을 종부성사란 말로 바꿔 버렸다. 종부성사란 '사람의 임종 때 시행하는 성사'란 뜻이다. 이렇게 해서 명목상으로나마 존재하던 전인치유사역이 교회에서 완전히 없어져 버리고 말았다!

물론 중세 시대에도 병자들이 간절하게 치유를 요구하는 것을 거

---

25) 거의 완벽한 범죄, 프랜시스 맥너트 저, 김주성 역, 양촌힐링센터, 2013년, pp. 184-185

절하지 못해서 교회의 규정을 무시하고 고백성사를 하지 않은 신자들에게 치유기도를 해 준 사제들이 있기는 했다. 하지만 그런 사제들은 극소수에 불과했다. 그리고 그 시대에는 평신도가 병자를 위하여 기도하는 것은 생각할 수도 없는 일이었다. 이렇게 해서 교회는 공식적으로 전인치유사역을 완전히 포기하고 말았다.

교회가 공식적으로 전인치유사역을 포기하자, 중세의 기독교인들은 병이 들면 성인의 사당에 찾아가서 미신적으로 숭배하며 치유를 받으려 했다. 그러자 오래된 치유사당을 관리하는 사제들은 그것을 돈벌이의 수단으로 오용했다. 성인의 사당을 미신적으로 믿는 신자들도 문제였지만 그것을 이용하여 돈벌이를 하는 사제들이 더 큰 문제였다. 이 때문에 종교개혁자들이 성인들의 사당을 파괴한 것이다. 이에 관한 맥너트 박사의 설명을 들어보자.

> "당시에 오랜 세월 동안 평범한 그리스도인들에게 치유의 소망을 제공한 곳은 주로 사당들이었다. 그렇지만 16세기에 시작되어 개신교를 탄생시킨 종교개혁 무렵에도 가톨릭 신자들은 여전히 치유를 구하기 위하여 성인들의 사당으로 몰려갔다. 하지만 대부분의 개신교 지도자들은 그런 행동에 강하게 반대했다. 예를 들어 가장 영향력 있는 종교개혁자들 중 한 사람이었던 장 칼뱅은 성인들에 대한 신앙을 우상숭배로 간주했다. 그는 오래된 치유사당들을 철폐하기로 결단함으로써 종교개혁 당시의 그리스도인들에게 엄청난 영향을 끼쳤다. 그들은 오래된 치유사당들을 부정한 돈벌이 수단으로 여겼을 뿐만 아니라 미신의 온상으로 간주했다."[26]

장 칼뱅(Jean Calvin, 1509-1564년)은 치유사당들을 철폐한 후에 전인치유사역을 외면한 채로 복음전파와 교리개혁에만 힘썼다. 마르틴 루터(Martin Luther)도 마찬가지였다. 그 결과 개신교 목회자들 대부분이 전인치유사역을 포기했다.

종교개혁 전후의 교회가(천주교회와 개신교회가 동일하게) 전인치유사역을 포기하자, 기독교를 수용한 각국의 왕들이 "오직 왕만이 치유를 할 수 있다"고 주장하는 해프닝을 빚었다. 왕들은 왕의 권위를 세우기 위하여 독점적으로 전인치유사역을 시행했다.

> "하지만 7백 년 동안 영국인들은 자국의 군주에게 '왕의 악질(King's Evil)'로 고생하는 자들을 치유하는 능력이 하나님으로부터 부여되어 있다고 믿었다. 그것은 중세기에 흔히 볼 수 있었던 더러운 질병인 연주창(連珠瘡, scrofula)으로 림프조직을 감염시킬 뿐만 아니라, 환자의 몸에 악취 나는 종기와 고름 찬 수포를 유발시키는 일종의 결핵이었다. 연주창은 왕의 손으로 만지면 고칠 수 있다고 믿었기 때문에 왕의 악질(King's Evil)로 불렸다. 군주들이 치유의 전문가들이었다! 프랑스의 군주들 역시 '연주창을 치료할 수 있다'고 주장했으며, 프랑스에서도 그런 믿음이 7백 년 동안이나 지속되었다."[27]

목회자들이 말살한 전인치유사역을 왕이 독점하여 수행한 것은 얼마나 커다란 아이러니란 말인가!

---

26) 거의 완벽한 범죄, 프랜시스 맥너트 저, 김주성 역, 양촌힐링센터, 2013년, pp. 186-189
27) 거의 완벽한 범죄, 프랜시스 맥너트 저, 김주성 역, 양촌힐링센터, 2013년, pp. 190-191

우리 개신교인들에게 큰 불행은 종교개혁자들이 전인치유사역을 부활시키지 않은 것이다. 아니, 부활시키기는커녕 전인치유사역을 더욱 말살시킨 것이다. 이에 관한 맥너트 박사의 설명을 들어보자.

"로마 가톨릭의 흔적으로부터 종교를 정결케 하려는 노력의 일환으로, 종교개혁자들은 단순히 성인들과 관련된 것들만이 아니라 치유 기도마저 없애 버렸다. 칼빈은 초자연적인 치유가 마지막 사도의 죽음과 함께 끝이 났다는 믿음인 '은사중지론(Cessationism)'까지 가르쳤다. 그것은 여러 주요 개신교단들 내에 아직까지 존재하고 있는 믿음이다."[28]

"독일 종교개혁의 지도자였던 마르틴 루터는 치유와 관련해서는 어떤 질문도 제기하지 않은 채, 그때까지 무시되어 온 그 주제에 관해서 자신이 전부터 배워온 그대로를 받아들였다. …… 치유사역에 가장 깊은 상처를 입힌 종교개혁자는 모든 종교개혁 신학자들 중에서 가장 영향력이 있었던 장 칼뱅이었다. 예를 들어 오늘날 침례교인들이 성경에 강한 애정이 있음에도 불구하고 치유사역이나 축사를 믿지 않는 것을 볼 때, 그 이유는 결국 칼빈의 가르침으로 거슬러 올라간다. …… 칼빈은 어거스틴을 초기 기독교 시대 이후 자신이 가장 좋아하는 신학자로 선택했지만, 치유가 드물게 일어난다는 가르침이 잘못된 것이었음을 인정하는 어거스틴의 시인(그의 저서 『철회』에서)은 받아들이지 않았다. 대신에 칼빈은 초기 어거스틴의 가르침을 좀 더 극단으로 끌고 갔다. 칼빈에게 기적은 단

---

[28] 거의 완벽한 범죄, 프랜시스 맥너트 저, 김주성 역, 양촌힐링센터, 2013년, p. 189

순히 드물게 일어나는 현상에 불과한 것이 아니라, 아예 마지막 사도의 죽음과 함께 끝나 버린 것이었다. 그는 신약성경에 묘사된 기적은 전부 믿었지만, 그 후에는 끝난 것으로 믿었다. 그는 은사(기적)중지론을 기본교리로 전환시켰다. 한 걸음 더 나아가 그는 '부활 이후에는 귀신들이 이 세상에서 쫓겨나 버렸다'고 가르쳤다. 그래서 그는 치유사역의 철폐를 요구했을 뿐만 아니라 귀신 쫓는 기도와 축사행위까지도 없애 버렸다. 적어도 그리스도인들에 대해서는 그랬다. 칼빈은 '기도를 통한 치유가 끝이 났고, 아무 효력이 없다'는 그의 가르침 속에 어떤 의심의 여지도 남기지 않았다.
(아래의 글은 칼빈의 주장이다 – 필자 주)
'그러나 다른 기적들과 마찬가지로 주님께서 잠시 동안 나타내고자 하셨던 그 치유의 은사는 새로운 복음전파를 영원토록 놀라운 것으로 만들기 위하여 사라졌다. 그러므로 기름 부음이 신성한 것이라고 십분 인정하더라도 그것은 그런 능력을 집행하도록 위임받지 못한 우리와는 아무런 관계가 없다.'"[29]

장 칼뱅의 은사중지론에 결정적인 불을 지핀 사람은 존 넬슨 다비(John Nelson Darby)다. 그는 세대주의 사상을 널리 퍼뜨린 사람으로 유명하다. 안타깝게도 그는 칼빈의 은사중지론을 전 세계에 퍼뜨리는 잘못을 범했다. 이에 관한 맥너트 박사의 설명을 들어보자.

"존 다비는 영국 국교 신학교에서 환멸스런 경험을 한 후 더블린에서 플리머스 형제단에 가입했다. …… 그는 너무나 재능이 많은 지

---

[29] 거의 완벽한 범죄, 프랜시스 맥너트 저, 김주성 역, 양촌힐링센터, 2013년, pp. 197–199

도자여서 임종 무렵에는 1천 개 이상의 형제단교회를 설립하여 놓은 상태였다. 그는 성경을 면밀히 연구해서 복음적인 기독교의 보수주의자들에게 심대한 영향을 준 많은 이론들을 만들어 냈다. 그의 가장 영향력 있는 이론은 세대주의(Dispensationalism)로서 교회 역사가 여러 개의 시대로, 또는 세대로 나뉜다고 주장하는 이론이다.

다비에게 복음 시대(Gospel era)는 우리가 살고 있는 시대와는 별개의 시대였는데, 따라서 치유와 기타 성령의 은사들(고전 12장에 나오는)은 사도 시대라는 특별한 세대만을 위한 것이었다. 다비는 치유와 기타 성령의 은사들이 마지막 사도와 함께 끝이 났다고 믿었다."[30]

다비의 세대주의 사상은 전 세계의 개신교인들에게 큰 호응을 얻었고, 그의 기적중지론 역시 큰 관심을 받았다. 그 결과 개신교인들 대부분은, 심지어 목회자들조차도 전인치유에 관하여 문외한이 될 수밖에 없었다. 이렇게 해서 개신교회에서조차도 전인치유가 실종되는 비극이 발생했다!

전인치유에 관한 개신교인들의 잘못된 믿음은 1700년대 중반에 이르러서야 서서히 무너지기 시작했다. 이 일에 앞장선 이들은 영국의 존 웨슬리(John Wesley)와 조지 화이트필드(George Whitefield)였다. 그 다음에는 그들의 영향으로 미국에서 대각성 운동을 일으킨 조나단 에드워즈(Jonathan Edwards) 등을 들 수 있다. 이에 관한 맥너트 박사의 설명을 들어보자.

---

30) 거의 완벽한 범죄, 프랜시스 맥너트 저, 김주성 역, 양촌힐링센터, 2013년, p. 211

"치유의 재발견은 영국 국교도들(결국 감리교회가 된 웨슬리의 부흥)과 칼뱅주의자들(매사추세츠, 노샘프턴에서의 조나단 에드워즈와 대각성운동), 장로교인들(스코틀랜드의 J. 카메론 페디), 침례교인들(A. J. 고든), 루터교도들(독일의 요한 크리스토프 블룸하르트), 그리고 성공회교인들(보스턴의 찰스 컬리스 박사) 등 모든 교단의 목회자들과 지도자들에게 영향을 미쳤다. 모든 교단, 모든 지역에서 하나님이 치유의 은사로 개인들을 만지시는 것 같았다."[31]

맥너트 박사의 표현처럼 '아무도 끌 수 없는 전인치유의 불'은 1901년 1월 1일에 시작되었다.

"그리고 (우연의 일치였던가?) 충만한 오순절 체험, 즉 전 세계로 퍼져 나가서 도저히 끌 수 없었던 불이 1901년 1월 1일에 시작되었다. 바로 그때, 캔자스 토피카에서 찰스 파햄(Charles Parham)이 지도하는 성경학교의 학생이었던 아그네스 오즈만(Agnes Ozman)이라는 여성이 놀랄 만한 영적 체험을 하게 되었다. …… 파햄은 그것을 나중에 이렇게 회상했다

'나는 그녀에게 손을 얹고 기도했다. 내가 수십 마디의 문장을 끝내자마자 영광이 그녀에게 임했고, 후광이 그녀의 머리와 얼굴을 두른 것 같았으며, 그녀는 중국어로 말하기 시작했다. 그리고 그녀는 3일 동안 영어로 말할 수 없었다.'

……이 작은 시작으로부터 그 유명한 아주사 거리의 부흥이 오게 되었다. 아주사 거리의 부흥은 대체로 20세기의 위대한 오순절 폭발

---

31) 거의 완벽한 범죄, 맥너트 저, 김주성 역, 양촌힐링센터, 2013년, pp. 263-264

을 점화시킨 것으로 평가받고 있다. ……아주사 거리 선교회는 기독교의 미래 역사에 심대한 영향을 미쳤다. 그것은 마치 폭발 같았다. 아주사 선교회가 설립된 지 6개월 만에 38명의 선교사가(처음에는 미국의 주요 도시들로, 나중에는 세계 곳곳으로) 이집트와 노르웨이 및 남아프리카 같은 아주 먼 곳에까지 퍼져 나간 상태였다."[32]

불행하게도 한국 교회의 목회자들 대부분은 칼빈의 기적중지론에 물들어 있거나 전인치유를 포기한 상태로 목회를 하고 있다. 대부분의 신학교에서 전인치유를 가르치지 않기 때문이다. 그 결과 성도들은 물론 목회자 자신도 질병과 악령에게 시달리는 일이 비일비재하다. 전인치유를 정식과목으로 가르치는 신학교들이 많이 생기지 않는 한 이런 비극은 계속될 수밖에 없다.

다행히 양촌힐링센터의 김종주 원장을 비롯한 몇몇 목회자들과 성도들이 전인치유센터를 만들어서 전인치유사역을 하기도 하고, 전인치유학교를 설립하여 전인치유를 가르치기도 한다. 현재로서는 이런 전인치유센터와 전인치유학교를 이용하는 것이 최선이다.

차선으로는 본서를 읽는 것이다. 본서를 읽으면 전인치유에 눈을 뜰 수 있을 것이고, 전인치유를 할 수 있는 능력도 생길 것이다.

---

32) 거의 완벽한 범죄, 프랜시스 맥너트 저, 김주성 역, 양촌힐링센터, 2013년, pp. 269-276

5. 양촌힐링센터에서 사용하는 전인치유법

치유사역을 할 때 '어떤 치유법을 사용하느냐'가 매우 중요하다. 좋은 치유법을 사용하면 치유가 잘 되기 때문이다. 의사들이 좋은 치료법을 사용하면 치료가 잘 되는 것과 같다.

지금부터 약 120년 전에 서양 의사들이 우리나라에 왔다. 주로 의료선교사들이었다. 그들이 자랑하는 치료법은 수술이었다.

수술은 매우 탁월한 치료법이다. 하지만 120년 전의 우리나라 사람들은 한사코 수술을 반대했다. 그들은 공자가 가르친 '신체발부수지부모(身體髮膚受之父母)' 사상, 즉 '신체와 터럭과 살갗은 부모에게서 받은 것'이라는 사상을 고집하면서 한사코 수술을 반대했다. 다시 말해서 그들은 "우리는 부모가 물려준 머리카락도 깎지 않는데 서양 의사들은 '부모가 물려준 몸에 칼을 대라'고 하므로 오랑캐들이 틀림없다"고 주장하면서 강력하게 수술을 거부했다. 이 때문에 수술을 받으면 살 수 있는 사람들이 수술을 거부하여 많이 죽었다. 어렵사리 수술을 받을 경우에도 수술을 하는 시간보다도 수술을 이해시키는 시간이 더 많이 걸리는 경우가 왕왕 있었다. 이처럼 매우 탁월한 치유법도 환자가 이해하지 못하면 시행할 수 없다.

필자가 사용하는 치유법들 중에는 탁월한 것들이 많다. 그럼에도 불구하고 필자는 다짜고짜 내담자를 치유하지 않는다. 그렇게 하면 많은 내담자가 필자의 치유법을 이해하지 못하여 치유를 거부하기 때문이다. 이 때문에 필자는 처음 온 내담자들에게 충분히 치유법을 설명한 후에 본격적인 치유사역을 시작한다. 필자가 사용하는 치유법이 널리 알려지지 않았기 때문에 어쩔 수 없이 이렇게 하는 것이다. 양촌힐링센터의 치유사역자들도 똑같이 한다.

필자가 대표적으로 사용하는 치유법인 토설과 축사를 예로 들어 사람들이 필자의 치유법을 오해하는 경우를 설명하겠다.

먼저 토설치유부터 설명하겠다.
'토설'의 사전적인 뜻은 '숨겼던 사실을 비로소 밝히어 말함'이다.[33]
'토설치유'란 '내담자가 마음에 상처를 받아서 생긴 분노를 꺼내 놓게 해서 마음의 상처를 치유하는 것'을 뜻한다.
개인적으로 '토설만큼 탁월한 치유법은 없다'고 생각한다. 요즘은 토설치유법의 탁월함이 어느 정도 알려져서 다른 곳에서도 이 치유법을 사용하는 것으로 알고 있다. 그럼에도 불구하고 여전히 많은 사람이 토설을 이해하지 못한다. 특히 '성경적 상담'을 주장하는 목회자들은 토설에 알레르기 반응을 보이기까지 한다. 그들 중의 한 사람이 정태홍 목사다. 그는 자신의 홈페이지와 저서를 통하여 토설을 혹평했다. 아래의 글은 그의 주장이다.

---

33) 네이버 국어사전 참조.

"많은 분이 토설해서 치유를 받았다고 말합니다. 그러나 이런 토설 치유의 방법은 심리학의 게슈탈트(Gestalt) 치료에 뿌리를 두고 있는 것입니다."[34]

심지어 정태홍 목사는 토설을 비롯한 모든 내적치유법을 비성경적인 치유법 내지는 악한 치유법으로 정죄하기까지 한다. 그의 말을 조금 더 들어보자.

"제가 그래왔던 것처럼 알지도 못하고 답답한 마음에 찾아갔던 심리학과 내적치유에서 돌아서기를 기도합니다. 이런 비성경적인 심리학과 뉴에이지에 물든 내적치유에서 돌아서기를 간절히 기도합니다."[35]

과연 그럴까? 진실로 필자가 사용하는 토설을 비롯한 모든 내적치유법들이 뉴에이지식의 악한 치유법일까?

결론부터 말하면 정태홍 목사의 주장은 성경과 하나님의 뜻을 오해한 것이다. 다음 장에서 자세히 설명하겠지만 필자가 사용하는 토설과 다른 내적치유법은 성경적 근거가 충분하다.

필자의 축사(逐邪)치유를 예로 들겠다. 축사란 악령(귀신)을 쫓아내서 치유하는 것을 의미한다.

필자의 치유사역의 정점은 축사사역이다. 필자는 내담자가 토

---

34) 정태홍 목사는 그의 홈페이지와 책을 통하여 한국 교회의 여러 기관에서 실시하는 내적치유(또는 전인치유)를 비성경적인 치유로 정죄한다. 정태홍 목사의 홈페이지 참조. www.esesang91.com
35) 정태홍 목사의 홈페이지 참조. www.esesang91.com

설, 회개, 용서, 대적을 하게 만든 후에 축사사역을 한다.

필자의 임상에 의하면 축사사역을 할 때 많은 내담자에게서 축사 현상이 나타난다. 다시 말해서 필자가 예수님의 이름으로 악령들에게 명령하면 내담자들의 몸속에 숨어 있던 악령들이 기침, 가래, 구토, 통증, 하품, 괴성, 악취, 말, 방귀, 경련 등의 현상을 일으키면서 떠나간다. 대부분의 내담자는 이런 현상을 처음 접하기 때문에 큰 충격을 받는다. 어떤 이들은 지금까지 악령들에게 속은 것에 분개한다.

내담자는 악령이 추방된 만큼 변화를 받는다. 몸속에서 그를 조종하던 세력이 추방되었기 때문이다. 성경에 기록된 거라사의 광인이 예수님의 축사사역을 받은 후에 정상인이 된 것과 같은 놀라운 일들이 요즘도 실제로 일어나고 있다!

그런데도 어떤 이들은 우리의 축사사역을 무시한다. 심지어 축사사역을 이단적 사역으로 정죄하기까지 한다. 참으로 아이러니한 것은 축사사역을 정죄하는 이들 대부분이 한 번도 귀신을 쫓아내 본 적이 없다는 점이다! 예수님의 축사사역을 '바알세불에 힘입은 짓'으로 혹평한 바리새인들과 그들이 뭐가 다른지 모르겠다. 하긴 예수님이 "집주인을 바알세불이라 하였거든 하물며 그 집 사람들이랴"고 말씀하셨으므로(마 10:25), 사람들이 우리의 축사사역을 마귀적인 것으로 혹평하는 것이 조금도 이상하지 않을 것이다.

6. 토설치유법

'항아리에 구정물이 담겨 있다'고 하자. 항아리에 있는 구정물은 시간이 지나면 찌꺼기는 밑에 가라앉고 맑은 물은 위에 뜬다. 위에서 보면 맑은 물만 보이기 때문에 밑에 찌꺼기가 없는 것같이 보인다. 사람의 마음도 이와 같다. 정도의 차이는 있지만 대개 사람의 마음에는 태아기 때 또는 성장하면서 받은 상처가 가득하다. 이런 상처들은 세월이 지나면서 무의식 속으로 가라앉는다. 이런 사람의 의식은 '나에게는 상처가 없다'고 여긴다.

하지만 귀신들은 어떤 사람의 마음속에 상처가 있는지를 귀신같이 안다. 그리고 귀신들은 사람이 과거에 상처를 받았던 일과 비슷한 일을 당할 때마다 그 상처를 건드려서 분노하게 만들거나 우울하게 만든다.

사람은 억울한 일을 당하면 마음에 분노가 생긴다. 극심하게 억울한 일을 당하면 가해자를 저주하거나 욕하거나 때리거나 죽이고 싶어 한다.

이런 분노를 방치하면 시간이 흐를수록 분노가 무의식에 가라앉는다. 시간이 더욱 흐르면 가해자에 대한 분노가 없는 것처럼 생각된다. 이럴 경우에는 자신에게 나타나는 증상으로 자신의 무의식에 가해자에 대한 분노가 있는지를 확인하는 도리밖에 없다.

■ 무의식에 가해자에 대한 분노가 있는 사람의 특징

① 분노를 속으로 삭인다.
② 가해자가 아닌 다른 존재(사람, 동물, 물건)에게 화를 한다.
③ 마음이 우울하다(마음이 답답하다).
④ 신경이 과민하다.
⑤ 무기력하다.
⑥ 정신분열이 생긴다.

■ 가해자에 대한 분노를 비정상적으로 해소하는 경우를 일컫는 용어들

① 억압 : 분노를 속으로 삭이는 것.
② 투사 : 자신의 실수를 남의 탓으로 돌리는 것.
③ 전이 : 만만한 대상에게 분풀이를 하는 것.
④ 자기비난 : 자학을 하는 것.
⑤ 해리 : 어떤 일을 비정상적으로 처리하는 것(정신분열증).

치유사역을 해 보면 많은 내담자가 "나에게 상처를 준 사람을 용서했다"고 말하거나 "그 사람에게 아무런 악감정이 없다"고 말한다. 하지만 그들에게 토설을 시키면 머리로는 가해자를 용서했지만 마음으로는 전혀 용서하지 않은 것이 드러난다.

❦ 목회자 사례

그는 어릴 때 공부를 잘했다. 그런데 생활 형편이 어려운 아버지가 그를 중학교에 보내는 대신 공장에 취직을 시켰다. 졸지에 공장에서 일하게 된 그는 친하게 지내던 친구들조차도 멀리할 정도로 자신의 처지를 수치스럽게 여겼다. 공부에 한이 맺혔던 그는 오랜 세월이 지난 후에 뒤늦게 공부를 했고, 목회자가 되었다. 그러는 사이에 그의 아버지는 세상을 떠났다.

필자가 그에게 물었다.

"목사님의 아버지가 중학교에 보내 주지 않은 것을 어떻게 생각하십니까?"

그는 자신 있게 대답했다.

"벌써 용서했습니다. 제가 목사인데 어떻게 용서하지 않을 수 있겠습니까? 우리 집이 가난해서 아버지가 저를 학교에 안 보낸 것이기 때문에 아버지를 이해합니다. 그리고 아버지는 이미 오래전에 돌아가셨습니다. 오래전에 아버지를 용서했습니다."

다시 그에게 말했다.

"목사님의 의식에서는 아버지를 용서했습니다. 그러나 목사님의 무의식에서는 아직도 아버지를 용서하지 않았을지도 모릅니다. 제가 아버지의 대역을 해서 목사님의 화를 돋워도 화가 나지 않으면 목사님이 진정으로 아버지를 용서하신 것이고, 그렇지 않으면 용서를 못 하신 것입니다. 제가 아버지 역할을 해도 괜찮겠습니까?"

"예, 그렇게 하세요."

"그러면 눈을 감으세요. 그리고 아버지가 중학교에 보내 주지 않았던 장면을 떠올리세요."

"알겠습니다."

"그 장면이 생각납니까?"

"예, 생각납니다."

필자는 그의 앞에 서서 그의 아버지처럼 단호하게 말했다.

"내가 너를 공장에 보낸 것은 잘한 거야!"

이 말이 떨어지기가 무섭게 그가 소리쳤다.

"그게 뭐가 잘한 거예요?"

그의 무의식에 아버지에 대한 분노가 있는 걸 확인한 필자는 손바닥으로 그의 머리를 툭 치면서 한 번 더 약을 올렸다.

"야, 인마. 내가 널 공장에 보냈기 때문에 네가 돈을 벌어서 지금까지 잘 살았잖아. 그러니까 내가 잘한 거지! 이놈이 아버지의 공도 모르고 아버지에게 화를 내?"

그는 더욱 큰 소리로 반발했다.

"그게 뭐가 잘한 거예요? 나는 아버지 때문에 친구들도 다 잃어버렸단 말이에요!"

그때부터 그는 격렬하게 소리치고 화를 내며 아버지에 대한 증오를 토해냈다.

약 15분 정도 토설한 후에 그가 말했다.

"목사님, 제 속에 이렇게 아버지에 대한 분노가 많이 있는 줄 전혀 몰랐습니다!"

그의 얼굴은 매우 밝아져 있었다.

가해자에 대한 분노를 제거하는 가장 좋은 방법(가해자를 용서하는 가장 좋은 방법)은 성령님에게 완전히 사로잡히는 것이다. 이렇게 되면 저절로(성령님의 능력으로) 가해자를 용서할 수 있다. 문제는 이런 경우가 매우 드문 데 있다.

그러므로 우리는 차선책을 사용할 수밖에 없다. 필자가 말하는 차선책은 토설을 의미한다.

일반 상담가들도 토설을 이용하여 내담자의 분노를 제거한다. 일반 상담가들이 흔히 사용하는 토설 방법은 아래와 같다.

① 내담자의 분노가 풀릴 때까지 그의 푸념을 들어준다(상담).
② 상처를 준 사람의 대역을 세워서 내담자가 그와 대화를 하며 분노를 쏟아 놓게 한다(역할극).
③ 내담자가 상상력을 이용하여 나쁜 생각을 좋은 생각으로 바꾸게 한다(구상화).

상담, 역할극, 구상화도 일종의 토설이다. 이런 방법을 통하여 내담자의 분노를 제거하기 때문이다. 다만 이런 방법들은 필자가 사용하는 토설 방법(양촌힐링센터에서 개발한 방법)만큼 효과가 크지 않고, 시간이 많이 걸리는 것이 단점이다.

필자가 사용하는 토설 방법은 열심히 실행하기만 하면 치유 시간을 획기적으로 단축할 수 있고, 효과가 탁월하다. 성격이 급한 한국인의 체질에 아주 잘 맞고, 경제적으로도 매우 좋은 치유법이다. 그리고 이것은 하나님이 성경을 통하여 가르쳐 주신 방법이기도 하다.

성경을 통하여 하나님이 가르쳐 주신 토설의 원리와 토설 방법을 알아보자.

성경은 토설의 원리를 아래와 같이 가르쳐 준다.

(욥 10:1) 내 영혼이 살기에 곤비하니 내 불평을 토로하고 내 마음이 괴로운 대로 말하리라

(욥 10:18-19) 주께서 나를 태에서 나오게 하셨음은 어찌함이니이까 그렇지 아니하셨더라면 내가 기운이 끊어져 아무 눈에도 보이지 아니하였을 것이라 있어도 없던 것같이 되어서 태에서 바로 무덤으로 옮겨졌으리이다

본문에서 보는 것처럼 토설은 '마음이 괴로운 대로 말하는 것'이다. 이런 원리에 따라서 토설하면 효과적인 토설을 할 수 있고, 빠르게 치유를 받을 수 있다.

1) 피해를 당했을 때 가해자를 저주하고 싶었으면 가짜(가상의) 가해자를 저주하라

피해를 당할 때 가해자를 마음껏 저주하면 가해자에 대한 분노가 마음에 쌓이지 않는다. 하지만 대부분의 사람은 가해자를 저주할 힘이 없기 때문에 가해자를 저주하고 싶은 마음을 참고 속수무책으로 피해를 당한다. 이럴 경우에는 나중에라도 가짜 가해자를 저주해야 마음속(무의식)에 쌓여 있는 분노가 없어진다.

가짜(가상의) 가해자를 저주하는 이유는 세 가지다.
첫째, 진짜 가해자를 저주하면 싸움이 일어나기 십상이기 때문이다.
둘째, 가짜 가해자를 저주해도 마음의 분노가 없어지기 때문이다.

셋째, 가짜 가해자를 저주하면 진짜 가해자가 저주를 받지 않기 때문이다.

가족이 가해자일 경우에 진짜 가해자를 저주하면 가족이 저주를 받아서 큰 어려움을 겪을 가능성이 있다. 그래서 아무리 저주해도 아무런 피해를 받지 않는 가짜 가해자를 저주하는 것이다.

가짜 가해자를 저주하는 방법은 두 가지다.

첫째, 가짜 가해자를 저주하는 기도를 한다.
다윗이 가짜 가해자를 저주하는 기도를 한 경우를 보자.

> (시 109:8-10) 그의 연수를 짧게 하시며 그의 직분을 타인이 빼앗게 하시며 그의 자녀는 고아가 되고 그의 아내는 과부가 되며 그의 자녀들은 유리하며 구걸하고 그들의 황폐한 집을 떠나 빌어먹게 하소서

> (시 55:9) 내가 성내에서 강포와 분쟁을 보았사오니 주여 그들을 멸하소서 그들의 혀를 잘라 버리소서

다윗은 자신을 괴롭힌 원수들에 대한 분노를 없애기 위하여 가짜 가해자를 격렬하게 저주했다.

"그놈이 빨리 죽게 해 주세요! 그놈이 실업자가 되게 해 주세요! 그놈의 자식들은 고아가 되게 해 주세요! 그놈의 아내는 과부가 되게 해 주세요! 그놈의 자식들이 거지가 되게 해 주세요! 그놈들의 혀를 잘라 버리세요!"

둘째, 가짜 가해자에게 저주를 퍼붓는다.
다윗이 가짜 가해자에게 저주를 퍼부은 성경 말씀을 보자.

(시 55:12-15) 나를 책망하는 자는 원수가 아니라 원수일진대 내가 참았으리라 나를 대하여 자기를 높이는 자는 나를 미워하는 자가 아니라 미워하는 자일진대 내가 그를 피하여 숨었으리라 그는 곧 너로다 나의 동료, 나의 친구요 나의 가까운 친우로다 우리가 같이 재미있게 의논하며 무리와 함께하여 하나님의 집 안에서 다녔도다 사망이 갑자기 그들에게 임하여 산 채로 스올에 내려갈지어다 이는 악독이 그들의 거처에 있고 그들 가운데에 있음이로다

다윗은 어느 날 옛날에 자신의 친구들과 함께 즐겁게 의논하고, 그들과 하나님의 집 안에서 머무른 것을 회상했다. 그러자 그들에 대한 분노가 끓어올랐다. 그들이 다윗을 배신했기 때문이었다. 다윗은 즉시 자신의 분노를 격렬한 저주로 토설했다!

"죽음아, 내 원수들을 생매장시켜 버려라!"

다윗은 이렇게 가짜 가해자를 저주했기 때문에 진심으로 원수를 용서할 수 있었고, 원수를 축복할 수 있었고, 다른 사람들에게 화풀이(투사, 전이)를 하지 않을 수 있었고, 병들지 않을 수 있었고, 마침내 큰 복을 받을 수 있었다!

아래와 같이 가짜 가해자를 저주할 수 있다.
"하나님, 그놈의 다리를 뚝 부러뜨려 주세요!"

"그놈이 사기꾼을 만나서 쫄딱 망하게 해 주세요!"
"그놈이 불치병에 걸려서 고생하는 꼴을 보게 해 주세요!"
"그놈이 치매에 걸려서 벽에다가 똥칠하는 꼴을 보게 해 주세요!"
"길을 걸어가다가 벼락을 맞아 죽어라!"
"교통사고가 나서 쥐포가 돼 버려라!"

분이 풀릴 때까지 이런 저주를 하면 마음의 상처가 치유되어서 진심으로 가해자를 용서할 수 있고, 행복하게 살 수 있고, 이웃을 행복하게 만들 수 있고, 기쁘게 하나님께 충성할 수 있다.

자신에게 상처를 준 사람을 토설할 때는 과거에 상처를 받았던 사건을 기억해서[직면(直面)해서] 그때 하고 싶었던 말(저주)을 하며 토설해야 마음속에 숨어 있던 분노가 터져 나온다. 옛날에 상처를 받았던 기억을 떠올리는 것이 괴로워서 그 일을 외면하면 마음속에 숨어 있는 분노가 쉽게 빠지지 않는다.

2) 피해를 당했을 때 가해자를 욕하고 싶었으면 가짜 가해자를 욕하라

가해자를 저주하는 것보다는 가해자를 욕하는 것이 훨씬 더 치유가 잘 일어난다.

피해를 볼 때 분이 풀릴 때까지 가해자를 욕하면 마음에 분노가 쌓이지 않는다. 하지만 대부분의 사람은 가해자에게 대항할 힘이 없기 때문에 가해자를 욕하지 못한다. 이런 사람은 나중에라도 분이 풀릴 때까지 가짜 가해자를 욕해야 한다.

의학자들은 욕설이 통증을 완화시키는 데 도움이 되는 것을 발견했다. 『조선닷컴』의 2017년 8월 28일 자 보도를 소개하겠다.

"딱딱한 물체에 발가락을 부딪치거나 심하게 넘어졌을 때, 이를 악물고 고통을 참기보단 일부러라도 욕을 내뱉는 것이 고통을 견디는 데 효과적이라는 연구 결과가 나왔다고 26일 영국 『데일리메일』이 보도했다.

영국 킬대학과 센트럴랭커셔대학 연구팀은 최근 영국인들과 일본인들을 상대로 고통을 참는 실험을 진행했다. 작은 고통에도 욕을 자주 내뱉고 또 욕의 종류도 다양한 영국인들과, 예의범절을 중시하고 욕의 종류도 매우 한정되고 차분한 기질의 일본인들 반응을 비교한 것이다.

연구팀은 평소 잘 쓰지 않는 손을 얼음물에 넣게 하고 얼마나 견디는지 관찰했다. 참가자 중 절반에겐 욕을 반복적으로 내뱉어 달라고 요구했다. 욕설이 허용된 일본인 참가자들은 영어와 일본어로 모두 욕을 할 수 있게 했다.

다양한 표현으로 욕을 할 수 있는 영국인 참가자들은 평균 78.8초까지 버텼다. 욕을 할 수 없었던 영국인들은 45.7초밖에 견디지 못했다. 반면에 일본인은 욕을 하든 안 하든 고통을 잘 참지 못했다. 욕설이 허용된 일본인들은 55.6초, 욕을 할 수 없었던 일본인은 평균 25.4초를 견뎠다. 또 시원하게 욕을 내뱉으며 고통을 견딘 사람들은 다소 '원만한' 욕설을 한 사람들보다 약 두 배나 오래 손 시림을 참을 수 있었다.

해당 연구팀은 『스칸디나비안 통증의학저널(Scandinavian Journal of Pain)』에 이런 실험 결과를 발표했다.

'욕설의 효과'는 과거에도 몇몇 실험에서 입증된 적이 있다. 욕을 하는 행위는 긴박한 위협 앞에서 빠른 방어 행동 또는 문제 해결 반응을 보이기 위한 흥분된 생리적 상태인 '투쟁-도피 반응'을 유발한다는 연구 결과가 있다. 또 욕을 하면 심장 박동이 빨라지고, 근육이 수축하면서 고통을 느끼는 감각이 둔해진다고 한다."

한편 어떤 이들은 성경에 '더러운 말은 입 밖에도 내지 말라'는 말씀이 있는 것을 근거로 욕설토설을 비난하기도 한다. 하지만 이것은 성경을 충분히 연구하지 않은 데서 생긴 오해일 뿐이다. 성경의 믿음의 위인들은 피해를 당할 때 대놓고 가해자를 욕하거나 피해를 당한 후에 가짜 가해자를 욕해서 분노를 제거했다.

욥이 대놓고 가해자를 욕해서 분노를 제거한 성경 말씀을 보자.

(욥 13:4) 너희는 거짓말을 지어내는 자요 다 쓸모없는 의원이니라

욥은 자기를 괴롭히는 사람들을 대놓고 '거짓말쟁이', '돌팔이'라고 욕했다.

욥이 피해를 당한 후에 가짜 가해자를 욕해서 분노를 제거한 성경 말씀을 보자.

(욥 30:1) 그러나 이제는 나보다 젊은 자들이 나를 비웃는구나 그들의 아비들은 내가 보기에 내 양 떼를 지키는 개 중에도 둘 만하지 못한 자들이니라

욥은 자기를 악인으로 취급한 사람들의 아버지를 욕했다.

"그들의 아비들은 내가 보기에 내 양 떼를 지키는 개 중에도 둘 만하지 못한 자들이다!"

사람은 자기보다 자기의 부모를 욕하는 것을 더욱 싫어한다. 그런데도 욥은 가해자들의 아버지를 욕했다. 그것도 매우 심하게 욕했다.

이스라엘 사람들은 개를 부정한 동물로 여기기 때문에 사람을 개에 비유하는 것을 아주 싫어한다. 그런데도 욥은 가해자들의 아버지를 '개만도 못한 놈'이라고 욕했다. 가해자에게 당한 피해가 너무나 고통스러웠기 때문에 저절로 이런 욕설이 나온 것이다.

욥은 가해자에게 욕설을 해서 마음의 상처를 치유 받았다. 그 결과 우울증이나 정신분열에 걸리지 않을 수 있었고, 진심으로 가해자들을 용서하고 축복할 수 있었으며, 하나님으로부터 갑절의 복을 받을 수 있었다.

피해자가 가해자를 욕할 수 있는 이유는 두 가지다.

첫째, 의인이 악인을 욕하는 것은 죄가 아니기 때문에 피해자가 가해자를 욕할 수 있다.

예수님은 악한 바리새인들에게 "독사의 새끼들아"라고 욕을 하셨고(마 23:33), 세례 요한도 악한 바리새인들에게 "독사의 자식들아"라고 욕을 했다(마 3:7). 피해자는 의인이고, 가해자는 악인이다. 의인에게는 악인을 욕할 권리가 있다.

둘째, 피해자의 욕설은 정당방위에 해당하기 때문에 피해자가 가해자를 욕할 수 있다.

　예를 들면 깡패에게 폭행을 당한 사람이 그 깡패를 '개새끼'라고 욕하는 것은 정당방위에 해당한다. 그가 당한 폭행에 비하면 가해자를 욕하는 것이 전혀 죄가 되지 않기 때문이다.

　대부분의 사람은 억울한 피해를 당하면 자동으로 가해자에게 복수하고 싶은 마음이 든다. 최소한 그를 욕하고 싶은 생각이 든다. 그런데도 체면이나 잘못 깨달은 성경 말씀 때문에 가면을 쓰고 살아간다. 그러는 동안에 몸과 마음이 병들고, 그 몸과 마음을 악령이 사로잡는다. 더 나아가 다른 사람들을 괴롭히는 존재가 된다. 그러므로 가해자에게 욕설을 하고 싶으면 직접 또는 간접으로 욕을 해서 마음속의 분노를 제거해야 한다.

　물론 가해자를 진심으로 용서하고 사랑할 수 있으면 굳이 욕설할 필요가 없다. 하지만 마음은 용서하고 싶지만 육신이 약해서 가해자를 무조건 용서하지 못하는 사람이 대부분이다. 대부분의 사람은 머리로는 가해자를 용서하지만 마음으로는 용서하지 못해서 가해자를 미워한다. 이런 사람은 반드시 토설을 해야 한다. 평범한 말로 토설해서 상처가 치유되지 않는 사람은 욕을 해서라도 상처를 치유받고 가해자를 용서해야 한다. 그렇게 할 때 자신과 가족이 행복해지고 신앙생활도 잘 할 수 있다. 이것이 주님의 뜻이고, 현명한 성도의 삶이다. 욕설토설을 반대하면서 마음속으로 가해자를 미워하고, 그를 멀리하는 것은 결코 주님의 뜻이 아니다.

■ 욕설토설의 주의점

(1) 상관이 부하를(동료가 동료를) 직접 욕하는 것은 가능하다.

- 예수님이 백성들에게 : 독사의 새끼들아!
- 부모가 자녀에게 : 야, 이 새끼야!
- 동료가 동료에게 : 나쁜 새끼야!

(2) 부하는 상관을 직접 욕하면 안 된다.

(행 23:2-5) 대제사장 아나니아가 바울 곁에 서 있는 사람들에게 그 입을 치라 명하니 바울이 이르되 회칠한 담이여 하나님이 너를 치시리로다 네가 나를 율법대로 심판한다고 앉아서 율법을 어기고 나를 치라 하느냐 하니 곁에 선 사람들이 말하되 하나님의 대제사장을 네가 욕하느냐 바울이 이르되 형제들아 나는 그가 대제사장인 줄 알지 못하였노라 기록하였으되 너의 백성의 관리를 비방하지 말라 하였느니라 하더라

자녀가 부모에게 직접 욕을 하는 것이나 부하가 상관에게 직접 욕을 하는 것은 예의가 아니고, 지혜로운 일도 아니다.

(3) 억지로 욕을 하지 말라.
욕을 하고 싶지 않으면 억지로 욕을 할 필요는 없다.

(4) 상관을 욕할 때는 반드시 그가 없는 데서 하라.

(대하 24:7) 이는 그 악한 여인 아달랴의 아들들이 하나님의 전을 파괴하고 또 여호와의 전의 모든 성물들을 바알들을 위하여 사용하였음이었더라

아달랴는 불법으로 왕권을 찬탈해서 여왕이 된 여인이다. 이 때문에 성경 기자가 유다의 역사를 기록할 때 아달랴를 '악한 여인(히브리어 원문 : 악녀)'으로 표현한 것이다. 이처럼 악한 권세자가 없을 때는 그에게 욕설을 해도 된다.

(왕하 6:32) 그때에 엘리사가 그의 집에 앉아 있고 장로들이 그와 함께 앉아 있는데 왕이 자기 처소에서 사람을 보냈더니 그 사자가 이르기 전에 엘리사가 장로들에게 이르되 너희는 이 살인한 자의 아들이 내 머리를 베려고 사람을 보내는 것을 보느냐 너희는 보다가 사자가 오거든 문을 닫고 문 안에 들이지 말라 그의 주인의 발소리가 그의 뒤에서 나지 아니하느냐 하고

엘리사는 자신을 체포하려는 왕을 '살인한 자의 아들'로 표현했다. 본문의 '살인한 자'는 아합 왕을 의미한다. 아합과 그의 아내 이세벨이 불법으로 나봇을 죽였기 때문에 엘리사가 아합을 '살인자'로 규정한 것이다. 이처럼 악한 통치자가 없는 곳에서는 그를 욕할 수 있다.

- 속담 : 뒤돌아서면 임금님도 욕한다.

3) 피해를 당했을 때 가해자를 때리고 싶었으면 가짜 가해자를 때려라

억울하게 큰 피해를 당하면 가해자를 때리고 싶다. 피해를 당할 때 분이 풀릴 때까지 가해자를 때리면 마음에 분노가 쌓이지 않는다. 하지만 대부분의 피해자는 힘이 없기 때문에 가해자를 때리지 못한다. 이럴 경우에는 나중에라도 분이 풀릴 때까지 가짜 가해자를 때려야 한다.

가해자를 저주하는 것보다, 가해자를 욕하는 것보다, 가짜 가해자를 때리는 것이 치유가 잘 일어난다. 가해자를 욕하면서 때리면 금상첨화다! 이 때문에 양촌힐링센터의 사역자들은 내담자에게 플라스틱 방망이를 주어서 레자 매트를 때리게 한다.

안타깝게도 어떤 이들은 "가짜 가해자를 방망이로 때려서 치유하는 것이 성경적이지 않다"고 비방한다. 성경적 상담치유를 주장하는 이들이 주로 이런 주장을 한다. 그들은 "반드시 성경에 기록된 대로만 치유해야 한다"고 주장한다. 하지만 이것은 성경을 잘못 해석한 것에 불과하다.

생각해 보라! 만일 성경에 기록된 대로만 치유를 해야 한다면 기독교인 의사는 절대로 수술을 하지 말아야 하고, 기독교인은 절대로 수술을 받지 말아야 한다. 성경에 "수술을 하라"는 말씀이 없기 때문이다.

우리는 성경에 "수술을 하라"는 말씀이 없어도 수술받을 병이 생기면 전혀 의심하지 않고 수술을 받는다. 기독교인 의사들 역시 아무 의심 없이 환자를 수술한다. 오랜 세월 동안 많은 의사들에 의하여 수술의 효과가 충분히 입증되었기 때문이다.

성경은 우리의 영혼 구원을 위한 완벽한 교과서다. 또한 성경에는 일반 진리도 많이 있다. 그럼에도 불구하고 성경은 우리에게 모든 것을 가르쳐 주는 백과사전이 아니다. 그러므로 성경에 기록되지 않은 일반적인 진리들은 우리가 연구해서 찾아야 한다. 중세의 코페르니쿠스(Nicolaus Copernicus)가 천문을 연구해서 성경에 기록되지 않은 지동설을 찾은 것처럼 말이다. 성경에 기록된 대로만 치유할 것을 주장하는 사람은, 성경에 기록되지 않은 지동설을 배척한 중세의 기독교인들과 같은 잘못을 범하는 것이다.

내담자가 방망이로 가짜 가해자를 때리게 하는 이유는 단순하다. 양촌힐링센터에서 지난 20여 년 동안 수많은 내담자에게 이 방법을 실행하게 한 결과 이 방법이 가장 효과적으로 마음의 상처를 치유하는 것이 증명되었기 때문이다. 그러므로 성경에 기록되지 않은 지동설을 삶에 적용하는 것이 지혜로운 것처럼 성경에 기록되지 않은 방망이 토설을 치유에 적용하는 것 또한 지혜로운 것이다. "성경의 가르침대로만 치유해야 한다"는 주장은 어리석은 주장이다.

엄밀하게 따지면 "성경에 기록된 대로만 치유해야 한다", "성경적 상담만으로 치유해야 한다"고 주장하는 이들은 치유다운 치유를 하지 못한다. 이런 방법으로는 치유다운 치유가 일어나지 않기 때문이다.

반면 성경에 기록되지 않은 방망이 토설법을 시행하는 치유사역자들은 탁월하게 치유를 한다. 심리학적 방법으로 치유하는 사람들도 그런대로 치유를 잘 한다. 이 때문에 많은 사람이 우리를 찾아오거나 심리치유를 하는 사람들을 찾아가는 것이다. 이것은 누구도 부인할 수 없는 현실이다. 이것만 보더라도 "성경에 기록된 대로만 치유해야 한다", "성경적 상담으로 치유해야 한다"는 주장이 오류인 것을 알 수 있을 것이다.

❧ 내담자 사례

그는 아버지의 학대와 멸시를 받으며 자라났다. 그 상처 때문에 그는 권위자에게 인정을 받기 위하여 과도하게 일을 했다. 그는 완벽주의자가 되었다. 그는 늘 몸이 피곤하고, 일 때문에 집에 있는 시간이 부족하여 아내와 아이들을 소홀히 대했다. 그래서 가족들과 친밀하지 못했다. 자신의 아버지와는 더욱 사이가 좋지 않았다.

그는 치유를 받을 때 땀을 뻘뻘 흘리면서 열심히 토설했다. 방망이로 열심히 가짜 아버지를 때렸다. 그러자 금방 그의 속에 있던 악령들이 정체를 드러냈다. 필자는 악령을 취조했다.

"야, 너 이 아들에게 무슨 짓을 했어?"

"얘가 어릴 때 ○○에게 성추행을 당하게 했지."

필자는 악령을 꾸짖었다.

"뭐야? 이 나쁜 놈아! 지금 당장 나가!"

"싫어, 나가기 싫어."

필자가 몇 번 더 예수님의 이름으로 명령하자, 악령은 버티지 못하고 나가 버렸다.

축사가 끝난 후에 그가 말했다.

"목사님, 제 속에 악령이 들어 있는 것에 너무 놀랐습니다."

한 달 후, 그는 두 번째 치유를 받으러 왔다. 그는 만면에 웃음을 띠며 말했다.

"목사님, 요즘 우리 가족은 너무 행복합니다!"

4) 피해를 당했을 때 가해자를 죽이고 싶었으면 가짜 가해자를 죽여라

많은 피해자가 마음으로 가해자를 죽이는 상상을 한다. 피해가 크면 클수록 더욱 자주 이런 상상을 한다. 그런데 대부분의 피해자는 피해자를 죽이는 상상을 하다가 '내가 죄를 짓는 것이 아닐까' 하는 생각이 들어서 그런 생각을 그만둔다.

피해를 당할 때 가해자를 죽이고 싶었으면 가짜 가해자를 죽여야 한다. 가짜 가해자를 죽이면 가해자에게 전혀 피해를 주지 않고 분노를 없앨 수 있다. 상상으로 가짜 가해자를 죽여도 분노가 조금 없어진다. 이보다는 도구를 사용하여 가짜 가해자를 때려서 죽이면 분노가 더욱 많이, 더욱 쉽게 없어진다. 양촌힐링센터에서는 내담자가 플라스틱 방망이로 가짜 가해자를 때려서 죽이게 한다.

5) 피해를 당했을 때 하나님이 원망스러웠으면 하나님을 원망하라

우리가 당하는 모든 일은 하나님의 섭리에 의하여 생긴다. 이 때문에 예수님이 "하나님이 허락하지 않으시면 참새 한 마리도 땅에 떨어지지 않는다"고 하신 것이다.

신학적으로 사람이 당하는 억울한 일들을 일컬어서 '하나님의 허용적 섭리'라 한다.

물론 믿음이 강한 사람은 극심하게 억울한 일을 당해도 짧은 기간 동안은 하나님을 원망하지 않는다. 욥이 좋은 실례다.

하지만 믿음이 강한 사람도 오랫동안 극심하게 억울한 일을 당하

면 그것을 허용하신 하나님에 대한 원망이 저절로 나온다. 동방의 의인인 욥도 그랬다.

하나님에 대한 원망이 나올 때 그것을 억압하면 그것이 상처가 되어서 자신과 다른 사람들을 괴롭히게 된다. 그러므로 억울한 일을 당하여 하나님에 대한 원망이 생길 때는 하나님을 원망하여 억울한 마음을 풀어야 한다.

하지만 대부분의 성도가 억울한 일을 당했을 때 하나님을 원망하고 싶어도 원망하지 못한다. "항상 기뻐하라", "범사에 감사하라"는 성경 말씀만 배웠기 때문이고, 하나님을 원망하면 하나님이 벌을 내리실 것 같기 때문이다. 그러나 이것은 큰 오해다.

마음에 상처가 있는 사람은 항상 기뻐하고 싶고 범사에 감사하고 싶어도 그것을 온전하게 실천하는 것이 불가능하다. 머리와 입술은 항상 기뻐하고 범사에 감사하는 것이 가능하지만 상처받은 마음에 가해자에 대한 분노가 있고, 더 나아가 하나님에 대한 분노가 있어서 진정한 기쁨과 감사가 나오지 않기 때문이다. 진정한 기쁨과 감사는 마음의 상처를 치유 받은 후에야 가능하다.

물론 억지로라도 기뻐하고 감사하면 어느 정도 마음의 평정을 얻을 수 있다. 하지만 이것은 근본적인 해결책이 아니다. 반드시 가해자에 대한 원망과 불평을 토설하여 마음의 상처를 치유해야만 진정으로 기뻐하고 감사할 수 있다. 가해자가 하나님으로 여겨질 경우에는 하나님에 대한 원망과 불평을 토해서 마음의 상처를 치유 받아야만 하나님을 진정으로 기뻐할 수 있고, 주님께 진심으로 감사할 수 있다.

하나님은 억울한 일을 당한 사람이 하나님을 원망하는 것을 죄로 여기지 않으신다. 오히려 피해자가 하나님을 원망하여 마음의 상처를 치유 받기를 바라신다. 이것을 깨달아야 하나님께 억울한 마음을 토설해서 마음의 상처를 치유 받을 수 있다.

성경에 기록된 믿음의 사람들은 억울한 일을 당하여 하나님에 대한 원망이 생기면 그것을 억압하지 않았다. 솔직하게 하나님께 원망을 털어놓았다. 그렇게 해서 그들은 마음의 상처를 치유 받았다.

욥이 억울하게 큰 고난을 당할 때 하나님을 원망한 것을 보자.

> **(욥 7:11-12, 15-16)** 그런즉 내가 내 입을 금하지 아니하고 내 영혼의 아픔 때문에 말하며 내 마음의 괴로움 때문에 불평하리이다 내가 바다니이까 바다 괴물이니이까 주께서 어찌하여 나를 지키시나이까 …… 이러므로 내 마음이 뼈를 깎는 고통을 겪으니 차라리 숨이 막히는 것과 죽는 것을 택하리이다 내가 생명을 싫어하고 영원히 살기를 원하지 아니하오니 나를 놓으소서 내 날은 헛것이니이다

처음에 고난이 왔을 때 욥은 하나님을 찬양했다. 하지만 고난이 오래 지속되자 더 이상 참지 못하여 하나님을 원망하기 시작했다. 그는 처음에 자신이 태어난 날을 저주하다가 나중에는 직접 하나님께 불평을 늘어놓았다.

"하나님, 제가 바다입니까? 바다 괴물입니까? 왜 제가 죽지도 못하게 지키시는 것입니까? 빨리 죽여 주세요! 더 살고 싶지 않습니

다! 이렇게 살 바에는 차라리 죽는 게 낫습니다!"

하나님이 욥에게 진노하셨는가? 전혀 아니다. 하나님은 "욥이 바른말을 했다"고 선언하셨다.

> (욥 42:7) 여호와께서 욥에게 이 말씀을 하신 후에 여호와께서 데만 사람 엘리바스에게 이르시되 내가 너와 네 두 친구에게 노하나니 이는 너희가 나를 가리켜 말한 것이 내 종 욥의 말같이 옳지 못함이니라

욥이 당한 엄청난 고통을 볼 때, 그가 하나님을 원망하는 것이 전혀 죄가 되지 않기 때문에 하나님이 "욥의 말이 옳다"고 하신 것이다. 이처럼 피해자가 고통 때문에 하나님을 원망하는 것을 하나님은 '옳은 일'로 여기신다.

욥은 하나님을 원망하여 마음의 상처가 치유되었기 때문에 정신질환에 걸리거나 자살하지 않을 수 있었고, 다른 사람들을 괴롭히지 않을 수 있었고, 원수를 용서하고 축복할 수 있었다.

다윗이 상처를 받았을 때 하나님을 원망하여 내적치유를 받은 기록을 보자.

> (시 39:1-5) 내가 말하기를 나의 행위를 조심하여 내 혀로 범죄하지 아니하리니 악인이 내 앞에 있을 때에 내가 내 입에 재갈을 먹이리라 하였도다 내가 잠잠하여 선한 말도 하지 아니하니 나의 근심이 더 심하도다 내 마음이 내 속에서 뜨거워서 작은 소리로 읊조릴 때에 불이 붙으니 나의 혀로 말하기를 여호와여 나의 종말과 연한이 언제까지인지 알게 하사 내가 나의 연약

함을 알게 하소서 주께서 나의 날을 한 뼘 길이만큼 되게 하시매 나의 일생이 주 앞에는 없는 것 같사오니 사람은 그가 든든히 서 있는 때에도 진실로 모두가 허사뿐이니이다

다윗은 진실하게 살기를 힘썼고, 사울 왕에게 충성했다. 그럼에도 불구하고 그는 사울 왕과 친구들에게 배신을 당했다. 처음에 그는 모든 것을 참기로 마음먹었다.

"악인이 내 앞에 있을 때에 내가 내 입에 재갈을 먹이리라."

그는 실제로 그렇게 했다. 그랬더니 그의 근심이 심해졌다. 계속 참으니까 마음에서 분노의 불이 타올랐다. 하나님이 자기에게 그런 어려움을 주신 것이 화가 났기 때문이다! 다윗이 계속 그 분노를 참았는가? 아니다. 그는 하나님께 원망을 쏟아놓았다!

"여호와여 나의 종말과 연한이 언제까지인지 알게 하사 내가 나의 연약함을 알게 하소서. 주께서 나의 날을 한 뼘 길이만큼 되게 하시매 나의 일생이 주 앞에는 없는 것 같사오니."

무슨 뜻인가? "내가 지금 다 죽게 되었는데, 하나님이 도대체 뭘 하시느냐"는 것이다. 이처럼 다윗은 솔직하게 하나님을 원망하여 상처를 치유 받았다. 그 결과 원수를 갚거나 정신질환에 걸리지 않을 수 있었고, 원수를 용서하여 하나님의 큰 복을 받을 수 있었다!

하나님이 피해자의 원망을 용납하시는 이유는 세 가지다.

첫째, 억울하게 피해를 당한 사람을 긍휼히 여기시기 때문에 하나님이 피해자의 원망을 용납하시는 것이다.

독자들은 자신이 억울하게 피해를 당했을 때 '하나님의 마음이 어떠했고, 그때 하나님이 어떤 말씀을 하고 싶으셨을까'를 상상해 본 적이 있는가?

아버지가 주정뱅이라고 가정하자. 아버지가 술에 취하여 당신을 구타할 때, 하나님이 당신에게 뭐라고 말씀하셨을까? 아버지가 술에 취하여 당신의 어머니를 구타할 때, 하나님이 뭐라고 말씀하셨을까? 아버지가 바람을 피울 때, 하나님이 뭐라고 말씀하셨을까? 아버지가 당신을 성추행할 때, 하나님이 뭐라고 말씀하셨을까? 아버지가 당신을 성폭행할 때, 하나님이 뭐라고 말씀하셨을까? 그때 하나님은 아래와 같이 말씀하셨을 것이다.

"애야, 내가 너희 아버지를 로봇으로 만들지 않고 자유의지를 가진 인간으로 만들었는데 너희 아버지가 고마운 줄도 모르고 사탄과 귀신들에게 이용을 당하여 너를 이렇게 괴롭히는구나. 내가 너를 로봇으로 만들지 않고 자유의지를 가진 인간으로 만들어서 네가 이렇게 큰 고통을 당하는구나. 너는 창세전부터 내 자녀다. 자녀가 억울하게 매를 맞는 것을 보면서 괴롭지 않을 부모가 어디 있겠니? 자녀가 억울하게 버림을 당하는 것을 보면서 괴롭지 않을 부모가 어디 있겠니? 자녀가 억울하게 천대를 당하는 것을 보면서 괴롭지 않을 부모가 어디 있겠니? 자녀가 억울하게 성폭행을 당하는 것을 보면서 괴롭지 않을 부모가 어디 있겠니? 애야, 나를 원망하여 네 상처가 치유된다면 얼마든지 원망하거라. 내가 다 들어줄게. 내가 네 맘을 다 안다."

어머니가 당신을 버리고 다른 남자에게 시집을 갔을 때도, 당신이 어머니를 그리워하면서 울고 있을 때도, 당신이 선생님에게 억울하게 무시를 당하면서 매를 맞을 때도, 친구들에게 왕따를 당하거나 매를 맞을 때도 하나님은 마음 깊이 아파하신다.

둘째, 피해를 당한 사람이 하나님을 원망해야 마음의 상처가 치유되기 때문에 하나님이 피해자의 원망을 용납하시는 것이다.

셋째, 하나님은 마음에 상처를 받지 않으시기 때문에 하나님이 피해자의 원망을 용납하시는 것이다.

(욥 35:6-7) 그대가 범죄한들 하나님께 무슨 영향이 있겠으며 그대의 악행이 가득한들 하나님께 무슨 상관이 있겠으며 그대가 의로운들 하나님께 무엇을 드리겠으며 그가 그대의 손에서 무엇을 받으시겠느냐

오늘날 많은 성도가 억울하게 큰 상처를 받고, 마음에 하나님에 대한 원망이 가득 차 있으면서도 하나님을 원망하지 않아서 정신질환에 걸리거나 다른 사람을 괴롭히거나 비참한 일을 저지른다!

♥ 목회자의 간증

그는 교육전도사 시절에 혼신의 힘을 다해서 충성했는데도 교인들의 모함을 받아 교회에서 쫓겨났다. 당장 사역할 교회가 없었다. 마음속에서 분노가 계속 치밀었다.

어느날 그는 산에 올라갔다. 그곳에서 하나님께 토설하기 시작했다.

"하나님, 이게 제가 충성한 대가란 말입니까? 그따위로 하나님 노릇을 하시려면 사표를 내세요!"

그는 오랫동안 고래고래 소리 지르며 마음의 분노를 제거했다.

며칠 후 그는 어느 작은 교회의 담임 목회자로 청빙되었다. 그 교회가 지금은 수천 명이 모이는 큰 교회로 성장했다.

억울한 일을 당하여 하나님이 원망스러운가? 주저하지 말고 하나님을 원망하라. 그것은 전혀 죄가 아니다. 하나님을 원망할 때 놀라운 치유가 일어난다! 하나님을 원망하여 마음의 상처가 치유되면 진정으로 기쁘게 하나님을 섬길 수 있다!

얼마나 오랫동안 토설해야 하는가?

가해자에 대한 분노가 없어져서 마음으로 가해자가 용서될 때까지 토설해야 한다. 진심으로 그를 불쌍히 여기고, 진정으로 그를 축복할 수 있을 때까지 토설해야 한다. 토설을 제대로 하면 머리가 아닌 마음으로 가해자를 용서할 수 있다. 토설을 제대로 하면 진심으로 가해자를 이해할 수 있고, 가해자가 긍휼히 여겨지며, 가해자를 사랑하고 축복할 수 있다! 이렇게 할 때 상처를 진지 삼아 숨어 있던 악령들이 드러나서 악령들을 추방할 수 있다. 토설이 충분하지 않으면 숨어 있는 악령이 드러나지 않아서 추방되지 않는 경우가 많다.

❧ 내담자의 토설사례

그는 다른 치유기관에서 두 번 치유를 받은 후에 전인치유센터를 찾았다. 두 번의 치유 때 그는 자신의 몸속에서 악령들이 추방되는 것을 체험하지 못했다. 그는 그때 함께 치유를 받은 다른 내담자들에게서 악령들이 추방된 것조차도 '진짜로 악령들이 추방된 것이 아닐 것'으로 의심하고 있었다. 필자가 그를 점검해 보니까 그가 두 번의 치유 기간 동안 토설을 충분히 하지 않은 것을 알 수 있었다. 필자는 다시 토설의 중요성을 설명했다. 필자는 "토설을 충분히 하지 않으면 악령들이 몸속에 숨어 있어도 정체를 드러나지 않는다"고 역설했다. 하나님의 은혜로 그는 이것을 이해했다. 그때부터 그는 열심히 토설했다.

필자는 약 두 시간 정도 그에게 토설을 시킨 후에 축사사역을 시행했다. 몇 분 후에 그의 몸속에 숨어 있던 악령들이 정체를 드러냈다. 필자가 악령들에게 "나가라"고 명령하자, 악령들이 심한 기침을 하면서 떠나기 시작했다. 자신의 몸속에 악령들이 들어 있는 것을 알게 된 그는 더욱 열심히 치유를 받아서 만족할 만한 치유 효과를 보았다.

▼ 필자의 토설 사례

필자는 지금까지 하나님의 은혜로 책을 몇 권 썼다. 사도 시대 이후로 지금까지 풀지 못했던 성경의 난제들을 풀이한 책들이다. 하지만 처음에 그 책을 출판할 때 일부의 성경 난해 구절들을 대충 설명한 상태로(필자만 이해한 상태로) 출판하는 실수를 범했다.

교단의 목회자들은 필자가 충분히 설명한 난해 구절들에 관해서는 전혀 시비를 걸지 않았다. 그들은 책에 충분히 설명되지 않은 구절들을 근거로 필자의 책을 거부했다. 안타깝게도 그들은 그 책을 충분히 연구하려고 하지 않았다. 결국 그들은 필자를 교단에서 쫓아냈다.

필자는 치유를 받을 때 그들에 대한 분노가 더 이상 나오지 않을 때까지 격렬하게 토설했다. 그 결과 머리가 아닌 마음으로 그들을 용서하게 되었다. 진심으로 그들을 이해하고, 불쌍히 여기고, 축복할 수 있게 되었다.

그 후에 하나님은 필자에게 오해가 생기던 성경의 난해 구절들을 명확하게 설명할 수 있는 지혜를 주셨다. 그 내용을 유튜브와 책을 통하여 공개했다. 더 이상 시비를 거는 사람이 없었다. 오히려 일반 성도들은 물론 많은 목회자까지 필자의 책을 통하여 큰 변화를 받는 일들이 일어나고 있다!

2012년 12월, 한국의 10대 교회 중 하나로 손꼽히는 원로목사가 필자의 저서 『지옥에 가는 크리스천들?』을 읽은 후에 필자에게 전화를 걸어서 그 책을 저술한 것에 사의(謝意)를 표했다. 그는 "앞으로 이 구원론을 가르치겠다"고 선언했다!

어떤 목회자는 아래와 같은 문자를 보내왔다.

"『지옥에 가는 크리스천들?』을 단숨에 다 읽었습니다. 정말 구원에 관한 독보적인 해석입니다. 기도하고 몸부림쳐서 주님께 받아 낸 명쾌한 말씀입니다. 영혼 구원과 복과 상급에 대한 구원을 발견하신 목사님은 행복자십니다. 야고보서를 '지푸라기 복음'이라고 했던 루터가 목사님을 만났다면 아마도 큰절을 하셨을 것입니다."

■ 맞장토설

토설에는 다양한 방법이 있다. 그중 하나가 맞장토설이다.

양촌힐링센터에서는 내담자들이 가해자(많은 이들이 가족에게 상처를 받기 때문에 가해자는 주로 부모, 배우자, 자녀다), 또는 가해자의 대역자와 맞장을 뜨게 해서 내담자들의 상처를 치유하기도 한다. 이것을 맞장토설이라 한다.

가해자가 자원하여 성실하게 맞장을 떠 주면 매우 치유가 잘 일어난다. 가해자가 함께 오지 않았을 경우에는 대역자가 맞장을 떠 줘도 치유가 잘 일어난다.

맞장을 뜰 때는 피해자의 약을 올려서 그의 속에 숨어 있는 분노를 꺼내 줘야 한다. 예를 들면 남편에게 학대를 당한 아내를 치유하기 위하여 남편이 맞장을 떠 줄 경우에 남편은 자신이 전혀 잘못이 없는 것처럼 말해야 한다. 남편이 맞장을 뜨기 전에 "내가 잘못 했어"라고 말해 버리면 맞장이 안 되기 때문이다. 남편은 아내의 약을 올리며 맞장을 떠서 아내의 분노를 모두 뺀 후에 아내에게 잘못을 빌어야 한다.

바람을 피운 남편 때문에 상처를 받은 아내가 남편과 맞장을 뜰 경우에 남편은 아래와 같이 해야 한다.

아내 : "왜 바람을 피웠어?"
남편 : "솔로몬은 1천 명을 데리고 살았다! 솔로몬에 비하면 난 새 발의 피다!"

남편이 이렇게 어깃장을 놓을 때, 아내의 분노가 폭발해서 격렬한 토설을 하게 된다. 그러면 빠른 치유가 일어난다!

한편 맞장을 뜰 때 피해자는 가해자(또는 대역자)의 인격을 존중하며 맞장을 떠야 한다. 피해자가 분노를 자제하지 못하여 가해자(대역자)의 뺨을 때리면 역효과가 생기고, 가해자(대역자)의 급소를 때리면 사고가 나기 때문이다. 피해자가 가해자를 때릴 때는 팔, 등, 다리, 손, 엉덩이 등을 때려야 하고, 너무 세게 때리지 않아야 한다. 상처가 날 정도로 세게 때리면 역효과가 날 수 있기 때문이다.

또한 아랫사람이 윗사람과 맞장을 뜰 때는 윗사람을 존중하면서 맞장을 떠야 한다. 이것이 지켜지지 않을 경우에는 맞장이 역효과가 나기 때문이다. 예를 들면 아버지와 맞장을 뜨는 자녀가 아버지를 욕하거나 아버지의 뺨을 때리면 맞장이 오히려 시험거리가 된다.

■ 응급토설법

억울한 일을 당하여 분노가 생겼을 때는 가급적 빠른 시간에 토설을 해야 한다. 억울한 일을 당하여 분노가 생긴 것을 억압하면 그 당시에는 별일이 없는 것 같지만 나중에 우울증으로 발전하거나 병명을 알 수 없는 육체적 질병이 생기기 때문이다. 필자는 아래와 같은 응급토설법을 소개하고 싶다.

첫째, 호흡토설법

호흡토설은 아랫배까지 숨을 깊이 들이마신 후에 숨이 하나도 남지 않을 때까지 숨을 내뿜는 것이다. 이런 호흡을 화가 풀릴 때까지 하면 된다. 대략 다섯 번에서 열 번 정도 호흡토설을 하면 효과가 있다.

둘째, 소리토설법

소리토설은 숨을 깊이 들이마신 후에 아랫배에 힘을 주고 큰 소리로 "야!" 소리를 지르는 것이다. 가급적 숨을 모두 내뿜을 때까지 소리를 지르는 것이 좋다. 대략 다섯 번에서 열 번 정도 소리를 지르면 효과가 있다.

그런데 호흡토설은 소음 문제가 없는 곳이면 아무 데서나 할 수 있지만 소음 문제가 있는 곳에서는 할 수 없다. 그러므로 소리토설을 할 때는 이불을 뒤집어쓰고 소리를 지르거나, 욕실에서 샤워기를 틀어 놓고 소리를 지르거나, 지하실에서 소리를 지르거나, 산에 올라가서 소리를 지르거나, 두 손으로 입을 막고 소리를 지르거나, 자가용을 운전하며 소리를 질러야 한다.

셋째, 기록토설법

이것은 가해자에 대한 저주, 욕설, 또는 하고 싶은 말을 종이에 적는 것이다. 저주와 욕설, 항의하는 말을 계속 적다 보면 자기도 모르는 사이에 분이 풀린다.

넷째, 종이찢기토설법

가해자를 욕하면서 신문지 같은 종이를 찢으면 분노가 풀린다.

|참고|

토설이 잘 되면 축사 현상이 일어나는 경우가 있다. 축사 현상이란 악령들이 떠나갈 때 기침, 가래, 구토, 통증, 하품, 트림, 방귀, 악취, 말, 괴성 등이 나오는 것이다. 대부분 기침, 가래, 구토가 일어난다. 아주 좋은 현상이다. 이럴 때 열심히 기침을 하고 적극적으

로 가래를 뱉어낼 때 악령도 함께 빠져나간다. 억지로 기침을 참고 가래를 삼키면 악령도 삼켜진다.

성경을 보면 귀신이 떠나갈 때 여러 가지 현상이 일어난 것을 알 수 있다.

(눅 9:39) 귀신이 그를 잡아 갑자기 부르짖게 하고 경련을 일으켜 거품을 흘리게 하며 몹시 상하게 하고야 겨우 떠나가나이다

■ 악령은 소리와 함께 나간다

(행 8:7) 많은 사람에게 붙었던 더러운 귀신들이 크게 소리를 지르며 나가고 또 많은 중풍병자와 못 걷는 사람이 나으니

아랫배에 힘을 주고 크게 소리를 지를 때 악령들이 나간다.

■ 효과적인 토설 방법

첫째, 마음의 상처를 받았을 때를 상상한다(상처를 직면한다).
둘째, 상상을 이용하여 가해자를 자기 앞에 둔다(가해자를 자기 앞에 세우거나 엎드려뻗치게 한다).
셋째, 피해를 당했을 때 가해자에게 하고 싶었던 말이 있었으면 가짜 가해자(가상의 가해자)에게 말한다.
예) "아버지 왜 때려요! 내가 뭘 잘못했다고 때리는 거예요!"
넷째, 피해를 당했을 때 가짜 가해자를 욕하고 싶었으면 가짜 가해자(가상의 가해자)에게 욕을 한다.

다섯째, 피해를 당했을 때 가해자를 때리고 싶었으면 손과 발로, 또는 적당한 기구를 이용해서 가짜 가해자(가상의 가해자)를 때린다.

여섯째, 피해를 당했을 때 가짜 가해자를 죽이고 싶었으면 손과 발로, 또는 적당한 기구를 이용하여 가짜 가해자(가상의 가해자)를 죽인다.

일곱째, 가해자에 대한 연민을 사정없이 버린다. 토설로 가해자에 대한 분노를 제거한 후에 가해자에 대한 연민을 가져야 한다.

여덟째, 가해자에 대한 분노가 없어질 때까지 이런 일을 반복한다.

작은 상처는 수 분(또는 수십 분)만 토설해도 말끔히 치유된다. 하지만 큰 상처는 오랫동안 토설해야 치유된다. 그러므로 큰 상처는 여러 번 나눠서 토설하는 것이 좋다.

■ 토설 후에 해야 할 일

토설할 때 혹시라도 잘못한 것이 있으면 토설한 후에 그 죄를 회개해야 한다. 이것은 욥이 가르쳐 주었다.

(욥 42:1-6) 욥이 여호와께 대답하여 이르되 주께서는 못 하실 일이 없사오며 무슨 계획이든지 못 이루실 것이 없는 줄 아오니 무지한 말로 이치를 가리는 자가 누구니이까 나는 깨닫지도 못한 일을 말하였고 스스로 알 수도 없고 헤아리기도 어려운 일을 말하였나이다 내가 말하겠사오니 주는 들으시고 내가 주께 묻겠사오니 주여 내게 알게 하옵소서 내가 주께 대하여 귀로 듣기만 하였사오나 이제는 눈으로 주를 뵈옵나이다 그러므로 내가 스스로 거두어들이고 티끌과 재 가운데에서 회개하나이다

욥이 토설을 해서 마음의 상처를 치유 받은 것은 잘한 것이다. 하지만 그가 토설을 할 때 마음속의 분노가 폭발하여 '깨닫지도 못한 일과 스스로 알 수도 없고 헤아리기도 어려운 일'을 함부로 말한 것은 잘못한 것이다. 그래서 욥이 '내가 스스로 거두어들이고 티끌과 재 가운데에서 회개하나이다'라고 말한 것이다. 이처럼 우리도 토설을 할 때 흥분하여 함부로 말한 것을 회개해야 한다. 그러면 은혜로운 하나님은 너그러이 용서하시고 "너의 토설이 옳았다"고 선언해 주신다.

> **(욥 42:7)** 여호와께서 욥에게 이 말씀을 하신 후에 여호와께서 데만 사람 엘리바스에게 이르시되 내가 너와 네 두 친구에게 노하나니 이는 너희가 나를 가리켜 말한 것이 내 종 욥의 말같이 옳지 못함이니라

어떤 내담자는 사람들과 관계가 좋지 않아서 고민하다가 치유를 받았다. 그는 첫날 여덟 시간을 치유를 받았고, 그다음부터는 1주일에 네 시간 정도를 네 번 치유 받은 후에 아래와 같은 문자를 보내왔다.

> "치유의 위력이 보통이 아닌 것 같아요. 분노가 없어질뿐더러 겉모습도 달라지나 봐요. 어제 교회에 갔더니 교인들이 다 예뻐졌대요. 그 소리 많이 들었어요. 할렐루야!"

그 내담자는 다음 날 아래와 같은 메일을 보내왔다.

> "그간 제가 학교에서 사귀었던 교직원들 중에 불미스런 일로 다퉜

던 언니가 있었는데, 오늘 그 언니랑 관계를 회복했어요. 다투기 전엔 엄청 친했는데, 다투고 나선 학교에 가도 그냥 내 공부만 하거나 일부러 그 언니가 있을 만한 장소를 피해 다니곤 했거든요.

오늘 학교에서 그 언니가 멀리서 누구와 통화하고 있는 것을 보았어요. 얼른 그 언니를 피하려고 하는데 그 언니가 후다닥 통화를 끊고는 저한테 달려와서 반갑다고 인사를 건네는 거예요.

'어, 저 언니가 갑자기 나한테 왜 이러지?'

그 언니는 저에게 '점심을 같이 먹자'고 하더군요. 그래서 예전처럼 다정하게 점식을 먹었어요. 그런데 이상하게도 제 마음속에 서먹하거나 어색한 감정이 전혀 안 느껴지는 거예요.

너무 기분 좋은 일을 겪어서 누군가에게 말하고 싶은 욕망에 목사님께 털어놓았네요. 살다 보니 이런 일도 다 생기네요. 내 사전에 관계 회복이란 거의 없다시피 했었거든요."

치유가 되어 마음이 변화되면 자연스럽게 사람들과의 관계가 좋아지기 때문에 이런 현상이 일어나는 것이다.

■ 치유 방법과 축사 방법의 다양성

치유 방법과 축사 방법은 사역자, 내담자, 악령의 세력에 따라서 각각 다르게 시행된다. 그러므로 내담자는 자신이 아는 방법을 사역자가 사용할 것을 기대하지 말아야 한다. 자기가 아는 방법으로 사역자가 치유해 줄 것을 고집하면 치유가 안 된다. 내담자들은 아람의 군사령관 나아만이 범했던 것과 같은 오판을 범하지 않도록 조심해야 한다!

(왕하 5:10-11) 엘리사가 사자를 그에게 보내어 이르되 너는 가서 요단강에 몸을 일곱 번 씻으라 네 살이 회복되어 깨끗하리라 하는지라 나아만이 노하여 물러가며 이르되 내 생각에는 그가 내게로 나와 서서 그의 하나님 여호와의 이름을 부르고 그의 손을 그 부위 위에 흔들어 나병을 고칠까 하였도다

예수님은 사람들의 생각과 전혀 다른, 매우 이상한 방법으로 치유하신 적도 있다.

(요 9:6-7) 이 말씀을 하시고 땅에 침을 뱉어 진흙을 이겨 그의 눈에 바르시고 이르시되 실로암 못에 가서 씻으라 하시니(실로암은 번역하면 보냄을 받았다는 뜻이라) 이에 가서 씻고 밝은 눈으로 왔더라

❦ 의사들의 치료 방법을 참고하자.

의사들은 치료 도구, 환자, 의사 개인에 따라서 각각 다르게 치료를 시행한다. 약물치료, 수술치료, 물리치료, 침술치료, 심리치료 등을 사용한다.

전인치유도 마찬가지다. 전인치유사역자와 내담자의 상태에 따라서 다양한 치유 방법을 시행한다. 그러므로 내담자들은 자신의 마음대로 치유를 받으려 하지 말고, 사역자에게 치유를 맡겨야 한다.

"왜 이런 방법으로 치유합니까?" (×)

"마음껏 치유해 주세요." (○)

| 참고 |

자신이 남달리 큰 상처를 받은 것을 억울하게 생각할 필요가 없다. 남보다 큰 상처를 받은 사람은 그 상처를 치유 받은 후에 탁월

한 치유사역자가 될 수 있기 때문이다. 어떤 목회자는 중독을 치유 받은 후에 중독치유 전문가로 활동한다. 어떤 여성은 성폭행을 당한 상처를 치유 받은 후에 성치유 전문가로 사역한다. 필자는 억울한 일을 많이 당하여 '욱!' 하는 기질이 생긴 것을 치유했기 때문에 억울한 일을 당한 내담자를 치유하는 데 일가견이 있는 치유사역자가 되었다.

남다르게 큰 상처를 치유 받으면 그것이 큰 자산이 된다.

7. 용서치유법

용서치유란 가해자를 용서하여 몸과 마음의 병을 치유하는 것을 뜻한다.

대부분의 피해자는 가해자를 용서하는 것이 옳은 것을 알고 있다. 하지만 그럼에도 불구하고 마음에는 원이로되 육신이 약해서 머리로는 가해자를 용서하지만 마음으로는 용서하지 못한다. 받은 상처가 크면 클수록 가해자를 용서하기 어렵다.

❦ 내담자 사례

그는 아버지와 형에게 많은 피해를 당하면서 성장했다. 심지어 성년이 된 후에도 아버지와 형에게 큰 피해를 받았다. 이 때문에 그의 마음에는 아버지와 형에 대한 증오가 이글거리고 있었다.

필자는 그에게 아버지와 형에 대한 토설을 집중적으로 시켰다. 그는 열심히 토설했다.

몇 시간 동안 토설을 시킨 후에 그에게 물었다.

"아버지와 형을 진심으로 용서할 수 있습니까?"

"아버지는 진심으로 용서할 수 있겠는데 형은 아직까지 용서가 안 됩니다."

필자는 그에게 아버지를 용서하는 기도를 하게 했다. 그리고 다음 날 다시 형을 토설하도록 했다. 그는 약 30분 정도 형에 대한 분노를 격렬하게 토설했다. 그제야 그는 형을 용서할 수 있었다. 그는 마음의 평안을 얻었다.

❧ 두 가지 용서 방법
첫째, 하나님의 사랑이 부어져서 상처가 치유되므로 용서할 수 있다.
둘째, 토설로 상처가 나으므로 용서할 수 있다.

❧ 모든 가해자를 용서한 증거
① 마음속에 항상 기쁨이 넘친다(세상과 나는 간 곳 없고, 구속한 주님만 보인다).
② 억압, 투사, 전이, 자기에로의 전향, 해리가 없다.
③ 가해자를 불쌍히 여긴다.

가해자를 진심으로 용서하지 못한 사람에게는 불행이 닥친다.

(1) 가해자를 진심으로 용서하지 못하는 사람은 하나님의 진노를 받는다

치유를 받을 때 가장 중요한 것은 가해자를 용서하는 것이다. 가해자를 용서하지 않는 사람은 하나님의 진노를 받기 때문이다. 이런 사람은 상처가 치유되지 않고, 축사도 되지 않고, 축사가 되어도 쫓겨난 악령들이 금방 다시 들어오고, 하나님의 진노를 받는다.

어째서 하나님은 가해자를 용서하지 않는 피해자에게 진노하시는가? 예수님은 그 이유를 아래와 같이 가르쳐 주셨다.

> (마 18:21-35) 그때에 베드로가 나아와 이르되 주여 형제가 내게 죄를 범하면 몇 번이나 용서하여 주리이까 일곱 번까지 하오리이까 예수께서 이르시되 네게 이르노니 일곱 번뿐 아니라 일곱 번을 일흔 번까지라도 할지니라 그러므로 천국은 그 종들과 결산하려 하던 어떤 임금과 같으니 결산할 때에 만 달란트 빚진 자 하나를 데려오매 갚을 것이 없는지라 주인이 명하여 그 몸과 아내와 자식들과 모든 소유를 다 팔아 갚게 하라 하니 그 종이 엎드려 절하며 이르되 내게 참으소서 다 갚으리이다 하거늘 그 종의 주인이 불쌍히 여겨 놓아 보내며 그 빚을 탕감하여 주었더니 그 종이 나가서 자기에게 백 데나리온 빚진 동료 한 사람을 만나 붙들어 목을 잡고 이르되 빚을 갚으라 하매 그 동료가 엎드려 간구하여 이르되 나에게 참아 주소서 갚으리이다 하되 허락하지 아니하고 이에 가서 그가 빚을 갚도록 옥에 가두거늘 그 동료들이 그것을 보고 몹시 딱하게 여겨 주인에게 가서 그 일을 다 알리니 이에 주인이 그를 불러다가 말하되 악한 종아 네가 빌기에 내가 네 빚을 전부 탕감하여 주었거늘 내가 너를 불쌍히 여김과 같이 너도 네 동료를 불쌍히 여김이 마땅하지 아니하냐 하고 주인이 노하여 그 빚을 다 갚도록 그를 옥졸들에게 넘기니라 너희가 각각 마음으로부터 형제를 용서하지 아니하면 나의 하늘 아버지께서도 너희에게 이와 같이 하시리라

본문에서 보는 것처럼 모든 사람은 하나님에게 일만 달란트의 빚을 진 존재다. 사람들이 나에게 아무리 큰 피해를 입혀도 내가 하나님께 피해를 입힌 것에 비하면 아무것도 아니다.

하나님은 무조건 우리의 잘못을 용서해 주셨다. 이 때문에 하나

님이 가해자를 용서하지 않는 사람을 엄하게 처벌하시는 것이다. 그러므로 치유를 받기 원하는 사람은 반드시 가해자를 용서해야 한다. 가해자를 용서하기 싫어하는 사람은 치유는커녕 하나님의 무서운 진노를 받을 각오를 해야 한다.

🪶 내담자 사례

그녀는 필자의 아내에게 치유를 받았다. 토설과 회개와 용서가 끝난 후에 아내가 성령님을 초청하자 곧바로 그녀의 몸에서 강력한 세력의 악령이 드러났다. 그녀는 몸을 비틀면서 큰 소리로 울었다. 필자의 아내는 예수님의 이름으로 악령에게 떠날 것을 명령했다.

"예수님의 이름으로 명하노니 악하고 더러운 영은 당장 예수님의 발 앞으로 가라!"

그러자 악령이 내담자의 입을 통하여 말했다.

"아이, 무서워! 무서워! 거긴 안 갈 거야!"

"빨리 가!"

"무서워! 무서워! 거기 말고, ○○네(그녀의 사촌인데 불신자였다) 집으로 가면 안 돼?"

"안 돼! 거기 가서 그 집을 훼방하려고 그러지? 예수님의 발 앞으로 빨리 가!"

"아이, 무서워! 거긴 안 갈 거야!"

"빨리 안 가?"

"싫어! 싫어!"

"너, 왜 빨리 안 나가는 거야?"

"얘가 아직도 엄마를 미워해."

그녀는 시어머니의 상처가 심한 사람이었다. 그녀는 축사를 받기 전에 "시어머니를 용서한다"고 선포했지만 아직도 시어머니를 미워하는 마음이 조금 남아 있었기 때문에 귀신이 그것을 빌미로 그녀를 떠나지 않고 버텼던 것이다.

일단 축사를 중단한 아내는 그녀에게 진심으로 시어머니를 용서할 것을 권고했다. 그녀는 엉엉 울면서 거듭거듭 시어머니를 용서했다.

"어머니를 용서합니다."

"어머니를 용서합니다."

진심 어린 용서가 끝난 후에 필자의 아내는 악령에게 떠날 것을 명령했다. 그러자 악령이 괴성을 지르면서 빠져나갔다.

며칠 후에 그녀에게서 문자가 왔다.

"사모님, 감사합니다. 섬겨 주신 모습이 정말 감동적입니다. 치유 받고 너무 행복합니다. 가르쳐 주신 대로 잘 지켜서 늘 승리하는 삶을 살겠습니다. 날마다 더 좋아지고 있습니다."

귀신과 함께 살고 싶은 사람은 가해자를 용서하지 않아도 된다. 귀신을 쫓아내고 싶은 사람은 반드시 가해자를 용서해야 한다.

(2) 가해자를 진심으로 용서하지 못하는 사람은 분노 때문에 죄를 지어서 더 큰 고통을 당한다

▼ 다윗의 아들들의 사례

암논은 다윗의 큰아들이고, 압살롬은 둘째 아들이고, 아도니야는 넷째 아들이다. 다윗의 셋째 아들 길르압은 성경에 한 번 이름이 나온 후에는 더 이상 기록이 없는 것으로 보아서 일찍 죽은 것이 아닌가 생각한다. 아니면 그가 지혜로운 아비가일의 아들이기 때문에 어릴 때부터 신앙생활을 잘해서 다른 형제들이 범한 것과 같은 잘못을 저지르지 않았기에 이름이 등장하지 않았을 수도 있다.

    암논과 압살롬, 아도니야는 아버지 다윗 왕이 밧세바를 취하고, 그녀의 남편을 죽인 것을 잘 알고 있었을 것이다. 그 사건은 그들의 마음에 큰 상처를 주었고, 아버지의 죄로 인한 수치감이 그들을 분노하게 만들었을 것이다. 그 분노 때문에 악령이 그들에게 침투했을 것이다. 결국 아도니야는 아버지의 뜻을 거역하여 솔로몬을 제치고 자기가 왕이 되려고 하다가 죽임을 당했고, 암논은 배다른 누이동생을 범해서 죽임을 당했으며, 압살롬은 반역을 하다가 죽임을 당했다.

    그들이 아버지 다윗처럼 열심히 토설을 해서 분노를 뽑아냈더라면 진심으로 아버지를 용서할 수 있었을 것이고, 멸망을 당할 정도로 큰 죄를 짓지 않았을 것이다. 불행하게도 그들은 분노를 억압하면서 살다가 돌이킬 수 없는 죄를 지어서 멸망을 당하고 말았다.

(3) 가해자를 진심으로 용서하지 못하는 사람은 몸에 병이 든다

    (잠 17:22) 마음의 즐거움은 양약이라도 심령의 근심은 뼈를 마르게 하느니라

    가해자를 마음으로 용서하지 못하면 분노하게 된다. 분노를 속으로 삭이면 마음이 상하게 된다. 마음이 상하면 정신과 몸에 병이 든다. 그러므로 아무리 힘들어도 열심히 토설을 해서 진심으로 가해자를 용서해야 한다.

♥ 내담자 사례

그는 아들 하나, 딸 하나를 두었다. 아들이 똑똑하고 착해서 고등학교 때까지 이웃 사람들에게 칭찬은 물론 학교에서 상을 휩쓸었다. 하지만 아들이 대학교에 들어간 지 얼마 되지 않아서 알 수 없는 원인으로 우울증에 걸리고 말았다. 더욱 기가 막힌 것은 아들이 학업을 중단하고 집에 틀어박혀 있다가 서른 살도 되지 않은 나이에 극단적 선택을 한 것이다.

그는 그때부터 불면증에 시달렸다. 예순 살이 되도록 수면제를 먹지 않으면 잠을 못 자는 신세가 되었다. 그는 자녀에 대한 원망과 하나님에 대한 원망을 꾹꾹 눌러서 참고 살았다.

필자는 그에게 먼저 하나님 토설을 시켰다.

"하나님! 제 아들을 데려가시려면 뭐 하러 태어나게 하셨습니까? 그 애 대신 날 죽이시지, 왜 그 애를 죽였습니까? 그따위로 하나님 노릇을 하려면 사표를 내세요!"

두 번째로 그에게 아들 토설을 시켰다.

"야, 이 멍청한 놈아! 죽을힘이 있으면 살아야지, 죽기는 왜 죽냐! 이 불효막심한 놈아!"

그는 매우 열심히 토설했다. 그가 충분히 토설하게 한 후 하나님과 아들을 용서하는 기도를 하게 했다. 그 후에 그에게 들어와 있던 죽음의 영을 추방해 주었다. 축사가 끝나자 그는 밝은 얼굴로 말했다.

"목사님이 축사할 때 제 속에서 어떤 것이 빠져나간 걸 느꼈고, 속이 시원해졌습니다."

다음 날 그가 간증했다.

"지난밤에 수면제를 먹지 않고, 잠자리에 눕자마자 푹 잤습니다."

다시 강조하겠다. 용서는 가해자를 위하여 하는 게 아니다. 용서는 나를 위하여 하는 것이다. 가해자를 용서하면 가장 먼저 내가 살고, 가장 먼저 내가 행복해진다.

대부분의 가해자는 자기가 잘못한 것을 잊어버리고 산다. 피해자가 가해자를 찾아가서 "당신의 잘못을 용서한다"고 말하면 "무슨 쓸데없는 소리를 하느냐"는 반응을 보이기 일쑤다. 그러므로 가해자가 자신의 죄를 인정하든지 인정하지 않든지 피해자는 자신을 위하여 가해자를 용서해야 한다. 그래야 내가 살고, 내가 행복해진다.

토설을 잘해서 가해자에 대한 분노가 사라지면 반드시 가해자를 용서하고 축복해야 한다. 가해자가 축복을 받을 준비가 되어 있으면 가해자와 내가 함께 복을 받고, 가해자가 그럴 준비가 되어 있지 않으면 가해자는 복을 못 받아도 나는 복을 받는다. 그러므로 할 수 있는 한 가해자를 용서하고 축복해야 한다.

(눅 10:5-6) 어느 집에 들어가든지 먼저 말하되 이 집이 평안할지어다 하라 만일 평안을 받을 사람이 거기 있으면 너희의 평안이 그에게 머물 것이요 그렇지 않으면 너희에게로 돌아오리라

8. 회개치유법

회개치유란 지은 죄를 회개해서 삶의 문제를 해결하는 것을 의미한다. 죄 때문에 생활에 큰 문제가 있는 성도에게는 회개가 매우 중요하다.

첫째, 죄 때문에 생활에 큰 문제가 있는 성도는 회개하지 않으면 하나님의 진노를 받기 때문에 최선을 다해서 회개해야 한다.

> (마 3:8-10) 그러므로 회개에 합당한 열매를 맺고 속으로 아브라함이 우리 조상이라고 생각하지 말라 내가 너희에게 이르노니 하나님이 능히 이 돌들로도 아브라함의 자손이 되게 하시리라 이미 도끼가 나무뿌리에 놓였으니 좋은 열매를 맺지 아니하는 나무마다 찍혀 불에 던져지리라

세례 요한은 바리새인들에게 "너희가 회개하지 않으면 하나님이 너희를 심판하실 것이다"라고 경고했다. 이처럼 범죄한 성도는 회개하지 않으면 하나님의 진노를 받는다.

둘째, 죄 때문에 생활에 큰 문제가 있는 성도는 회개하지 않으면

악령이 떠나지 않기 때문에 최선을 다하여 회개해야 한다.

(삼상 16:14) 여호와의 영이 사울에게서 떠나고 여호와께서 부리시는 악령이 그를 번뇌하게 한지라

사울이 교만죄를 회개하지 않았기 때문에 하나님은 사울에게 악령을 보내셔서 그를 번뇌하게 했다. 이처럼 범죄한 성도는 회개하지 않으면 악령에게 시달린다.

성도는 회개할 때 반드시 두 가지 문제를 고려해야 한다.

1) 영혼의 죄와 육신의 죄를 구분하여 회개해야 한다

사람은 예수님을 믿는 순간에 영혼(엄밀하게 따지면 영)의 죄가 모두 용서받는다. 그때부터 그의 영(영혼)은 영원히 온전해져서 주님과 함께 천국에서 산다.

(히 10:14) 그가 거룩하게 된 자들을 한 번의 제사로 영원히 온전하게 하셨느니라

(엡 2:4-6) 긍휼이 풍성하신 하나님이 우리를 사랑하신 그 큰 사랑을 인하여 허물로 죽은 우리를 그리스도와 함께 살리셨고(너희는 은혜로 구원을 받은 것이라) 또 함께 일으키사 그리스도 예수 안에서 함께 하늘에 앉히시니

(요 10:28) 내가 그들에게 영생을 주노니 영원히 멸망하지 아니할 것이요 또 그들을 내 손에서 빼앗을 자가 없느니라

(요일 5:18) 하나님께로부터 난 자는 다 범죄하지 아니하는 줄을 우리가 아노라 하나님께로부터 나신 자가 그를 지키시매 악한 자가 그를 만지지도 못하느니라

이처럼 중생한 성도의 영(영혼)은 영원히 온전해졌기 때문에 중생한 성도는 자신의 영(영혼)의 죄를 다시 회개할 필요가 없다. 다시 말해서 중생한 성도는 자신의 영혼 구원을 위하여 다시 회개할 필요가 없다.

중생한 성도의 영혼 구원에 관한 자세한 내용은 필자의 저서 『지옥에 가는 크리스천들?』(1, 2, 3)을 참고하기 바란다.

2) 중생한 성도의 육신의 죄는 회개하는 만큼 없어지기 때문에 이 죄는 가능한 한 빨리, 그리고 많이 회개해야 한다

중생한 성도는 육신의 죄를 완벽하게 회개할 수 없는 것을 깨닫는 것이 중요하다.

첫째, 중생한 성도는 성령으로 영(영혼)만 거듭났기 때문에 육신의 죄를 완벽하게 회개하는 것이 불가능하다.

(요 3:5-6) 예수께서 대답하시되 진실로 진실로 네게 이르노니 사람이 물과

성령으로 나지 아니하면 하나님의 나라에 들어갈 수 없느니라 육으로 난 것은 육이요 영으로 난 것은 영이니

본문에서 보는 것처럼 중생한 성도는 영은 거듭났지만 육(육신, 몸)은 거듭나지 않았다. 이 때문에 정도의 차이만 있을 뿐 누구나 다 죽을 때까지 육신으로 죄를 짓고 살 수밖에 없다.

둘째, 사람은 육신이 매우 연약하기 때문에 일반인은 물론 중생한 성도조차도 죽을 때까지 육신으로 계속 죄를 짓고 살 수밖에 없다.

위대한 바울 사도조차도 자신이 육신으로 죄를 짓는 것을 완벽하게 끊을 수 없어서 탄식했다.

> (롬 7:22-25) 내 속사람으로는 하나님의 법을 즐거워하되 내 지체 속에서 한 다른 법이 내 마음의 법과 싸워 내 지체 속에 있는 죄의 법으로 나를 사로잡는 것을 보는도다 오호라 나는 곤고한 사람이로다 이 사망의 몸에서 누가 나를 건져내랴 우리 주 예수 그리스도로 말미암아 하나님께 감사하리로다 그런즉 내 자신이 마음으로는 하나님의 법을 육신으로는 죄의 법을 섬기노라

천하의 바울도 자신의 속사람(마음, 영)은 하나님의 법을 따라서 살지만 자신의 겉사람(육신, 몸)은 죄를 법을 따라서 사는 것 때문에 탄식했다. 이처럼 중생한 성도도 죽을 때까지 완벽하게 회개할 수 없다. 성도는 가능한 한 많이 회개하기를 힘쓸 수 있을 뿐이다.

셋째, 죄의 힘은 매우 강력하기 때문에 일반인은 물론 중생한 성도조차도 육신의 죄를 완벽하게 회개하는(끊는) 것이 불가능하다.

하나님은 살인, 간음, 도둑질만 죄로 취급하시는 것이 아니라 미움, 음욕, 탐심, 거절하는 것, 무시하는 것, 간접적으로 해를 입히는 것(세제와 연료 등을 사용하여 공기를 오염시키고, 물을 오염시키고, 땅을 오염시키는 것 등)도 죄로 취급하신다. 사람의 육신이 이런 죄들을 어떻게 모두 끊고 살 수 있겠는가? 사람은 죽지 않은 한 육신의 죄에서 완벽하게 벗어나는 것이 불가능하다.

어떻게 회개하는 것이 좋을까? 다윗이 간음죄와 살인죄를 지은 후에 회개한 것을 기록한 성경 말씀을 보면 가장 좋은 회개의 방법을 깨달을 수 있다.

다윗은 밧세바를 범하여 간음죄를 지었고, 그녀의 남편을 살해하여 살인죄를 지었다. 또한 그는 향락의 죄, 기도하기를 쉬는 죄, 성경을 묵상하지 않은 죄, 거짓말 죄 등도 범했을 것이다.

죄를 범한 다윗은 나단 선지자의 책망을 들은 후에 회개했다. 이 과정에서 그는 최소한 두 가지의 큰 실수를 저질렀다.

(1) 다윗은 너무 늦게 회개하는 실수를 저질렀다

하나님이 나단 선지자를 다윗에게 보내셔서 그를 책망하신 때를 살펴보면 다윗이 너무 늦게 회개한 것을 알 수 있다.

> (삼하 11:26-12:1) 우리아의 아내는 그 남편 우리아가 죽었음을 듣고 그의 남편을 위하여 소리 내어 우니라 그 장례를 마치매 다윗이 사람을 보내 그

를 왕궁으로 데려오니 그가 그의 아내가 되어 그에게 아들을 낳으니라 다윗이 행한 그 일이 여호와 보시기에 악하였더라 여호와께서 나단을 다윗에게 보내시니 그가 다윗에게 가서 그에게 이르되 한 성읍에 두 사람이 있는데 한 사람은 부하고 한 사람은 가난하니

(삼하 12:13-15) 다윗이 나단에게 이르되 내가 여호와께 죄를 범하였노라 하매 나단이 다윗에게 말하되 여호와께서도 당신의 죄를 사하셨나니 당신이 죽지 아니하려니와 이 일로 말미암아 여호와의 원수가 크게 비방할 거리를 얻게 하였으니 당신이 낳은 아이가 반드시 죽으리이다 하고 나단이 자기 집으로 돌아가니라 우리아의 아내가 다윗에게 낳은 아이를 여호와께서 치시매 심히 앓는지라

본문을 보면 나단 선지자가 다윗을 책망한 때가 다윗이 밧세바와 불륜을 저질러서 밧세바가 임신한 아기가 태어난 이후인 것을 알 수 있다. 이것은 다윗이 간음죄와 살인죄를 지은 후에도 밧세바가 아기를 낳을 때까지(몇 달 동안) 회개하지 않은 것을 의미한다. 또한 하나님이 다윗에게 몇 달 동안 회개할 기회를 주신 것을 뜻한다. 더 나아가서 다윗이 너무 늦게 회개한 것을 의미한다. 이것이 다윗의 큰 실수다. 만일 다윗이 범죄한 후에 즉시 철저하게 회개했으면 그가 그처럼 큰 저주(아들의 죽음과 아들의 반란)를 받지 않았을 것이다.

(2) 다윗은 한 가지의 죄만 적극적으로 회개하는 실수를 저질렀다

다윗이 나단 선지자의 책망을 받은 후에 회개한 내용을 보면 그가 한 가지의 죄만 적극적으로 회개하고, 나머지 죄들은 건성으로

회개한 것을 알 수 있다.

다윗은 다른 죄들도 범했겠지만 명백하게 간음죄와 살인죄를 범했다. 그러므로 그는 최소한 간음죄와 살인죄를 철저하게 회개했어야 한다. 그러나 다윗은 살인죄만 적극적으로 회개했고, 간음죄를 비롯한 다른 죄들은 건성으로 회개했다.

시편 51편은 나단이 다윗의 죄를 책망한 후에 다윗이 회개한 것을 적은 시다. 이 시를 보면 그가 살인죄만 적극적으로 회개하고, 다른 죄들은 건성으로 회개한 것을 알 수 있다.

> (시 51:14) 하나님이여 나의 구원의 하나님이여 피 흘린 죄에서 나를 건지소서 내 혀가 주의 의를 높이 노래하리이다

본문에서 보는 것처럼 다윗은 '살인죄(피 흘린 죄)'는 적극적으로 회개했다. 그러나 간음죄를 비롯한 다른 죄들은 두루뭉술하게 회개했다.

① 다윗이 살인죄 이외의 죄를 건성으로 회개한 첫 번째 증거

> (시 51:2) 나의 죄악을 말갛게 씻으시며 나의 죄를 깨끗이 제하소서

본문의 '나의 죄악'과 '나의 죄'는 단수로 되어 있다. 다윗은 최소한 두 가지 이상의 죄(살인죄와 간음죄)를 지었다. 그러므로 반드시 "나의 죄들을 깨끗이 제하소서"라고 말했어야 한다. 그가 '나의 죄악'과 '나의 죄'라고 말한 것은 살인죄 외의 다른 죄들을 건성으로 회개한 것을 의미한다.

② 다윗이 살인죄 이외의 죄를 건성으로 회개한 두 번째 증거

(시 51:9) 주의 얼굴을 내 죄에서 돌이키시고 내 모든 죄악을 지워 주소서

본문에서 보는 것처럼 다윗은 살인죄 외의 모든 죄(간음죄를 비롯한 다른 죄들)를 회개할 때 "내 모든 죄악을 지워 주소서"라고 두루뭉술하게 회개했다. 그가 다른 죄들도 적극적으로 회개했으면 이렇게 회개했을 것이다.

"음란죄에서 나를 건지소서."
"게으름의 죄에서 나를 구하소서."
"탐심의 죄에서 나를 구하소서."
"기도하지 않은 죄에서 나를 건지소서."
"거짓말을 한 죄에서 나를 구하소서."

다윗이 살인죄 이외의 죄들을 건성으로 회개했기 때문에 하나님이 나단 선지자를 통하여 아래와 같이 선언하신 것이다.

(삼하 12:13-14) ······여호와께서도 당신의 죄를 사하셨나니 당신이 죽지 아니하려니와 이 일로 말미암아 여호와의 원수가 크게 비방할 거리를 얻게 하였으니 당신이 낳은 아이가 반드시 죽으리이다 하고

이 말은 다음과 같이 요약할 수 있다.
"하나님이 당신의 죽을 죄를 용서하셔서 당신은 죽지 않겠지만 당신의 아들이 죽을 죄는 용서하시지 않아서 당신의 아들은 죽을

것이다."

어떤 죄든지 일단 그 죄를 용서받으면 더 이상 그 죄에 대한 책임을 지지 않는다. 하나님이 다윗의 모든 죄를 용서해 주셨으면 다윗이 저주를 당하지 않았을 뿐만 아니라 그의 아들 역시 죽임을 당하지 않았을 것이다. 다윗이 너무 늦게 회개했고, 대부분의 죄를 두루뭉술하게 회개했기 때문에 그의 아들이 죽임을 당한 것이고, 아들의 반역도 당한 것이다.

한편 다윗이 회개할 때 조금 잘한 점도 있다. 그것은 같은 죄를 반복해서 회개한 점이다.

(시 51:1) 하나님이여 주의 인자를 따라 내게 은혜를 베푸시며 주의 많은 긍휼을 따라 내 죄악을 지워 주소서

(시 51:2) 나의 죄악을 말갛게 씻으시며 나의 죄를 깨끗이 제하소서

(시 51:7) 우슬초로 나를 정결하게 하소서 내가 정하리이다 나의 죄를 씻어 주소서 내가 눈보다 희리이다

(시 51:14) 하나님이여 나의 구원의 하나님이여 피 흘린 죄에서 나를 건지소서 내 혀가 주의 의를 높이 노래하리이다

본문에서 보는 것처럼 다윗은 나단 선지자가 보는 앞에서 자신의 죄를 반복해서 회개했다. 그가 마음속으로 기도했는지, 말로 기도했는지는 알 수 없다.

얼마의 시간이 흐른 후에 하나님은 다음과 같이 생각하셨을 것이다.

'다윗이 회개를 하기는 하는데 조금 건성으로 하는구나. 더 기다려도 깊은 회개를 하지 않겠구나. 그래도 다윗이 어느 정도는 회개했으니까 다윗을 죽이는 벌은 내리지 말고 다윗의 아들을 죽이는 벌만 내리자. 다윗이 조금 더 진정으로 회개했으면 그의 아들도 살려 줄 텐데.'

이런 생각을 하신 하나님은 나단 선지자에게 다음과 같이 명령하셨다.

"다윗에게 다음과 같이 말하거라. '여호와께서도 너의 죄를 사하셨나니 네가 죽지 아니하려니와 이 일로 말미암아 여호와의 원수가 크게 비방할 거리를 얻게 하였으니 네가 낳은 아이가 반드시 죽으리라.'"

하나님의 지시를 받은 나단 선지자는 다윗에게 다음과 같이 선포했다.

"여호와께서 당신의 죄를 용서하셨나니 당신이 죽지 아니하려니와 이 일로 말미암아 여호와의 원수가 크게 비방할 거리를 얻게 하였으니 당신이 낳은 아이가 반드시 죽으리이다."

아래의 성경 말씀을 보면 하나님이 사람의 진정성을 시험하시는 분이신 것을 알 수 있다.

(삼상 2:3) 심히 교만한 말을 다시 하지 말 것이며 오만한 말을 너희의 입에서 내지 말지어다 여호와는 지식의 하나님이시라 행동을 달아 보시느니라

하나님은 아브라함이 이삭을 모리아산으로 데리고 가서 그를 결박하여 칼로 죽이려고 할 때까지 그의 믿음을 시험하셨다. 그 후에야 하나님은 아브라함의 믿음을 인정해 주셨다.

(창 22:1-2) 그 일 후에 하나님이 아브라함을 시험하시려고 그를 부르시되 아브라함아 하시니 그가 이르되 내가 여기 있나이다 여호와께서 이르시되 네 아들 네 사랑하는 독자 이삭을 데리고 모리아 땅으로 가서 내가 네게 일러 준 한 산 거기서 그를 번제로 드리라

(창 22:12) 사자가 이르시되 그 아이에게 네 손을 대지 말라 그에게 아무 일도 하지 말라 네가 네 아들 네 독자까지도 내게 아끼지 아니하였으니 내가 이제야 네가 하나님을 경외하는 줄을 아노라

회개도 마찬가지다. 하나님은 범죄한 성도가 진정성 있는 회개를 할 때까지 그의 회개를 시험하신다. 주님은 회개의 진정성을 확인하신 후에야 사죄 선언을 하신다. 이때까지 진지하게 반복해서 회개해야 한다.

불행하게도 어떤 성도들은 하나님의 사죄 응답을 받지 못한 상태에서 회개를 중단한다. 다시 말해서 하나님이 죄를 용서하지 않으셨는데도 회개를 중단한다. 건성으로 회개하면 이런 실수를 범하게 되어 있다. 그러므로 하나님이 회개의 진정성을 인정해 주실 때까지 진심으로 반복해서 회개하는 것이 매우 중요하다.

하나님의 사죄 응답은 어떻게 확인할 수 있는가? 하나님의 사죄 응답은 일정한 규칙이 없다. 다윗은 나단 선지자를 통하여 하나님의 사죄 응답을 받았다. 어떤 이들은 성경 말씀을 통하여 사죄 응답을 받기도 하고, 어떤 이들은 마음에 평안이 생기는 것으로 사죄 응답을 받기도 하고, 어떤 이들은 꿈으로 사죄 응답을 받기도 하고, 어떤 이들은 이웃을 통하여 사죄 응답을 받기도 한다. 필자는 주로 죄의식이 사라지고 마음에 평안이 생기는 것으로 사죄 응답을 받았다.

한편 어떤 이들은 요한일서 1장 9절을 근거로 "회개하는 것이 쉽다"고 주장한다.

(요일 1:9) 만일 우리가 우리 죄를 자백하면 그는 미쁘시고 의로우사 우리 죄를 사하시며 우리를 모든 불의에서 깨끗하게 하실 것이요

본문은 '우리가 우리 죄를 자백하면 그는 미쁘시고 의로우사 우리 죄를 사하시며'로 되어 있다. 본문을 피상적으로 보면 '죄를 한 번만 자백하면 하나님이 즉시 용서해 주시기 때문에 회개가 쉽다'고 착각할 수 있다. 그러나 시편 51편에서 보듯이 다윗은 그의 죄를 한 번만 자백하여 용서받지 않았다. 그는 하나님의 사죄 선언이 있을 때까지 거듭거듭 죄를 자백했다. 이것을 볼 때, 요한일서 1장 9절이 '우리 죄를 충분히 자백하면'을 뜻함을 알 수 있다. 너무 쉽게 죄를 용서해 주면 너무 쉽게 다시 죄를 짓기 때문에 하나님이 어렵게 죄를 용서해 주시는 것으로 생각한다.

개인의 죄보다 민족(조상)의 죄를 회개하는 것이 더욱 어렵다.

민족(조상)의 죄가 개인의 죄보다 훨씬 더 많고, 조상들 중에서 죄를 지은 사람이 매우 많기 때문이다. 그러므로 민족의 죄를 회개하는 데는 시간이 많이 걸린다. 이에 관한 실례가 유다 백성들이 바벨론의 포로가 된 후에 자기 민족의 죄를 회개한 것을 기록한 성경 말씀에 있다.

예레미야 선지자가 자기 민족의 죄를 회개한 것을 기록한 성경 말씀을 보자.

> (렘 3:25) 우리는 수치 중에 눕겠고 우리의 치욕이 우리를 덮을 것이니 이는 우리와 우리 조상들이 청년의 때로부터 오늘까지 우리 하나님 여호와께 범죄하여 우리 하나님 여호와의 목소리에 순종하지 아니하였음이니이다

> (렘 14:7) 여호와여 우리의 죄악이 우리에게 대하여 증언할지라도 주는 주의 이름을 위하여 일하소서 우리의 타락함이 많으니이다 우리가 주께 범죄하였나이다

> (렘 14:20) 여호와여 우리의 악과 우리 조상의 죄악을 인정하나이다 우리가 주께 범죄하였나이다

다니엘 선지자가 자기 민족의 죄를 회개한 것을 기록한 성경 말씀을 보자.

> (단 9:5) 우리는 이미 범죄하여 패역하며 행악하며 반역하여 주의 법도와 규례를 떠났사오며

(단 9:8) 주여 수치가 우리에게 돌아오고 우리의 왕들과 우리의 고관과 조상들에게 돌아온 것은 우리가 주께 범죄하였음이니이다

(단 9:9) 주 우리 하나님께는 긍휼과 용서하심이 있사오니 이는 우리가 주께 패역하였음이오며

(단 9:11) 온 이스라엘이 주의 율법을 범하고 치우쳐 가서 주의 목소리를 듣지 아니하였으므로 이 저주가 우리에게 내렸으되 곧 하나님의 종 모세의 율법에 기록된 맹세대로 되었사오니 이는 우리가 주께 범죄하였음이니이다

예레미야와 다니엘의 회개에서 두 가지를 깨달을 수 있다.

첫째, 수십 년이 지날 때까지(거의 70년이 될 때까지) 하나님이 유다 민족의 죄를 충분히 용서하지 않으신 것을 깨달을 수 있다. 하나님이 오래전에 유다 민족의 죄를 용서하셨으면 예레미야와 다니엘이 70년 후에 그 죄를 회개할 리가 없기 때문이고, 하나님이 오래전에 유다 민족의 죄를 용서하셨으면 유다 민족이 70년 동안 포로 생활을 할 리가 없기 때문이다.

둘째, 민족(조상)의 죄 역시 하나님이 충분히 용서하실 때까지 반복해서 회개해야 하는 것을 알 수 있다.
하나님은 유다 백성들이 회개한 만큼만 그들의 죄를 용서하셨다. 다시 말해서 그들이 회개한 만큼만 비참한 포로 생활에서 벗어나게 하셨다. 다니엘은 어려서부터 회개 생활을 열심히 했기 때문에 매우 일찍 비참한 포로 생활에서 벗어날 수 있었다.

나머지 유다 백성들은 오랜 시간이 지난 후에야 어느 정도 자유를 누릴 수 있었다. 그렇다고 해도 하나님이 유다 민족의 죄를 충분히 용서해 주신 것은 아니었다.

유다 백성들이 70년 동안 민족의 죄를 회개했을 때, 비로소 하나님은 그들의 죄를 충분히 용서하셨다. 그 결과 그들은 포로 생활을 끝내고 유다 땅으로 돌아올 수 있었다. 이처럼 민족의 죄도 하나님이 충분히 용서해 주실 때까지 반복해서 회개해야 한다.

9. 고백치유법

고백치유란 자신이 범한 죄와 자신이 당한 수치를 전인치유사역자에게 고백하여 마음과 몸의 병을 치유하는 것을 의미한다.

전인치유를 해 보면 많은 내담자가 자신의 죄와 수치를 감추는 것을 보게 된다. 이것을 인정하는(고백하는) 것이 부끄럽기 때문이다.

어떤 내담자들은 전인치유사역자가 그의 가족들을 통하여 그의 죄와 수치를 알고 있는데도 끝까지 가면을 쓴다. 이럴 경우에 전인치유사역자는 "당신의 가족에게 들어서 당신의 죄와 수치를 안다"고 말하지 못한다. 그렇게 하면 그가 그 정보를 알려준 가족에게 보복할 우려가 있기 때문이다. 다만 그 정보를 알려준 가족이 보복당할 것을 각오하면 사역자는 그의 죄와 수치를 말해 줄 수 있다.

내담자가 끝까지 죄와 수치를 감추면 사역자는 뻔히 알면서도 그에게 적절한 치유사역을 할 수 없다.

고백이 중요한 이유는 세 가지다.

첫째, 범죄와 수치를 사실대로 고백해야 전인치유사역자가 정확한 치유를 할 수 있다.

병원에서 의사의 치료를 받는 사람은 자신의 아픈 부위를 정확하게 말해야 한다. 그래야 의사가 정확한 치료를 할 수 있기 때문이다. 마찬가지로 전인치유를 받는 사람은 자신의 상처와 죄를 정확하게 말해야 전인치유사역자가 정확한 치유사역을 할 수 있다.

둘째, 자신이 범한 죄와 자신이 당한 수치를 사실대로 고백하면 하나님이 확실한 치유를 해 주신다.

> (약 5:15-16) 믿음의 기도는 병든 자를 구원하리니 주께서 그를 일으키시리라 혹시 죄를 범하였을지라도 사하심을 받으리라 그러므로 너희 죄를 서로 고백하며 병이 낫기를 위하여 서로 기도하라 의인의 간구는 역사하는 힘이 큼이니라

본문에 병든 사람이 치유를 받는 방법이 기록되어 있다.

① 믿음으로 기도하라.
② 죄를 서로 고백하면서 기도하라.
③ 서로를 위하여 기도하라(중보기도).

셋째, 공개적으로 죄를 고백할 때 죄책감과 수치감을 이용하여 암약하는 악령이 떠나간다.

성도들 대부분은 죄를 지으면 하나님께 회개한다. 회개가 충분하면 하나님은 반드시 죄를 용서해 주신다. 그럼에도 불구하고 사탄은 계속 죄책감과 수치심이 들게 만든다. 이런 함정에서 벗어나려

면 사람들 앞에서 죄를 고백해야 한다. 그렇게 할 때 사탄은 더 이상 그 죄로 인한 죄책감과 수치심을 이용할 수 없다. 이 때문에 고백이 중요한 것이다.

어떤 여성들은 가족(또는 타인)에게 성폭행을 당한 것을 공개적으로 고백한 후에 죄책감과 수치심에서 해방되었다. 그녀들 중에는 성치유 전문가가 되어서 수많은 내담자를 탁월하게 치유하는 은혜를 누리는 이들이 많다.

생식기에 병이 든 사람이 병원에서 그 병을 치료하려면 의사에게 생식기를 보여 주어야 한다. 생식기를 보여 주는 것이 부끄러워서 의사에게 보여 주지 않으면 충분한 치료를 받을 수 없다. 이 때문에 전인치유사역자들은 아래와 같이 말한다.

"내어놓는 만큼 치유가 일어난다."
"까발리는 만큼 치유가 일어난다."

❧ 내담자 사례

그는 치유사역 마지막 날에 필자에게 말했다.

"저에게는 지금까지 누구에게도 말하지 못했던 끔찍한 죄들이 있습니다. 이 죄를 하나님께는 고백했지만 사람들에게는 고백한 적이 없습니다. 이것을 여기서 고백하지 않으면 죽을 것만 같습니다. 제가 고백할 수 있게 해 주시겠습니까?"

필자는 내담자들과 함께 "비밀을 지키겠다"는 서약을 한 후에 그의 고백을 들었다. 그는 지금까지 필자가 내담자들에게 들었던 것

중에서 가장 끔찍한 죄들을 눈물을 흘리며 고백했다. 고백을 끝낸 후에 그는 "이제 살 것 같다"고 했다.

그 후에 필자는 그에게 축사사역을 시행했다. 필자가 성령님을 초청하자, 그가 부들부들 떨기 시작했다. 다음 내용은 필자와 그의 속에 있던 악령이 대화한 내용이다.

"나갈게! 나갈게!"

"빨리 나가!"

"내가 대장이다! 하하하!"

"야, 이 새끼야! 예수님이 대장이시지, 네가 무슨 대장이야!"

"내가 대장이다! 내가 대장이다!"

"아니, 이 새끼가? 예수님이 대장이신데 감히 어디서 대장 노릇을 하려고 까불어. 예수님의 이름으로 명한다. 빨리 나가!"

"나갈게! 나갈게!"

"예수님의 이름으로 명한다. 당장 예수님의 발 앞으로 가!"

"아아아악!"

곧바로 남산만큼 불렀던 그의 배가 푹 꺼졌다. 그때부터 그는 울면서 하나님께 감사하기 시작했다.

필자가 예수님을 초청한 후에 그는 또다시 펑펑 울면서 하나님께 감사했다.

축사사역이 끝난 후에 그는 축사를 받을 때 영안이 열려서 보았던 것을 간증했다.

"축사를 받을 때 제 몸에서 거대한 용이 빠져나가는 것을 보았습니다. 사역자님이 예수님을 초청하셨을 때 피를 흘리시는 예수님이 오셔서 저를 껴안아 주셨습니다."

| 주의할 점 |

배우자에게 자신이 바람을 피운 얘기(또는 결혼 전에 연애한 얘기)를 하면 부부싸움이 난다. 특히 아내가 결혼 전에 이성을 사귄 얘기를 남편에게 하면 남편이 큰 시험에 들기 쉽다. 반면에 비밀을 보장해 주는 치유사역자에게 수치스러운 일을 고백하면 놀라운 치유가 일어난다.

10. 선포치유법

선포치유란 내담자가 믿음의 말을 선포해서 마음의 상처를 치유하는 것을 의미한다.

마음의 상처가 있는 사람들은 대부분 자존감이 약하거나 마음이 여리다. 이런 사람들에게는 믿음의 말을 선포하는 것이 치유에 큰 도움을 준다. 이 때문에 양촌힐링센터에서는 선포문을 만들어서 내담자들의 치유를 돕고 있다.

아래의 내용은 양촌힐링센터에서 사용하는 선포문 중의 일부다.

육신의 치유를 선포합니다
- 예수님의 이름과 성령의 권능으로 내가 명하노니, 내 속에 있는 모든 질병은 떠나가고, 오장육부는 하나님이 창조하신 상태로 회복될지어다!
- 내 혈관에는 깨끗한 피가 흐르고, 뼈와 근육과 신경과 세포조직은 건강해지고, 체내의 호르몬은 정상적으로 분비될지어다!
- 나는 하나님의 자녀다.

사탄에게 명령한다
- 사탄아, 우리 가족의 삶에서 완전히 손을 떼고 떠나가!
- 사탄아, 모든 악한 것들을 가지고, 우리 가족의 삶 속에서 떠나가!
- 사탄아, 우리 가족의 건강에서 손톱, 발톱을 빼!
- 사탄아, 우리 가족의 재정에서 손톱, 발톱을 빼!

내 속에 있는 부정적인 감정에게 명령한다
- 낮은 자존감, 십자가에 못 박혀!
- 음란, 십자가에 못 박혀!
- 부정적 기대, 십자가에 못 박혀!

승리를 선포한다

"네가 무엇을 선포하면(결정하면) 이루어질 것이요 네 길에 빛이 비치리라"(욥 22: 28).

- 나는 하나님의 자녀다.
- 나는 하나님의 상속자다.
- 나는 예수님 안에서 새로운 피조물이다.
- 내가 죽도록 충성하면 하나님은 나에게 생명의 면류관을 주실 것이다. 아멘!

나 자신에게 선포한다
- 나는 주님의 은혜로 날마다 점점 더 좋아지고 있다!

- 나는 다른 사람을 비난하거나 원망하지 않겠다!
- 나는 다른 사람을 칭찬하거나 격려하겠다!
- 언제나 겸손하겠다!
- 항상 기뻐하겠다!
- 쉬지 않고 기도하겠다!
- 범사에 감사하겠다!
- 나는 멋진 사람이다!
- 나는 최고다!

▨ 내면 아이 치유 방법

내면 아이를 치유하는 방법은 여러 가지가 있다. 필자가 주로 사용하는 방법은 아래와 같다.

첫째, 내면 아이의 입장에서 분노와 슬픔을 토설하게 한다.
둘째, 가해자를 용서하게 한다.
셋째, 예수님을 초청하여 예수님이 내면 아이를 만나게 한다.
단, 세 번째는 주님의 뜻대로 되는 것이기 때문에 사역자가 예수님을 초청해도 예수님이 내담자를 만나 주지 않으실 수 있는 것을 전제로 한다.
넷째, 내면 아이를 이용하여 암약하던 악령을 쫓아낸다.
다섯째, 내담자가 내면 아이에게 용기를 주는 말씀을 선포하게 한다.

|참고|

축사사역을 할 때 악령이 버틸 경우

이럴 경우에는 그냥 축사를 하는 것보다 악령의 진지를 파쇄한 후에 축사를 하는 것이 좋다. 다시 말해서 내담자가 용서하지 않은 사람을 용서하게 하고, 회개하지 않은 죄를 회개하게 하고, 악령을 충분히 대적하게 한 후에 축사하는 것이 좋다. 이런 일들을 하지 않은 상태로 악령을 추방하면 그 악령이 다시 들어올 때 더 많은 악령들을 데리고 들어오기 때문이다.

11. 축사치유법

축사치유란 몸속에 들어 있는 악령을 쫓아내서 악령 때문에 병이 든 마음과 몸을 치유하는 방법을 뜻한다.

안타깝게도 많은 성도가 '중생한 성도에게는 악령이 침투하지 못한다'고 생각한다. 하지만 이것은 반만 맞는 생각이다. 중생한 성도의 영에는 악령이 침투하지 못하지만 중생한 성도의 육에는 악령이 침투할 수 있기 때문이다.

사탄과 악령은 중생한 성도의 영혼(엄밀하게 따지면 영)은 만지지도 못한다(요일 5:18). 하지만 중생한 성도의 육체에는 들어올 수 있다.

사람이 예수님을 믿을 때 영혼만 거듭난다(요 3:6). 그때부터 성령님이 그의 영혼(엄밀하게 따지면 영)을 완벽하게 보호해 주신다.

> (요일 5:18) 하나님께로부터 난 자는 다 범죄하지 아니하는 줄을 우리가 아노라 하나님께로부터 나신 자가 그를 지키시매 악한 자가 그를 만지지도 못하느니라

본문의 '하나님께로부터 난 자'는 '중생한 성도의 영혼'을 의미하고, '하나님께로부터 나신 자'는 '성령님'을 의미하며, '악한 자'는 '사탄'을 의미하고, '악한 자가 그를 만지지도 못하느니라'는 말씀은 '사탄이 중생한 성도의 영을 절대로 만지지 못한다'는 뜻이다. 본문에 사용된 '못하느니라'란 헬라어는 절대부정을 의미하는 '우(ου)'다. 이 단어는 다른 경우가 절대로 일어날 수 없는 경우에 사용된다. 본문의 '다'는 '모든 중생한 성도'를 의미한다. 그러므로 본문은 '모든 중생한 성도의 영혼은 절대로 죄를 짓지 않는다'고 해석하는 것이 옳다[필자의 저서『지옥에 가는 크리스천들?』(1, 2, 3) 참조].

반면 중생한 성도의 육은 거듭나지 못했고, 성령님이 완벽하게 지켜 주시지도 않기 때문에 사탄과 악령들이 침투할 수 있다. 이 때문에 하나님이 바울 사도의 몸에 사탄의 사자를 넣어 주신 것이다.

> (고후 12:7) 여러 계시를 받은 것이 지극히 크므로 너무 자만하지 않게 하시려고 내 육체에 가시 곧 사탄의 사자를 주셨으니 이는 나를 쳐서 너무 자만하지 않게 하려 하심이라

본문의 '사탄의 사자'는 '사탄의 전령'을 의미한다. 이것을 볼 때 '사탄의 사자'가 '귀신(또는 악령)'인 것을 알 수 있다. 이처럼 중생한 성도의 몸에는 귀신이 들어갈 수 있다.

예수님은 중생한 성도의 몸에 악령이 침투할 수 있는 것을 아래와 같이 천명하셨다.

(마 16:23) 예수께서 돌이키시며 베드로에게 이르시되 사탄아 내 뒤로 물러가라 너는 나를 넘어지게 하는 자로다 네가 하나님의 일을 생각하지 아니하고 도리어 사람의 일을 생각하는도다 하시고

베드로는 예수님을 믿어서 영이 중생한 사람이었다. 그런데도 예수님은 베드로를 "사탄아!"라고 호칭하셨다. 따라서 베드로의 몸에 사탄이 들어가 있는 것을 알 수 있다.

중생한 성도의 몸에 귀신이 들어갈 수 있는 것에 관해서 크래프트 박사는 이렇게 설파했다.

"'그리스도인들은 절대로 귀신 들릴 수 없다'는 말이야말로 사탄이 좋아하는 거짓말 중의 하나다. 만일 사탄이 그리스도인들로 하여금 이 말을 믿게 만든다면, 그야말로 귀신들이 그리스도인들과 그들의 교회 안에서 자유롭게 행할 수 있는 첩경이 되는 것이다. 중요한 위치에 있는 기독교 지도자들조차도 이 잘못된 견해를 지지하고 있는 실정이다. 적어도 한 교파 전체가 이것을 믿고 있기도 한다. 그들의 교리에 따르면 그리스도인들에게 성령이 내주하시기 때문에 귀신이 함께 거할 수 없다는 입장을 고수하고 있다. 이와 같은 무책임한 주장은 매우 위험한 것이다. 이런 주장을 펴는 사람들은 다른 가능성에 대해 알아보려는 노력을 조금도 하지 않기 때문이다. 나는 이와 같이 생각하는 사람들에게 몇 주일만 나를 따라다니며 그리스도인들의 간증(귀신을 쫓아내기 전의 간증과 쫓아낸 후의 간증들)을 들어보라고 권하고 싶다. 실제로 귀신 들렸다가 자유함을 얻은 사람들의 증거를 유심히 살펴본 사람들은 그들의 잘못된

주장을 바꾸게 된다. 메릴 엉거, 머피 등 우리 대부분의 사역자들이 그 대표적 예다.

그리스도인들은 귀신 들릴 수 없다고 생각하는 사람들의 주장도 어찌 보면 부분적으로는 맞는 것이라고 할 수 있다. 귀신은 아담이 죄를 지었을 때 죽었던 부분, 즉 인간의 핵심적인 부분인 그리스도인의 영 안에는 거할 수 없는데, 그 이유는 이제 예수님께서 그 안에 거하시기 때문이다. 그러나 귀신은 다른 부분들, 즉 죄를 담고 있는 육신에는 거할 수 있다. 예수 그리스도 안에서 성장하며 사탄과 대적하는 것은 육신 안에 거하는 귀신들과 그 귀신들 속에 있는 죄악들을 극복해 나가는 것을 의미한다."[36]

중생한 성도에게도 귀신이 들어갈 수 있기 때문에 목회자들은 성도들이 귀신에게 시달릴 때 축사를 해 줄 상황을 겪을 수밖에 없다. 이런 문제에 부닥친 목회자들 중에서 축사를 해 본 경험이 전혀 없는 사람은 깊은 고민에 빠지게 된다.

필자는 양촌힐링센터에서 전인치유사역을 하기 전까지는 진정한 축사사역을 해 본 적이 없었다. 이 때문에 귀신 들린 교인이 생기거나 다른 교회에서 그런 교인이 전입하여 오면 속으로 크게 걱정했다. 그때까지의 필자의 경험으로는 귀신에게 시달리는 성도에게서 귀신을 쫓아내는 일은 매우 어려웠을 뿐만 아니라, 기도와 찬송과 예배와 예수님의 이름으로 성도에게 침투해 있는 귀신을 쫓아내면 그 성도가 머지않아서 더 심한 악령들에게 시달렸기 때문이다. 하

---

36) 사악한 영을 대적하라, 찰스 크래프트 저, 윤수인 역, 은성, 2006년, pp. 47-48

지만 이런 걱정은 전인치유사역을 하면서 진정한 축사사역을 체험한 후에 없어졌다!

중생한 사람이 범죄하면 하나님은 사탄 또는 악령들에게 범죄한 성도의 육(몸)을 지배할 권리를 주신다. 이때부터 사탄 또는 악령들은 하나님이 허용하신 범위 안에서 범죄한 성도를 공격한다. 그 결과 범죄한 성도는 고통을 받거나 죽임을 당한다.

■ 인간을 괴롭히는 악령들

성경은 악령이 하는 역할에 따라서 악령의 이름을 붙인다.

> (대하 18:20-22) 한 영이 나와서 여호와 앞에 서서 말하되 내가 그를 꾀겠나이다 하니 여호와께서 그에게 이르시되 어떻게 하겠느냐 하시니 그가 이르되 내가 나가서 거짓말하는 영이 되어 그의 모든 선지자들의 입에 있겠나이다 하니 여호와께서 이르시되 너는 꾀겠고 또 이루리라 나가서 그리하라 하셨은즉 이제 보소서 여호와께서 거짓말하는 영을 왕의 이 모든 선지자들의 입에 넣으셨고 또 여호와께서 왕에게 대하여 재앙을 말씀하셨나이다 하니

사탄이 거짓의 아비이기 때문에 모든 악령은 거짓말을 한다. 그렇다고 해서 모든 악령이 거짓말하는 영의 역할을 하는 것은 아니다. 악령들이 맡은 역할이 각각 다르기 때문이다. 어떤 악령은 사람을 죽이는 일을 전담하고, 어떤 악령은 사람을 가난하게 만드는 일을 전담한다. 이 때문에 사람을 죽이는 일을 전담하는 악령을 '죽음의 영'으로 부르고, 사람을 가난하게 만드는 일을 전담하는 악령을

'가난의 영'으로 부르고, 사람이 거짓말을 하게 만드는 일을 전담하는 악령을 '거짓말하는 영'으로 부르는 것이다. 그래서 예수님이 어떤 사람에게 말을 못 하게 만들고 못 듣게 만드는 일을 전담한 악령을 '말 못 하고 못 듣는 귀신'이라고 부르신 것이다.

> (막 9:25) 예수께서 무리가 달려와 모이는 것을 보시고 그 더러운 귀신을 꾸짖어 이르시되 말 못 하고 못 듣는 귀신아 내가 네게 명하노니 그 아이에게서 나오고 다시 들어가지 말라 하시매

예수님이 내쫓은 '말 못 하고 못 듣는 귀신'은 실제로 말을 못 하고 못 듣는 귀신이 아니다. 그 귀신이 사람으로 하여금 말을 못 하게 만들고 못 듣게 만들기 때문에 주님이 그런 이름을 붙이신 것이다. 이것은 죽음의 영이 실제로 죽은 영이 아니라 사람을 죽이는 일을 하기 때문에 '죽음의 영'으로 부르는 것과 같다. 그러므로 어떤 사람들이 "사람을 맹인으로 만든 악령은 실제로 맹인으로 살다가 죽은 사람의 영혼이다"라고 주장하는 것은 성경을 곡해한 주장이다.

사람을 괴롭히는 3대 악령은 죽음의 영, 음란의 영, 가난의 영이다. 이를 구체적으로 살펴보자.

첫째, 가난의 영.

가난의 영은 사람을 게으르게 만들거나, 물질을 허비하게 만들거나, 빌려준 돈을 못 받게 만들거나, 빚보증을 서서 빚을 지게 만든다. 반대로 돈을 쓰지 못하게 하는 수전노로 만들기도 한다. 수전노의 가족들은 돈에 한이 맺히기 때문에 수전노가 죽는 즉시 재산을

모두 허비하거나 심지어 수전노를 살해한 후에 마구 돈을 쓰기도 한다.

가난의 영은 사람의 환경을 망치거나, 하는 일을 망치거나, 실직하게 하거나, 병들게 해서 가난하게 만든다.

범죄한 아담이 받은 가난의 저주를 보자.

> (창 3:17) 아담에게 이르시되 네가 네 아내의 말을 듣고 내가 네게 먹지 말라 한 나무의 열매를 먹었은즉 땅은 너로 말미암아 저주를 받고 너는 네 평생에 수고하여야 그 소산을 먹으리라

하나님은 죄를 범한 아담과 하와의 징벌을 위하여 가난의 영이 땅을 망가뜨리는 것을 허락하셨다. 그 결과 아담과 하와는 가난에 시달릴 수밖에 없었다. 이처럼 가난의 영이 역사하면 물질 때문에 고생하게 되어 있다.

한편으로 가난의 영은 하늘의 상급을 대수롭지 않게 만든다. 하늘의 상급이 성도에게 가장 중요한 것을 잘 알고 있기 때문이다. 가난의 영에게 사로잡힌 성도는 하늘에 보물을 쌓는 일을 하지 않고, 땅에 재물을 쌓는 일에 힘쓴다.

또 한편으로 가난의 영은 성도가 선교와 구제를 힘쓰는 것 때문에 청빈하게 사는 것을 싫어하게 만든다. 어떻게 해서든지 성도가 부유하게 살도록 미혹한다. 신자가 부유하게 살수록 교회가 약화되고 하늘의 상급이 줄어드는 것을 잘 알고 있기 때문이다.

🍃 **내담자 사례**

그는 매우 유능하고 성실한 사람이었다. 한때는 돈을 많이 벌기도 했다. 하지만 하는 일마다 실패하여 가난하게 살고 있었다. 그에게 축사사역을 할 때 그의 몸속에 숨어 있던 가난의 영이 이렇게 말했다.

"내가 모든 재산을 말아먹게 했지."

둘째, 음란의 영.

음란의 영은 독신의 은사를 받지 않은 사람을 결혼하지 못하게 만들거나, 부부 사이를 멀어지게 만들거나, 비정상적인 사랑[동성연애, 수간(獸姦), 외도 등]을 하게 만들거나, 독신의 은사를 받은 사람이 독신으로 사는 것을 방해한다.

또 배우자가 바람을 피우게 하거나, 배우자를 의심하게 하거나, 배우자와 갈등을 일으키게 해서 부부 사이를 멀어지게 하거나, 별거하게 하거나, 이혼하게 만든다.

음란의 영은 독신의 은사를 받은 사람을 결혼하게 만들어서 불행하게 살도록 하거나, 독신의 은사를 받은 사람이 결혼하기를 소원하게 만들어서 그가 주의 일을 하는 것을 방해한다.

한편으로 음란의 영은 독신의 은사를 받지 않은 사람을 결혼하지 못하게 훼방 놓는다. 이런 사람은 마음으로는 결혼하고 싶어 하지만 이성이 싫어서 결혼하지 못하거나, 하나님이 미워하는 동성연애를 하거나, 수간을 한다.

음란의 영은 인간관계를 파괴하는 일을 한다. 구체적으로 말하면 사귀어야 할 사람을 사귀지 못하게 하거나, 사귀지 말아야 할 사람을 사귀게 만든다.

아담과 하와는 범죄한 후에 음란의 영의 공격을 받았다. 그들이 범죄했을 때는 다른 사람들이 없었기 때문에 음란의 영은 그들이 바람을 피우게 할 수 없었다. 그래서 음란의 영은 아담과 하와가 갈등하게 만들어서 부부 사이를 갈라놓았다.

> (창 3:12) 아담이 이르되 하나님이 주셔서 나와 함께 있게 하신 여자 그가 그 나무 열매를 내게 주므로 내가 먹었나이다

아담은 하와를 "내 뼈 중의 뼈요 살 중의 살"이라고 하며 온전히 사랑했다. 하지만 그는 타락한 후에 하와를 타락의 원흉으로 취급했다!
"하와가 그 나무 열매를 내게 주어서 내가 먹었습니다."
아담 곁에서 이 말을 들은 하와는 아담에게 정나미가 뚝 떨어졌을 것이다. 남편이 하나님이 되고 싶어서 선악과를 먹어놓고서 치사하게 아내를 걸고넘어졌기 때문이다. 이 때문에 두 사람은 갈등할 수밖에 없었을 것이다.

아래의 성경 말씀을 살펴보자.

> (창 3:16) 또 여자에게 이르시되 내가 네게 임신하는 고통을 크게 더하리니 네가 수고하고 자식을 낳을 것이며 너는 남편을 원하고 남편은 너를 다스릴 것이니라 하시고

아담과 하와가 성령님의 인도를 받을 때는 평등하게 살았다. 하지만 그들이 범죄한 후에 음란의 영이 그들에게 침투했다. 그때부

터 아담은 하와를 다스리려 했고, 하와는 아담의 다스림을 받지 않으려 했다. 이처럼 음란의 영이 역사하면 부부 사이가 깨어진다. 더 나가서 음란의 영이 역사하면 모든 인간관계가 파탄 난다.

셋째, 죽음의 영.

죽음의 영은 사람을 병들게 하거나, 자살 충동에 시달리게 하거나, 살인 충동에 사로잡히게 만들거나, 살인을 저지르게 하거나, 자살하게 한다. 또한 죽음의 영은 성도가 하나님께 죽도록 충성하지 못하게 만들거나 순교하는 것을 방해한다. 죽음의 영이 성도가 죽도록 충성하는 것과 순교하는 것을 방해하는 이유는 죽도록 충성하거나 순교하면 생명의 면류관을 받기 때문이다.

죽음의 영은 아담과 하와가 병들게 만들었고, 결국은 그들을 죽였다.

> **(창 3:19)** 네가 흙으로 돌아갈 때까지 얼굴에 땀을 흘려야 먹을 것을 먹으리니 네가 그것에서 취함을 입었음이라 너는 흙이니 흙으로 돌아갈 것이니라 하시니라

사탄과 악령들은 영생을 얻은 성도를 지옥에 끌고 갈 수 없는 것을 너무나 잘 알고 있다. 또한 성도에게 가장 좋은 것이 하늘의 상급인 것도 잘 알고 있다. 더 나아가 성도가 죽도록 충성할 때 가장 큰 상을 받는 것도 잘 알고 있다. 그래서 어떻게 해서든지 성도가 하나님께 충성하지 못하게 만든다. 어떤 때는 박해로 겁을 주어서 충성하지 못하게 만들고, 어떤 때는 세상의 향락으로 유혹해서 충성하지 못하게 만든다.

현재 대한민국 사람들은 평화의 시대를 살고 있다. 이럴 때는 사탄이 성도를 박해할 수 없다. 이 때문에 현재 사탄은 한국의 성도들에게 부의 복음을 퍼뜨려서 성도들이 죽도록 충성하는 것을 방해한다. 부의 복음에 미혹을 당하면 하늘에 재물을 쌓는 일에 최선을 다하지 않고 땅에 재물을 쌓는 데 집중하기 때문이다.

오늘날 사탄의 미혹에 빠져서 부동산을 늘리고, 좋은 차를 타고, 좋은 음식을 먹고, 좋은 옷을 입고, 향락을 즐기는 성도들이 얼마나 많은가? 그들은 열심히 살아서 땅의 복을 누리지만 그만큼 하늘의 상급을 받지 못할 것을 깨닫지 못한다. 사탄의 미혹에 걸려든 것이다!

| 참고 |

능력 있는 축사사역자가 되려면 무엇보다도 기도를 많이 해야 한다. 예수님이 "기도 외에는 악한 영이 나가는 법이 없다"고 선포하셨기 때문이다(막 9:29). 예수님이 기도를 열심히 하신 것도 이런 이유 때문이다(막 1:35).

한 내담자의 몸에 들어 있던 죽음의 영

필자가 그에게 축사사역을 할 때 그의 몸속에 숨어 있던 죽음의 영이 이렇게 말했다.

"내가 애를 ○○와 ○○로 죽이려고 했지."

필자가 치유 받은 간증

2010년 2월 말에 필자는 아내와 함께 양촌힐링센터에서 실시하는 전인치유세미나에 참석했다. 그 세미나는 영적 전쟁에 관한 우리의 무지를 깨닫게 해 주었다. 필자는 속으로 많이 탄식했다.

'아아! 내가 영적인 맹인이었구나! 우물 안의 개구리였구나!'

한 주가 지난 후, 우리 부부는 양촌힐링센터에서 2박 3일간 실시하는 전인치유 프로그램에 등록했다.

나의 치유를 담당한 사역자는 김준태 목사(대전복음교회 담임)였다. 나를 포함해서 세 명의 목사가 그에게 치유를 받게 되었다.

김준태 목사는 우리의 삶과 가계를 조사한 후에 토설과 회개를 하게 했다. 우리가 기대하던 축사사역은 마지막 시간에 시행되었다.

가장 먼저 축사를 받은 사람은 60대 후반의 목사였다. 사역자는 그를 세운 후에 그의 앞쪽에 섰다. 사역자는 내담자의 뒤에 캐처(내담자가 넘어지면 받아 줄 사람)를 세웠다. 나는 내담자의 뒤에 앉아 있었다. 내담자가 사역자를 가려서 사역자의 행동을 볼 수 없었다.

사역자가 조용한 목소리로 기도하기 시작했다.

"성령님, 임하시옵소서! 성령님, 임하시옵소서!"

사역자가 약 30초 정도 기도했을 때, 기도를 받던 목사가 힘없이 뒤로 쓰러졌다. 사역자의 손을 전혀 볼 수 없었던 나는 '사역자가 그를 밀어서 넘어뜨린 게 아닐까'라고 의심했다. 그동안의 경험으로는 나를 세워 놓고 기도한 사람들이 한결같이 나를 밀어서 넘어뜨렸기 때문이었다.

사역자가 누워 있는 내담자를 향해서 명령했다.

"○○○ 목사에게 들어 있는 악한 영은 ○○○ 목사의 인격과 분리될지어다!"

하지만 아무런 반응이 나타나지 않았다.

사역자는 그의 옆에 앉은 후에 그의 배에 손가락을 대며 귀신들에게 명령했다.

"이 아들 속에 들어 있는 악한 영들은 떠나갈지어다!"

사역자의 말이 떨어지자마자 내담자가 몸을 심하게 비틀면서 소리쳤다.

"으악! 으아악!"

그리고는 마구 기침을 하면서 가래를 내뱉기 시작했다. 나를 포함한 모든 내담자의 눈이 휘둥그레졌다!

사역자가 다시 귀신에게 명령했다.

"예수님의 이름으로 명한다. 악한 영들아, 떠나가라."

악령이 소리쳤다.

"나갈게! 나갈게! 나갈게!"

생전 처음 그런 일을 목격한 나는 충격 그 자체였다.

'세상에 이런 일이 있다니! 목사의 몸에 귀신이 들어 있다니!'

지난 30여 년 동안 목회를 하면서 일반 성도들 속에 귀신이 들어가 있는 경우를 가끔 보았다. 하지만 목회자 속에 귀신이 들어 있으리라는 생각은 꿈에도 해 본 적이 없었다. 그런데 나보다 훨씬 더 목회를 많이 한 선배 목사 속에 귀신이 들어 있었다! '내 속에도 귀신이 들어 있을 수 있겠다'는 생각이 저절로 들었다!

10여 분 정도 축사사역을 시행한 사역자는 그를 위해 기도한 후에 축사를 마쳤다. 치유를 받은 목사의 얼굴은 눈에 띄게 밝아져 있었다.

두 번째는 내 차례였다.

사역자가 나를 밀어서 넘어뜨리기 위하여 내 몸에 손을 댈 것을 예상했다. 그런데 예상과 달리 사역자는 나에게 손을 대지 않은 채로 조용한 목소리로 기도하기 시작했다.

"성령님, 임하시옵소서! 성령님, 임하시옵소서!"

사역자가 약 1분 정도 기도했을 때, 갑자기 몸이 떨리기 시작했다. 약 15초 정도 걷잡을 수 없이 몸을 떨었을 때, 다리가 풀리면서 뒤로 벌렁 넘어졌다. 내 뒤에 있던 목회자가 받쳐 주지 않았다면 심하게 나가떨어졌을 것이다.

'아! 성령의 능력으로 저절로 넘어지는 수도 있구나!'

나는 매트리스 위에 누워 눈을 감고 있었다.

잠시 후에 사역자가 명령했다.

"이화영 목사에게 들어 있는 악한 영은 이화영 목사의 인격과 분리될지어다!"

하지만 아무런 반응이 나타나지 않았다.

사역자는 내 옆에 앉은 후에 나의 배에 손가락을 대면서 귀신들에게 명령했다.

"이 아들에게 들어 있는 악한 영들은 떠나갈지어다!"

명령이 떨어지자마자 내 입에서 "악!" 소리가 튀어나왔다.

'아니, 이럴 수가!'

사역자가 귀신에게 명령할 때마다 나는 계속 나의 의지와 상관없이 "악!" 소리를 질렀다. 정말로 기가 막힌 일이었다.

'아! 성령세례를 받은 나의 몸속에 악령들이 들어 있다니! 이것도 모르고 목회를 했다니!'

다섯 번 정도 "악!" 소리를 지른 후부터 웃음이 나오기 시작했다.

"하하하하! 하하하하! 하하하하! 하하하하!"

정신은 말짱한데 계속 커다란 웃음이 터져 나왔다. 마음은 한없이 평안했다.

치유를 받은 후 몇 가지 중대한 변화가 생겼다.

첫째, 필자에게 해를 입힌 사람들을 진심으로 용서하고 축복하게 되었다.

예전에는, 머리로는 가해자를 축복할 수 있었지만 마음으로는 축복이 되지 않았다. 하지만 지금은 머리는 물론 마음까지 축복이 가능하다.

둘째, 아내와 더 친근해졌다.

우리 부부는 결혼한 지 약 30여 년이 된다. 아내는 착하고 헌신적이다. 그런데 이상하게도 지난 30여 년간 우리 사이에 어떤 틈이 있었다. 아무리 아내를 친밀하게 대하려 해도 어느 정도 이상은 친밀하게 지낼 수 없었다. 그런데 치유가 끝난 후부터 부쩍 아내에 대한 친밀한 마음이 생기기 시작했다. 30여 년 동안 노력해도 불가능했던 일이 한순간에 가능하게 된 것이다. 그때부터 우리 부부는 매우 행복한 나날을 보내고 있다!

셋째, 지나치게 화를 내지 않는다.

필자는 수십 년 동안 '욱!' 하는 것 때문에 죄를 많이 지었다. 그런데 전인치유사역을 받은 후부터 지금까지 한 번도 '욱!' 하는 것 때문에 문제를 일으킨 적이 없다.

넷째, 자살 충동이 사라졌다.

전인치유를 받기 전에는 심적인 고통이 심하면 늘 자살 충동에 시달렸다. 하지만 전인치유사역을 받은 후부터 지금까지 한 번도 자살 충동이 일어난 적이 없다.

■ 효과적인 악령 대적 방법

하나님이 악인들에게 포효하시는 것처럼 성도들도 적개심을 품고 악령들을 대적해야 한다.

(렘 25:30) 그러므로 너는 그들에게 이 모든 말로 예언하여 이르기를 여호와께서 높은 데서 포효하시고 그의 거룩한 처소에서 소리를 내시며 그의 초장을 향하여 크게 부르시고 세상 모든 주민에 대하여 포도 밟는 자같이 흥겹게 노래하시리라

■ 바람직한 치유사역(치유사역의 종류)

치유사역을 제대로 하려면 토설, 회개, 용서, 고백, 대적, 축사가 기본적으로 시행되어야 한다.

- 어떤 사역자는 상처만 치유한다. 이렇게 하면 회개하지 않은 죄를 근거로 내담자의 몸속에 숨어 있는 악령이 떠나지 않는다.
- 어떤 사역자는 회개만 시킨다. 이렇게 하면 상처를 근거로 내담자의 몸속에 숨어 있는 악령이 떠나지 않는다.
- 어떤 사역자는 축사만 한다. 이렇게 하면 상처와 회개하지 않은 죄를 근거로 내담자의 몸속에 숨어 있는 악령이 떠나지 않는다.
- 필자는 상처를 치유한 후에 회개를 시키고, 그 후에 축사사역을 시행한다. 이렇게 할 때 완전한 치유가 일어난다.

군인들이 자기의 권리를 행사하지 못하는 군인을 '고문관'이라고 부르듯이, 악령들은 축사할 권리를 행사하지 못하는 성도를 '고문관'이라고 부를 것이다.

필자의 치유사역 경험에 의하면 내담자가 토설, 용서, 회개, 고

백, 대적을 충분히 하지 않으면 그의 속에 강한 세력의 악령이 있어도 정체를 드러내지 않는다.

한 내담자는 상처와 죄가 비교적 많은 사람이었다. 그는 처음부터 열심히 토설, 용서, 회개, 고백, 대적을 했다. 그에게 어느 정도 치유사역을 한 후에 1차로 축사를 시도했다. 하지만 몇십 분을 축사해도 악령의 반응이 전혀 없었다. 그래서 그에게 다시 토설, 용서, 회개, 고백, 대적을 시켰다. 그는 더욱 열심히 치유를 받았다. 그 후에 2차로 축사사역을 시도했다. 그러자 그에게서 강한 세력의 악령이 정체를 드러냈다. 그의 속에 숨어 있던 악령은 "보혈이 무서워서 여기 못 있겠다"고 몇 번 소리를 친 후에 내담자가 몸부림을 치게 하면서 떠나갔다.

어떤 내담자는 토설, 용서, 회개, 고백, 대적을 충분히 하지 않기 때문에 두 번, 세 번, 심지어 네 번 치유를 받을 때 악령이 정체를 드러낸다. 이처럼 치유사역에는 토설, 용서, 회개, 고백, 대적을 충분히 하는 것이 매우 중요하다!

축사사역을 할 때 악령이 나가지 않으려고 버티면 내담자가 용서하지 않은 사람이 있는지, 또는 그가 회개하지 않은 죄가 있는지를 살펴서 그 문제를 해결한 후에 축사하는 것이 현명하다.

12. 악령을 추방하는 방법

어떻게 악령을 추방할 수 있을까?

총과 칼로는 악령을 쫓아낼 수 없다. 오직 믿음으로 악령을 미워하고, 저주하고, 대적해서만 쫓아낼 수 있다. 지금부터 악령을 쫓아내는 방법을 구체적으로 설명하겠다.

1) 예수님의 이름을 사용하여 악령을 쫓아내라

(행 16:18) 이같이 여러 날을 하는지라 바울이 심히 괴로워하여 돌이켜 그 귀신에게 이르되 예수 그리스도의 이름으로 내가 네게 명하노니 그에게서 나오라 하니 귀신이 즉시 나오니라

(눅 10:17) 칠십 인이 기뻐하며 돌아와 이르되 주여 주의 이름이면 귀신들도 우리에게 항복하더이다

본문에서 보는 것처럼 바울 사도와 칠십 명의 제자들은 예수님의 이름을 사용하여 악령을 쫓아냈다. 우리도 예수님의 제자다. 그

러므로 우리도 바울 사도와 칠십 명의 제자들처럼 예수님의 이름을 사용하면 얼마든지 귀신을 쫓아낼 수 있다.

❧ 필자의 사례

필자는 30여 년을 목회하면서 한 번도 예수님의 이름으로 귀신에게 명령해서 귀신을 쫓아내 본 적이 없었다. 귀신 들린 성도가 있으면 단지 하나님께 귀신을 쫓아내 주시기를 기도할 뿐이었다. 기도의 효과가 미미한 것도 문제였다.

양촌힐링센터에 와서 보니까 이곳의 치유사역자들은 목사는 물론, 장로와 권사와 집사까지도 예수님의 이름으로 귀신에게 명령하여 귀신을 쫓아내고 있었다. 큰 충격이었다. 그때 '나도 이런 축사사역을 배워서 예수님의 이름으로 명령해서 귀신을 쫓아내야겠다'는 생각이 강하게 들었다. 그때부터 필자는 전인치유 공부에 모든 힘을 쏟았다.

어느 정도 훈련을 받은 후, 양촌힐링센터의 김종주 원장이 필자에게 치유사역을 할 기회를 주었다. 처음에는 조마조마한 마음으로 내담자들에게 축사사역을 시도했다. 필자는 다른 사역자들이 하는 것과 똑같이 예수님의 이름으로 귀신에게 떠날 것을 명령했다. 놀랍게도 귀신들이 그 명령에 복종하여 내담자의 몸속에서 도망을 쳤다! 그때부터 필자는 신바람이 나서 축사사역을 시행했다!

안타깝게도 이런 일을 해 본 경험이 전혀 없는 사람들은 "성도는 예수님의 이름으로 귀신에게 명령해서 귀신을 쫓을 수 없고, 다만 하나님께 귀신을 쫓아 주시기를 기도할 수 있을 뿐이다"라고 주장한다. 필자는 그들에게 "가능하면 축사사역 훈련을 받은 후에(또는 그냥 믿음으로) 예수님의 이름으로 명령하는 축사사역을 해 보라"

고 권면하고 싶다. 그렇게 하면 그들도 자신이 예수님의 이름으로 귀신에게 명령해서 귀신을 쫓아낼 수 있는 것을 알게 될 것이다. 한편으로는 자신이 그런 일을 할 수 있는 것을 크게 기뻐하면서 하나님께 감사할 것이다.

어떤 사람들은 예수님의 이름으로 명령하여 귀신을 쫓아내는 것을 비성경적인 것으로 오해한다. 그들은 이렇게 주장한다.

"사도들이 예수님의 이름으로 명령하여 귀신을 쫓는 것은 하나님의 뜻이지만 사도들 이외의 성도들은 귀신을 쫓아 주시기를 하나님께 기도할 수 있을 뿐이다."

성경적 치유를 적극적으로 전파하는 정태홍 목사는 마르틴 루터의 주장을 인용하여 아래와 같이 말했다.

"예수님과 선지자들, 그리고 사도들이 했던 것처럼 우리도 귀신을 쫓아낼 수 있는 것이 아닙니다. 우리가 할 수 있는 것이 있다면 예수 그리스도의 이름으로 만군의 하나님께 그 귀신 들린 사람을 구해 달라고 간구하는 것입니다."[37]

과연 사도들 이외의 성도들은 예수님의 이름으로 명령하여 귀신을 쫓아낼 수 없는 것일까? 하나님은 성도들이 예수님의 이름으로

---

37) 내적치유의 허구성, 정태홍, 등과빛, 2011년, p. 353. 정태홍 목사가 양촌센터에 와서 양촌센터의 전인치유사역자들이 치유하는 과정을 충분히 참관하면, 그리고 우리가 예수님의 이름으로 귀신을 쫓아내는 것을 목격하면 생각이 달라질 것이다.

명령하여 귀신을 쫓아내는 것을 금하셨을까? 앞에서 설명한 것처럼 "성도들도 예수님의 이름으로 명령하여 귀신을 쫓아낼 수 있고, 그렇게 하는 것이 주님의 뜻이다"라고 말할 수밖에 없다.

예수님은 사도들뿐만 아니라 70명의 제자들에게도 예수님의 이름으로 귀신을 쫓아낼 수 있는 권능을 주셨다.

> **(눅 10:17-20)** 칠십 인이 기뻐하며 돌아와 이르되 주여 주의 이름이면 귀신들도 우리에게 항복하더이다 예수께서 이르시되 사탄이 하늘로부터 번개같이 떨어지는 것을 내가 보았노라 내가 너희에게 뱀과 전갈을 밟으며 원수의 모든 능력을 제어할 권능을 주었으니 너희를 해칠 자가 결코 없으리라 그러나 귀신들이 너희에게 항복하는 것으로 기뻐하지 말고 너희 이름이 하늘에 기록된 것으로 기뻐하라 하시니라

사도행전 8장에는 빌립 집사가 귀신을 쫓아낸 기록이 있다.

> **(행 8:5-8)** 빌립이 사마리아 성에 내려가 그리스도를 백성에게 전파하니 무리가 빌립의 말도 듣고 행하는 표적도 보고 한마음으로 그가 하는 말을 따르더라 많은 사람에게 붙었던 더러운 귀신들이 크게 소리를 지르며 나가고 또 많은 중풍병자와 못 걷는 사람이 나으니 그 성에 큰 기쁨이 있더라

본문을 보면 빌립 집사가 예수님을 전하면서 더러운 귀신들을 쫓아낸 것을 알 수 있다. 사도들과 70명의 제자들이 예수님의 이름으로 귀신들에게 명령하여 귀신들을 쫓아낸 것을 볼 때 빌립 역시 같은 방법으로 귀신들을 쫓아낸 것으로 추정된다. 그러므로 "일반 성

도들은 예수님의 이름으로 명령하여 귀신들을 쫓을 수 없고, 다만 예수님의 이름으로 하나님께 귀신들을 쫓아 주시기를 기도할 수 있을 뿐이라"는 주장이 오류인 것을 알 수 있다.

한편 하나님은 예외적으로 가룟 유다처럼 믿음이 전혀 없는 사람에게도 귀신을 쫓을 수 있는 권능을 주기도 한다.

(마 10:1) 예수께서 그의 열두 제자를 부르사 더러운 귀신을 쫓아내며 모든 병과 모든 약한 것을 고치는 권능을 주시니라

본문을 보라. 예수님은 열두 제자 모두에게 더러운 귀신을 쫓는 권능과 모든 병과 모든 약한 것을 고치는 권능을 주셨다. 열두 제자 중에는 예수님을 믿지 않는 가룟 유다도 포함되어 있었다!
우리는 예수님의 제자다. 예수님은 가짜 제자인 가룟 유다에게도 귀신을 쫓는 능력을 주셨다. 하물며 진짜 제자인 우리에게 그런 능력을 주지 않으셨을 리가 없지 않겠는가?
하나님은 거짓 선지자 발람이 일시적으로 하나님의 말씀을 증언하도록 허용하신 적이 있고(민 22:9, 수 13:22), 과거에 한국 교회에서 이단으로 정죄된 문 모 목사와 박 모 장로가 많은 이적을 일으켜서 사람들을 미혹하는 일을 허용하신 적도 있다.

예수님은 산상설교를 통해서도 하나님을 믿지 않는 거짓 선지자들이 귀신을 쫓을 수 있는 사실을 천명하셨다.

(마 7:22) 그 날에 많은 사람이 나더러 이르되 주여 주여 우리가 주의 이름

으로 선지자 노릇 하며 주의 이름으로 귀신을 쫓아내며 주의 이름으로 많은 권능을 행하지 아니하였나이까 하리니

본문을 보면 거짓 선지자들이 '예수님의 이름으로 귀신을 쫓은 것'을 알 수 있다. 이처럼 하나님은 가짜 신자들에게도 권능을 주어서 일을 시키시는 경우가 있다. 그런데 어떻게 하나님이 중생한 성도들에게 예수님의 이름으로 명령하여 귀신을 추방하는 권능을 주지 않으시겠는가?

찰스 크래프트 박사는 성도가 어떤 존재인지를 아래와 같이 설명했다.

> "왕의 자녀들이 왕자 또는 공주라 불리는 것처럼, 모든 그리스도인들은 가장 높은 왕이신 예수님의 왕자 또는 공주다. 이런 지위에 있는 사람들이 고개를 떨구고 다녀서야 되겠는가? 왕족은 비록 적의 진영에 있을지라도 자신 있고 당당히 대처하는 법이다. 이 세상이 비록 잠시 악한 자 안에 처해 있지만(요일 5:19) 하나님의 것이기 때문에 우리는 자신이 누구며 우리 아버지가 누구신가를 알고 고개를 들고 당당히 걸어야 한다."[38]

모든 성도에게 축사할 권세가 있는 것이 사실이지만 힘이 강한 악령을 축사하는 일은 모든 성도가 할 수 있는 것이 아니다. 강한 힘이 있는 악령을 축사하는 일은 성령의 큰 능력을 받은 성도만 가

---

38) 사악한 영을 대적하라, 찰스 크래프트 저, 윤수인 역, 은성, 2006년, p. 112

능하다. 이 때문에 기도와 금식이 필요하고, 축사 훈련이 필요하다 (막 9:28-29).

2) 성경 말씀을 사용하여 악령을 쫓아내라

(엡 6:17) 구원의 투구와 성령의 검 곧 하나님의 말씀을 가지라

(마 4:10-11) 이에 예수께서 말씀하시되 사탄아 물러가라 기록되었으되 주 너의 하나님께 경배하고 다만 그를 섬기라 하였느니라 이에 마귀는 예수를 떠나고 천사들이 나아와서 수종 드니라

본문에서 보는 것처럼 하나님의 말씀은 성령의 검이다. 이 때문에 예수님이 하나님의 말씀을 사용하여 마귀를 물리치신 것이다. 그러므로 우리도 하나님의 말씀을 사용하여 마귀를 물리쳐야 한다.

3) 악령을 꾸짖어서 쫓아내라

(막 9:25) 예수께서 무리가 달려와 모이는 것을 보시고 그 더러운 귀신을 꾸짖어 이르시되 말 못 하고 못 듣는 귀신아 내가 네게 명하노니 그 아이에게서 나오고 다시 들어가지 말라 하시매

예수님은 하나님의 자녀를 괴롭히는 더러운 귀신을 꾸짖으셨다. 이때의 예수님의 표정이 매우 무서웠을 것이다. 귀신이 하나님의

자녀를 농아(聾啞)로 만들었을 뿐만 아니라, 그에게 발작을 일으키게 한 후 그를 물과 불에 던져서 죽이려고 했기 때문이다. 자신 또는 자기의 가족을 그렇게 만든 원수를 보고서도 아무런 감정이 일어나지 않는 사람은 비정상이다. 악령에게 분노가 폭발해야 정상이다. 그러므로 악령을 쫓아낼 때는 가능한 한 화를 내면서 엄하게 꾸짖는 게 좋다.

"악하고 더러운 영들아! 당장 꺼져 버려!"
"이 나쁜 놈들아, 당장 떠나가!"
"예수님의 이름으로 저주한다! 꺼져 버려!"

물론 전혀 화를 내지 않고 부드러운 말로 악령을 쫓아낼 수도 있다. 부드러운 말로 명령해도 악령은 떠나간다. 그럼에도 불구하고 가급적 엄한 말로 악령을 쫓아내는 것이 좋다. 이렇게 할 때 축사 사역을 목격하는 사람들과 내담자가 악령을 미워하는 것을 배울 수 있고, 그들이 단호하게 악령을 대적하는 것을 체득할 수 있기 때문이다.

4) 악령을 욕해서 쫓아내라

예수님은 악령을 "더러운 귀신"이라고 욕하셨다.

> (막 5:8) 이는 예수께서 이미 그에게 이르시기를 더러운 귀신아 그 사람에게서 나오라 하셨음이라

성경 기자들은 악령을 "악한 귀신"이라고 욕했다.

(눅 11:26) 이에 가서 저보다 더 악한 귀신 일곱을 데리고 들어가서 거하니 그 사람의 나중 형편이 전보다 더 심하게 되느니라

이 세상에 악령만큼 악하고 더러운 존재가 없기 때문에 예수님이 "악하고 더러운 귀신"이라고 욕한 것이고, 악령이 사람을 망하게 만들고 죽이기 때문에 성경 기자들이 "악하고 더러운 귀신"이라고 욕한 것이다.

세례 요한과 바울 사도는 악령에게 이용당하는 사람에게 무서운 욕설을 퍼부었다.

(마 3:7) 요한이 많은 바리새인들과 사두개인들이 세례 베푸는 데로 오는 것을 보고 이르되 독사의 자식들아 누가 너희를 가르쳐 임박한 진노를 피하라 하더냐

(행 13:8-10) 이 마술사 엘루마는(이 이름을 번역하면 마술사라) 그들을 대적하여 총독으로 믿지 못하게 힘쓰니 바울이라고 하는 사울이 성령이 충만하여 그를 주목하고 이르되 모든 거짓과 악행이 가득한 자요 마귀의 자식이요 모든 의의 원수여 주의 바른길을 굽게 하기를 그치지 아니하겠느냐

세례 요한과 바울 사도는 귀신에게 이용당하는 사람을 "독사의 자식", "마귀의 자식"이라고 욕했다. 그러므로 우리를 조종해서 망하게 만드는 악령들을 무섭게 욕하는 것이 당연하다.

5) 가상의 악령을 때려서 쫓아내라

눈에 보이지 않는 악령들과 어떤 방법으로 싸우는 것이 가장 효과적일까? 어떻게 해야 눈에 보이지 않는 악령을 가장 효과적으로 제압할 수 있을까? 이 의문에 대한 해답은 군인들에게서 찾을 수 있다.

전쟁에서의 가장 큰 승리 요인은 적개심이다. 그다음은 전투기술이고, 그다음은 무기다. 이것은 월남의 멸망으로 충분히 입증되었다.

월남은 미군이 물려준 최첨단무기를 많이 보유하고 있었다. 그 무기를 사용할 수 있는 기술도 충분히 확보하고 있었다. 하지만 월남군들은 월맹군에 대한 적개심이 없었다. 이 때문에 월맹군이 쉽게 간첩으로 월남에 침투할 수 있었고, 그 결과 월남군은 월맹군과 제대로 싸워 보지도 못하고 항복했다. 그래서 현명한 사령관은 부하들이 강한 적개심을 가지도록 훈련시킨다.

문제는 눈에 보이지 않는 적을 제압하는 것이다. 눈에 보이지 않는 적을 제압하는 방법은 군인들이 잘 가르쳐 준다.

대한민국의 국군은 눈에 보이지 않는 북한 공산군을 제압할 때 공산군의 얼굴을 그린 표적지에 총을 쏘거나 칼로 찌른다. 또는 공산군을 허수아비로 만들어서 총을 쏘거나 칼로 찌르거나 그것을 불태운다. 그와 동시에 온갖 저주를 퍼붓는다. 공산군에 대한 강한 적개심이 생겨야 전투에서 이길 수 있기 때문이다.

이것의 효과를 모르는 사람들의 눈에는 국군의 행동이 매우 우스꽝스러울 것이다. 그러나 그 효과를 믿는 국군들은 매우 진지하게 온갖 저주를 퍼부으며 공산군의 허수아비를 부순다. 이렇게 할 때 공산군은 국군의 적개심이 무서워서 멀리 도망치거나 함부로 국군을 공격하지 못한다.

우리가 눈에 보이지 않는 악령들을 물리치는 것도 이것과 원리가 같다. 우리가 악령들을 손쉽게 물리치려면 악령을 이미지화한 후에 온갖 저주를 퍼부으며 몽둥이로 때리는 것이 좋다. 이것보다 더 좋은 방법은 가짜 악령(사람을 해치는 뱀, 호랑이 등의 모형)을 만들어 놓고 온갖 저주를 퍼부으며 몽둥이로 때리는 것이다.

물론 악령은 영적 존재라서 몽둥이로 때려도 아프지도 않고, 죽지도 않는다. 국군이 공산군의 허수아비를 때리는 것도 마찬가지다.

국군의 대부분은 하나님의 능력을 믿지 않는다. 그런데도 강한 적개심을 가지고 공산군의 허수아비를 때리거나 죽인다. 그렇게 할 때 공산군이 겁을 먹고 물러가거나 공격하지 못하기 때문이다.

우리는 하나님의 능력을 믿는다. 그러므로 우리가 강한 적개심을 가지고 믿음으로 가짜 악령을 때리거나 죽이면 우리 속에 암약하는 진짜 악령들이 겁을 집어먹고 떠나간다. 믿음의 말과 믿음의 행동이 기적을 일으키기 때문이다!

야곱은 얼룩무늬 양을 얻기 위하여 나무껍질을 얼룩얼룩하게 벗겨서 시냇가에 세웠다. 양들이 새끼를 밸 때 그것을 보면 얼룩무늬 양을 낳을 것을 믿었기 때문이다. 어떤 불신자가 그것을 보았으면 야곱을 비웃었을 것이다. 그런데도 야곱은 진지하게 그 일을 했다. 결과는 어떤가? 하나님은 야곱의 믿음대로 응답하여 주셨다. 그로 인하여 야곱은 거부가 되었다(창 30:37-43). 믿음의 행동은 이처럼 놀라운 일을 일으킨다!

12년 간 혈루증을 앓던 여성은 믿음으로 예수님의 옷자락을 만져서 고침을 받았다(마 9:20-22). 믿음의 행동이 기적을 일으킨 것이다!

수로보니게 여인은 예수님이 그녀를 무시하는데도 끝까지 예수님이 딸의 병을 고쳐 주실 것을 믿는 말을 해서 딸의 병을 치료받았다(막 7:25-30). 믿음의 말이 기적을 일으킨 것이다!

이처럼 믿음의 말과 믿음의 행동은 놀라운 능력을 일으킨다. 이 때문에 우리는 내담자들이 믿음으로 악령을 이미지화한 후에 방망이로 대적하도록 인도한다.

전인치유사역자들이 죽음의 악령이 강하게 역사하는 내담자(가문에 일찍 죽거나 병든 사람이 많은 내담자)가 죽음의 악령을 대적하도록 인도하는 것을 예로 들겠다.

내담자가 죽음의 영을 허수아비로 만들어서 그것을 때리거나 죽이게 하면 가장 효과적으로 악령을 제압할 수 있다. 하지만 현실적으로 그렇게 하는 것이 어렵다. 그래서 우리는 내담자가 사람을 잡아먹는 호랑이를 죽음의 악령으로 이미지화하여 방망이로 대적하게 한다. 이렇게 하면 내담자가 말로 악령을 대적하는 것보다 훨씬 더 강한 적개심을 가지고 악령을 대적한다. 믿음이 없는 사람들은 이것을 우스꽝스럽게 여기겠지만 믿음이 있는 사람들은 이것으로 큰 효과를 본다!

그런데 어떤 사람들은 방망이로 가상의 악령을 대적하는 것을 오해하여 "성경에 '방망이로 가상의 악령을 대적하라'는 말씀이 없으므로 방망이로 가상의 악령을 대적하는 것이 잘못되었다"고 주장한다. 하지만 이것은 하나만 알고 둘은 모르기 때문에 생긴 오류다.

다시 말해서 이것은 성경을 백과사전으로 오해하여 빚어진 오류다.

다시 강조하겠다. 성경에 기록된 대로만 치유사역을 하는 것이 옳으면 기독교인들은 절대로 개복수술을 하면 안 된다. 성경 어디에도 "개복수술을 하라"는 가르침이 없기 때문이다. 그런데도 대부분의 성도는 물론 대부분의 목회자조차도 배 속에 큰 병이 들면 아무 의심 없이 개복수술을 받는다. 성경에 개복수술이 기록되어 있지 않아도 의사들의 실험과 연구에 의하여 개복수술의 효과가 충분히 입증되었기 때문이다.

방망이로 가상의 악령을 대적하게 만드는 것도 마찬가지다. 이것은 성경에 없다. 하지만 오랜 치유사역 경험으로 이 방법이 매우 효과적인 것이 충분히 입증되었다. 그렇기 때문에 이 방법을 사용하는 것이고, 이 방법을 믿고 시행하는 내담자들에게 놀라운 치유가 일어나는 것이다.

성경에 없는 진리와 탁월한 방법은 우리가 연구해서 발견해야 한다. 개복수술이 의사들의 연구로 발견된 훌륭한 치료 방법인 것처럼 방망이로 가상의 악령을 대적하여 추방하는 것은 전인치유사역자들이 발견한 훌륭한 축사 방법이다.

❧ 내담자 사례

그는 분노로 가족들을 힘들게 하는 것 때문에 치유를 받으러 왔다. 그는 일류대학에서 박사학위를 받은 엘리트였다.

필자가 그에게 말했다.

"강인한(가명) 집사님의 삶을 힘들게 만든 원흉은 집사님의 몸속에 숨어 있는 악령입니다. 이놈은 집사님의 눈에 보이지 않습니다. 눈에 보이지 않는 적을 제압하는 가장 효과적인 방법은 적을 이미지화하거나 적의 그림, 또는 적의 형상을 만들어 놓고 무섭게 저주하면서 사정없이 때리는 것입니다. 그러면 적이 아군의 적개심이 무서워서 도망칩니다. 악령도 우리의 눈에 보이지 않는 적입니다. 악령을 이미지화한 후에 무섭게 악령을 저주하며 플라스틱 방망이로 가상의 악령을 사정없이 때리세요."

필자의 말을 납득한 그는 믿음을 가지고 땀을 뻘뻘 흘리며 그렇게 했다. 그러자 얼마 못 되어서 그의 속에 숨어 있던 악령들이 기침과 구토를 하면서 빠져나가기 시작했다. 자신의 몸속에 악령이 들어 있는 것과 가상의 악령을 이미지화하여 대적하는 것의 효과를 체험한 그는 더욱 힘써서 악령을 저주하며 가상의 악령을 때렸다. 그렇게 해서 그는 악령을 쉽게 추방할 수 있었다. 그는 지금 A국에서 교수 선교사로 활약하고 있다.

치유사역자들이 내담자가 방망이로 악령을 대적하게 하는 이유를 아래와 같이 정리할 수 있다.

첫째, 내담자에게 악령을 대적할 수 있는 힘을 길러 주기 위함이다.
내담자가 방망이로 가상의 악령을 때려서 대적하면 내담자는 더이상 악령을 무서워하지 않는다. 그때부터 악령들은 그 내담자를 쉽게 괴롭히지 못한다. 이 때문에 전인치유사역자들이 내담자가 방망이로 악령을 대적하게 하는 것이다.

둘째, 내담자가 악령을 대적할 힘이 있는 것을 악령에게 인식시키기 위함이다.

내담자가 방망이로 가상의 악령을 때리면 내담자에게 악령을 대적할 힘이 생긴다. 그때부터 악령들은 그 내담자를 쉽게 괴롭히지 못한다. 이 때문에 전인치유사역자들이 내담자가 방망이로 악령을 대적하게 하는 것이다.

셋째, 내담자가 악령을 미워하는 것을 악령에게 인식시키기 위함이다.

내담자가 방망이로 가상의 악령을 때리면 악령은 내담자가 악령을 매우 미워하는 것을 안다. 그때부터 악령들은 그 내담자를 쉽게 괴롭히지 못한다. 이 때문에 전인치유사역자들이 내담자가 방망이로 귀신을 대적하게 하는 것이다.

넷째, 내담자가 직접 귀신을 쫓아내는 체험을 시키기 위함이다.

내담자가 악령들을 저주하며 방망이로 가상의 악령들을 때리면 악령들이 기침을 하거나 가래를 뱉거나 구토를 하거나 괴성을 지르며 떠나가는 경우가 많다. 이 때문에 치유사역자들이 내담자가 방망이로 악령들을 대적하게 하는 것이다.

다섯째, 악령을 이미지화하여 대적하는 것이 가장 효과적이기 때문이다.

다시 강조하겠다. 만일 치유사역자가 홀로 내담자 속에 들어 있는 악령을 쫓아내면 내담자는 '사역자만 악령을 쫓아낼 수 있다'고 오해하기 쉽다. 반면 내담자가 악령을 대적하게 만들어서 악령을 쫓아내게 하면 내담자가 '나도 얼마든지 악령을 쫓아낼 수 있다'는 자신감을 갖는다. 그래서 치유사역자들이 내담자가 방망이로 악령을 대적하도록 유도하는 것이다. 이 방법을 적용하여 악령을 쫓아내면 매우 시끄러운 소리가 나기 때문에 가정에서 적용하기는 어려울 것이다. 지하실이 있는 집에서만 이 방법이 가능할 것이다.

6) 예수님의 보혈을 사용하여 악령을 쫓아내라!

양촌힐링센터의 보혈사역 시간에 참석한 적이 있는 내담자들은 악령이 예수님의 보혈을 두려워하는 것을 깨달았을 것이다. 그 시간은 주로 김종주 원장이 진행하는데, 김 원장은 내담자들에게 이렇게 지시한다.

"믿음의 상상력을 동원해서 예수님의 십자가 앞에 나가세요. 두 손을 모아서 예수님의 보혈을 받으세요. 그것을 마시세요."

내담자들이 진지하게 따라할 때, 또는 김 원장이 "예수님의 보혈이다", "악하고 더러운 영들은 떠나가라"고 명령할 때 내담자들 중에 구역질을 하거나 기침을 하거나 가래를 뱉는 이들이 많다. 악령이 떠나가는 모습이 그렇게 나타난다. 이것은 악령이 예수님의 보혈을 두려워하는 것을 증명한다.

과연 믿음으로 보혈을 마시는 것은 성경적일까? 이것을 바르게 깨달으려면 예수님이 사용하신 어법을 바르게 이해해야 한다.

(마 26:27-28) 또 잔을 가지사 감사기도 하시고 그들에게 주시며 이르시되 너희가 다 이것을 마시라 이것은 죄 사함을 얻게 하려고 많은 사람을 위하여 흘리는 바 나의 피 곧 언약의 피니라

본문의 '흘리는'의 헬라어는 '엑퀸노메논(εκχυννομενον)'인데 현재형 동사의 분사다.[39] 헬라어의 현재형 동사의 분사는 현재진행형으로 사용된다.

성경 기자들이 '현재진행형 사건'에 '현재형 동사의 분사'를 사용한 경우를 보자.

(마 26:7) 한 여자가 매우 귀한 향유 한 옥합을 가지고 나아와서 식사하시는 예수의 머리에 부으니

본문의 '식사하시는(아나케이메누, ανακειμενου)'의 헬라어가 '현재형 동사의 분사'다.[40] 예수님이 식사를 하고 계시는 중에 있기 때문에 이 동사를 사용한 것이다. 그래서 한글 성경이 '아나케이메누'를 '식사하시는'으로 번역한 것이다. 이처럼 성경 기자들은 '현재진행형 사건'에 '현재형 동사의 분사'를 사용했다.

마태복음 26장 28절의 예수님의 말씀은 '현재 예수님이 피를 흘리고 계시는 것'을 의미한다.[41]

---

39) 엑퀸노메논(εκχυννομενον) : 동사, 분사, 현재, 수동태, 주격, 중성, 단수. 디럭스바이블 2005, 헬라어사전, 미션소프트
40) 아나케이메누(ανακειμενου) : 동사, 분사, 현재, 중간태/수동태 디포넌트, 소유격, 남성, 단수. 디럭스바이블 2005, 헬라어사전, 미션소프트

예수님이 세상의 시간에 맞는 어법으로 이 말씀을 하셨으면 '흘릴(미래형 동사) 피'라고 하셔야 옳다. 예수님은 내일 십자가에 달려서 피를 흘리실 것이기 때문이다. 그런데 주님은 천국의 시간에 맞는 어법으로 이 말씀을 하셨기 때문에 '흘리는 피'라고 하신 것이다. 하나님에게는 언제나 현재밖에 없고, 천국(영적 세계)에는 시간과 공간이 없기 때문이다. 이것을 볼 때 예수님이 예나 지금이나 변함없이 십자가에서 피를 흘리고 계시는 것을 알 수 있다. 이 때문에 현대에 사는 우리가 예수님이 지금 십자가에서 흘리시는 보혈을 믿음으로 마실 수 있는 것이다.

보혈사역을 이해하려면 성경에 기록된 성도들의 믿음의 행동을 이해해야 한다.

야곱의 믿음의 행위를 생각해 보자.

> **(창 30:37-39)** 야곱이 버드나무와 살구나무와 신풍나무의 푸른 가지를 가져다가 그것들의 껍질을 벗겨 흰 무늬를 내고 그 껍질 벗긴 가지를 양 떼가 와서 먹는 개천의 물 구유에 세워 양 떼를 향하게 하매 그 떼가 물을 먹으러 올 때에 새끼를 배니 가지 앞에서 새끼를 배므로 얼룩얼룩한 것과 점이 있고 아롱진 것을 낳은지라

야곱은 사람들이 이해하기 힘든 행동으로 얼룩무늬 양을 낳게 만들었다. 그는 버드나무와 살구나무와 신풍나무의 푸른 가지를 가져다가 그것들의 껍질을 벗겨서 흰 무늬를 내고, 껍질 벗긴 가지를 양

---

41) 필자는 이것을 양촌힐링센터의 김종주 원장에게서 처음 들었다.

떼가 와서 먹는 개천의 물 구유에 세워 양 떼를 향하게 해서 짐승들이 얼룩무늬 새끼를 낳게 만들었다. 상식적으로는 말이 안 된다. 하지만 믿음의 세계에서는 얼마든지 가능한 일이다.

열두 해를 혈루증을 앓던 여인은 믿음으로 예수님의 옷자락을 만져서 나음을 얻었다.

(마 9:20-22) 열두 해 동안이나 혈루증으로 앓는 여자가 예수의 뒤로 와서 그 겉옷 가를 만지니 이는 제 마음에 그 겉옷만 만져도 구원을 받겠다 함이라 예수께서 돌이켜 그를 보시며 이르시되 딸아 안심하라 네 믿음이 너를 구원하였다 하시니 여자가 그 즉시 구원을 받으니라

더 나아가서 우리가 성찬식을 할 때 믿음으로 떡을 먹고, 믿음으로 포도주를 마시면 영적으로 예수님의 살과 피를 먹는 효과가 난다.

중요한 것은 믿음이다. 우리가 믿음으로 보혈을 마시면 보혈의 효과가 나타나고, 믿음으로 보혈을 마시지 않으면 보혈의 효과가 나타나지 않는다.

맥스웰 화이트(Maxwell Whyte) 목사는 예수님의 보혈의 능력을 아래와 같이 설명했다.

"예수님의 생명은 주님의 피에 있다. 그러므로 우리가 그 피를 간구하고, 높이고, 뿌리고, 찬양할 때, 실제로 하나님의 생명이 우리에게 임하며, 예수님의 능력이 우리에게 채워진다. 사탄이 보혈에 관

한 가르침을 막기 위해 온갖 노력을 다하는 것은 결코 이상한 일이 아니다. 사탄은 무엇보다도 보혈을 싫어한다. 하지만 귀신은 결코 보혈을 모독하지 못한다."[42]

화이트 목사는 보혈을 적용하는 방법을 아래와 같이 소개했다.

"보혈을 어떻게 적용할 수 있는가? 자연 세계에서 우리가 상처에 소독약을 어떻게 사용하는지, 그 사용법을 어렵지 않게 이해할 수 있다. 상처에 소독약을 뿌리거나 부으면 된다. 그렇게 하면 상처에 침입한 병균과 세균이 죽는다. 이제 우리는 영적인 세계에서도 똑같이 하길 어려워하지 말아야 한다. 사탄이 일하는 곳마다 유일한 해독제인 예수님의 보혈을 뿌려야 한다. 다른 방법, 다른 대체물은 전혀 없다. 기도와 찬양과 예배와 헌신은 우리가 하나님께 나아갈 때 저마다 제 역할을 하지만, 예수님의 보혈만이 부패를 막는 유일한 중화제다. 사탄이 교회에서 보혈을 없애려는 이유가 여기에 있다.

믿음으로 보혈을 간구하고 뿌려라! 소독약을 쓰레기통에 뿌리는 사람은 한 방울만 떨어뜨리지 않는다. 그러므로 우리가 보혈을 많이 간구할수록 악한 상황을 대적할 힘을 더 많이 얻는다. 그러나 기계적인 반복에 대해서는 경고해야겠다. 기계적으로 보혈을 뿌리는 것은 아무런 효과가 없다. 특히 불신자에게 그렇다. 반면 믿음으로 보혈을 간구하는 하나님의 자녀에게는 놀라운 결과가 신속하게 일어난다."[43]

---

42) 보혈의 능력을 취하라, 맥스웰 화이트 저, 전의우 역, 규장, 2009년, pp. 106-108
43) 보혈의 능력을 취하라, 맥스웰 화이트 저, 전의우 역, 규장, 2009년, pp. 126-129

사탄과 악령들은 보혈을 매우 무서워하고 많이 싫어한다. 그래서 믿음으로 보혈을 마실 때(또는 믿음으로 보혈을 뿌릴 때) 우리속에 악령이 들어 있으면 대부분의 악령들이 정체를 드러내는 것이다. 악령들은 흔히 기침과 가래로, 때로는 구토, 두통, 복통, 하품, 방귀, 괴성 등으로 정체를 드러낸다. 다만 내담자 속에 있는 악령의 세력이 매우 약할 경우와 내담자 속에 악령의 견고한 진지가 구축된 경우에는 믿음으로 보혈을 마셔도 아무런 반응이 나타나지 않는다.

■ 교회에서 축사사역을 할 때의 주의점

교회에서 축사사역을 할 때는 자원하는 성도에 한하여 축사사역을 시행해야 한다. 자원하지 않은 성도를 공개적으로 축사하여 악령의 정체가 드러나면 축사를 받는 성도가 시험에 들기 쉽기 때문이다. 필자가 아는 어떤 목회자는 그의 교회에서 자원하는 성도들에 한하여 공개적으로 축사사역을 하고 있다. 그에게 악령을 쫓아내는 권능이 강하게 나타나기 때문에 많은 성도가 자원하여 그에게 공개축사를 받는다. 물론 그는 공개축사를 해 준 성도들이 신앙생활을 잘할 수 있도록 후속 조치를 철저하게 해 준다. 교회에서 공개적으로 축사사역을 하는 목회자들은 이 점을 명심해야 한다.

■ 축사를 해도 반응이 없는 경우

(1) 악령의 힘이 약한 경우에 축사를 해도 아무런 반응이 없다.
크래프트 박사는 악령의 힘을 10등급으로 구분했다. 그의 분석을 보자.

"사람들에게 들러붙어 있는 귀신들의 힘의 정도를 1에서 10까지라는 가정 아래 이야기해 보는 것도 도움이 될 것이다. 강도 1은 힘이 가장 약한 것을 의미하고, 강도 10은 힘이 가장 센 것을 의미한다." [44)]

강도 1 정도의 힘이 있는 악령은 축사를 할 때 아무런 반응이 없이 호흡을 통하여 조용히 떠난다. 그러므로 이렇게 악령을 쫓아내는 것이 싱거울 수밖에 없다.

하지만 약한 악령이 있던 사람은 그만큼 악령에게 시달림을 덜 받은 것이고, 그만큼 거룩하게 산 것이기 때문에 악령이 떠나는 것을 느끼지 못한 것을 기뻐해야 한다.

필자의 아내의 사례

필자의 아내는 치유사역자가 되기 위하여 30여 번의 치유를 받았다. 하지만 한 번도 악령이 드러난 적이 없었다. 아내는 평소에 죄를 지으면 아무리 사소한 것이라도 즉시 회개하는 습관이 있었는데, 그래서 강한 악령이 붙어 있지 못했을 것이다. 또한 아내가 토설하고 회개하고 대적할 때 축사가 되었거나 사역자가 축사할 때 호흡을 통하여 조용히 빠져나갔을 것이다.

아내는 "나의 치유는 마치 양파껍질을 벗기는 것 같았다"고 한다. 또한 "치유를 받으면 받을수록 더욱더 영적 무지에서 깨어나고 자유해지면서 몸과 마음과 머리가 가벼워졌다"고 한다.

---

44) 사악한 영을 대적하라, 찰스 크래프트 저, 윤수인 역, 은성, 2006년, pp. 175-180

(2) 열심히 토설하고, 회개하고, 악령을 대적할 때 자신도 모르게 강한 세력의 악령이 도망친 경우에도 축사를 할 때 아무런 반응이 없다.

내담자가 열심히 토설과 회개와 대적을 하면 그때 강한 세력의 악령이 떠나간다. 이런 사람은 나중에 축사를 할 때 아무런 반응이 없다. 이런 경우 마음이 시원하다. 이런 사람은 축사사역을 받을 때 고생하지 않는다.

(3) 악령이 견고한 진지에 숨어 있을 경우에도 아무런 반응이 없다.

토설과 회개와 용서와 대적을 충분히 하지 않으면 악령이 견고한 진지에 숨어 있다. 악령이 그 사람의 몸속에 있을 권리가 있고, 그 사람의 몸속에 견고한 진지를 구축하고 있기 때문에 그런 것이다. 이런 사람은 가슴이 답답하다. 이런 경우에는 토설과 회개와 용서와 대적을 충분히 한 후에 악령에게 떠날 것을 명령해야 한다.

❧ 내담자 사례

그는 아버지에게서 심한 상처를 받은 사람이었다. 그는 그 상처를 가족들에게 투사하고 전이했다. 그 결과 가족들이 그를 괴롭히는 악순환에 빠져들었다. 치유를 받을 때 그는 제법 열심히 토설했다. 하지만 필자의 마음에 흡족할 정도는 아니었다. 축사 점검을 하니 비교적 약한 세력의 악령이 드러났다. 필자가 그에게 양해를 구하고 그의 약을 올리자, 그의 내면에 숨어 있던 분노가 폭발했다. 20분이 넘도록 격렬한 토설을 한 후에 축사 점검을 했을 때 강한 세력의 악령이 드러났다. 이처럼 토설을 충분히 하지 않으면 견고한 진지 속에 숨어 있는 강한 세력의 악령이 드러나지 않는다.

견고한 진지 속에 숨어 있는 악령을 축사할 때는 축사사역자가 인내심을 발휘해서 오랫동안 축사사역을 해야 한다. 필자의 경우 30분 이상 악령을 대적한 후에야 악령이 정체를 드러낸 사례도 있다. 견고한 진지 속에 숨어 있는 악령은 보통 10분 이상 대적한 후에야 정체를 드러낸다. 어떤 내담자는 네 번째 치유를 받으러 와서야 그의 속에 있던 악령이 정체를 드러낸 경우도 있다. 이것은 견고한 진지 속에 숨어 있는 적군이 어지간한 폭격에는 좀처럼 정체를 드러내지 않는 것과 같다. 이런 내담자는 악령이 정체를 드러낼 때까지 치유를 받아야 한다.

필자의 아내가 치유사역을 한 사례

그는 2박 3일 동안 치유를 받을 때까지 전혀 악령이 드러나지 않았다. 그런데 마지막 날 축사를 할 때 내담자가 얼굴을 찡그리면서 손으로 자신의 배를 두드리기 시작했다. 아내가 눈치를 채고 악령에게 "떠나가라"고 명령했다. 그러자 악령이 내담자의 입을 통하여 말했다.

"내가 언제부터 여기에 살았는데 왜 나가라고 하는 거야? 나가기 싫어!"

악령이 정체를 드러내면 축사가 쉽다. 아내는 곧바로 그 악령을 쫓아 주었다.

회개를 더디게 하거나 습관적으로 죄를 범하면 악령의 진지가 그만큼 견고해진다. 그러므로 죄를 지으면 신속하게 회개해야 하고, 습관적인 죄는 하루속히 끊어야 한다.

■ 영적 청소의 중요성

우리가 사는 곳을 육적으로 더럽게 방치하면 온갖 세균이 번식하여 우리를 병들게 한다. 마찬가지로 우리가 사는 곳을 영적으로 더럽게 방치하면 온갖 악령들이 침투해서 우리의 몸과 정신을 병들게 한다. 이에 관한 김종주 원장의 설명을 들어 보자.

"오늘날 우리 중에 상당수가 의식적으로든 무의식적으로든 때때로 우리 주변을 더럽히고 가정에 악영향을 주도록 귀신에게 권한을 부여하는 소유물들과 행동들을 우리 집 안으로 들여왔다. 이런 오염에는 여러 형태가 있다. 이방 신상들, 마법적인 장신구들, 과거에 지은 죄의 추억이 담긴 물건들 등등. 그러나 그 형태가 어떠하든 하나님은 우리가 오염된 물건들을 소유하는 것을 원치 않으신다. 그것들이 우리의 삶과 마음을 파괴하도록 귀신을 유인하기 때문이다. 이것은 분명히 그리스도께서 우리에게 원하시는 삶의 방식이 아니다. …… 부정한 소지품은 하나님의 목적과 보호하심과 하나님의 능력에서 떨어져 나가게 할 수 있다. 그 대표적인 물건이 부적이다. …… 온 가족이 신앙생활을 잘하는 가정에서 남편이 음란물인 비디오 필름이나 외설 잡지 등을 가정으로 가지고 들어왔을 때 음란의 영은 그 물건이 통로가 되어 경건한 가정을 오염시키는 경우가 너무나 많다. 우리 가정 안에 있는 하나님이 미워하시는 물건들을 하나하나 찾아서 청소하여야 한다. 그다음 예수님의 보혈로 씻고 보호막을 쳐야 한다. …… 사악한 물건, 죄를 짓는 도구, 다른 신의 제사에 사용된 제기, 용기 등은 깨끗이 없애 버려야 한다. …… 우리가 살고 있는 건물과 장소를 청소해야 한다. 건물이 들어서기 전에 어떤 용도였는지, 공동묘지, 도살장, 싸움이 격렬했던 장소, 억울한 피를 많이 흘리는 장소는 아니었는지를 알아본다. ……
그 장소를 주님께 온전히 드려야 한다."[45]

우리가 수시로 우리의 집을 육적으로 청소하는 것처럼 수시로 우리의 집을 영적으로 청소해야 한다. 그렇게 할 때 악령을 좀더 쉽게 물리칠 수 있다.

■ 필자의 축사사역 방법

축사사역은 사역자가 각자 다른 방법을 사용할 수 있다. 필자는 시간적 여유가 있을 때 아래와 같이 축사사역을 한다.

"성령님, 이 아들에게 빛으로 임하시옵소서. 머리부터 발끝까지 빛을 비춰 주시옵소서. 빛이 임한 곳에 어둠의 세력이 다 드러날 줄 믿습니다.
예수 그리스도의 이름으로 명령한다. 이 아들 속에 들어 있는 악하고 더러운 영들은 지금 즉시 이 아들의 인격과 분리돼!
예수님의 이름으로 명령한다. 이 아들 속에 들어 있는 악하고 더러운 영들은 지금 즉시 이 아들의 입을 통하여 밖으로 나와!
예수님의 이름으로 명령한다. 악하고 더러운 영들은 예수님의 발 앞으로 가서 다시 오지 말지어다!"

---

45) 조상의 우상숭배와 신비술(神秘術)이 子孫에게 미치는 영향력에 관한 硏究, 김종주, 2010년, 철학박사학위논문, p. 155-186

▨ 악령과 대화할 경우

축사사역을 하다 보면 악령이 내담자의 입을 통해 말을 하는 경우가 있다. 그럴 때 필자는 가급적 악령에게 아래에 예시한 질문만 한다.

"너 누구냐?"
"언제 들어갔어?"
"이 아들(딸)에게 무슨 짓을 했어?"

악령은 거짓의 아비인 사탄의 졸개들이기 때문에 악령과 긴 대화를 나누면 악령의 거짓말에 속을 수 있다.

다시 강조하겠다. 방언을 하려면 방언의 은사를 받아야 하는 것처럼 특별한 축사사역을 하려면 특별한 축사사역의 은사를 받아야 한다.

특별한 축사사역의 은사를 받은 후에는 기도와 금식과 성경공부에 힘써서 축사사역 은사가 강하게 나타나게 해야 한다. 그렇게 할 때 능력 있는 축사사역자가 될 수 있다.

13. 자가(스스로)축사 방법

자신에게 들어온 악령들을 스스로 축사할 수도 있다. 이것을 '자가축사'라 한다. 아래에 소개한 방법들을 자신의 상황에 맞게 적용하면 된다.

(1) 지은 죄를 회개한다

자신이 지은 죄는 물론 가능하면 조상들이 지은 죄까지 회개하는 것이 좋다. 이 부분은 본서의 '회개치유법'을 참조하기 바란다.

(2) 영적 무장 기도를 한다

양촌힐링센터의 전인치유사역자들과 필자가 사용하는 영적 무장 기도문은 아래와 같다.

"하나님의 말씀에 의지하여 전신갑주를 입습니다. 머리에는 구원의 투구를 씁니다. 가슴에는 의의 흉배를 붙입니다. 허리에는 진리의 띠를 띱니다. 발에는 평안을 예비한 복음의 신을 신습니다. 왼손에는 믿음의 방패를 잡습니다. 오른손에는 하나님의 말씀인 성령의 검을 잡습니다. 말씀에 의지하여 완전하게 무장했습니다. 내 머리부터 발끝까지 예수님의 보혈을 뿌리고 바르고 덮습니다. 쏟아붓습니다. 사랑하는 가족들과 성도들에게도 전신갑주를 입히고, 예수님의 보혈을 쏟아붓습니다. 아멘!"

(3) 믿음으로 예수님의 보혈을 마신다

믿음의 상상력을 동원하여 예수님이 달리신 십자가 앞에 나간 후에 두 손을 모아서 예수님의 보혈을 받아서 마신다. 최소한 세 번 이상 마시는 것이 좋다. 주님의 보혈을 마실 때 가래, 구토, 기침이 나오면 화장지에 뱉는다. 가래, 구토, 기침과 함께 악령이 빠져나가는 수가 있기 때문에 가래, 구토, 기침이 나오면 삼키지 말고 뱉어야 한다.

(4) 예수님의 이름으로 악령에게 명령한다

"예수님의 이름으로 명령한다. 내 속에 있는 죽음의 영(또는 음란의 영, 또는 가난의 영)은 떠나가라! 당장 떠나가! 지금 즉시 꺼져 버려!"

"예수 그리스도의 이름으로 명하노니 내 속에 있는 죽음의 영(또는 음란의 영, 또는 가난의 영)은 떠나가라! 나는 너를 저주한다. 당장 떠나가! 지금 즉시 꺼져 버려!"

"죽음의 영(또는 음란의 영, 또는 가난의 영), 나는 너를 미워한다. 당장 떠나가! 지금 즉시 나가!"

"죽음의 영(또는 음란의 영, 또는 가난의 영), 나는 하나님의 자녀다. 나는 너를 저주한다. 당장 떠나가! 지금 즉시 나가!"

악령이 전혀 반응을 하지 않아도 최소한 5분 이상 계속 명령하는 것이 좋다. 가능하면 30분 이상 계속 명령해야 한다. 대부분의 악령들이 한꺼번에 나가지 않고 나눠서 나가기 때문이고, 약한 세력의 악령들은 반응이 없이 나가기 때문이고, 나갔던 악령들이 다시 들어오는 경우가 있기 때문이다.

꾸준히 자가축사를 하다 보면 악령들의 세력이 약화되거나 악령들이 없어진 것을 알게 된다.

내담자 사례

그는 양촌힐링센터에서 보혈의 능력을 배운 후에 열심히 믿음으로 보혈을 마셨다. 특히 집에 있을 때는 틈만 나면 믿음으로 예수님의 보혈을 뿌리거나 마셨다.

몇 달이 흐른 어느 날 악령이 그의 입을 통해 말했다.

"아이고! 계속 보혈을 마셔 대서 더 이상 못 살겠다!"

이 말을 끝낸 악령은 그의 입을 통하여 빠져나갔다. 이처럼 악령이 나가는 반응이 없어도 계속 자가축사를 하는 것이 좋다.

자가축사를 끝낸 후에는 추방된 악령이 다시 들어오지 못하도록 영적 무장 기도에 힘써야 하고, 거룩하게 살기를 힘써야 한다. 추방된 악령이 할 수 있는 한 자기가 있던 곳으로 돌아오려고 애쓰기 때문이다(마 12:43-45).

| 참고 |

예수님을 믿지 않는 사람은 예수님을 믿은(영접한) 후에 악령을 추방해야 한다. 악령이 예수님과 주님의 이름과 주님의 보혈을 가장 무서워하기 때문이고, 예수님을 믿지 않은 상태로 축사를 하면 악령에게 공격을 받기 때문이다.

(1) 예수님은 누구신가?

누구든지 천국에 가려면 예수님이 누구신지를 알아야 하고, 예수님을 유일한 구주 또는 유일한 구원자로 믿어야 한다. 그래서 지금부터 예수님이 누구신지, 주님이 어떤 일을 하셨는지를 설명하겠다.

> (창 3:15) 내가 너로 여자와 원수가 되게 하고 네 후손도 여자의 후손과 원수가 되게 하리니 여자의 후손은 네 머리를 상하게 할 것이요 너는 그의 발꿈치를 상하게 할 것이니라 하시고

예수님은 여인의 후손으로 이 세상에 오셨다.

> (사 7:14) 그러므로 주께서 친히 징조를 너희에게 주실 것이라 보라 처녀가 잉태하여 아들을 낳을 것이요 그의 이름을 임마누엘이라 하리라

예수님은 처녀의 몸을 통하여 이 세상에 태어나셨다.

(마 1:20-21) 이 일을 생각할 때에 주의 사자가 현몽하여 이르되 다윗의 자손 요셉아 네 아내 마리아 데려오기를 무서워하지 말라 그에게 잉태된 자는 성령으로 된 것이라 아들을 낳으리니 이름을 예수라 하라 이는 그가 자기 백성을 그들의 죄에서 구원할 자이심이라 하니라

예수님은 성령님의 능력으로 처녀 마리아의 몸을 통하여 이 세상에 태어나셨다.

(미 5:2) 베들레헴 에브라다야 너는 유다 족속 중에 작을지라도 이스라엘을 다스릴 자가 네게서 내게로 나올 것이라 그의 근본은 상고에, 영원에 있느니라

예수님은 유대 베들레헴에서 태어나셨다.

(요 14:6) 예수께서 이르시되 내가 곧 길이요 진리요 생명이니 나로 말미암지 않고는 아버지께로 올 자가 없느니라

예수님은 유일한 길과 진리와 생명이시다.

(요 19:18) 그들이 거기서 예수를 십자가에 못 박을새 다른 두 사람도 그와 함께 좌우편에 못 박으니 예수는 가운데 있더라

예수님은 십자가에 못 박히셨다.

(요 19:30) 예수께서 신 포도주를 받으신 후에 이르시되 다 이루었다 하시

고 머리를 숙이니 영혼이 떠나가시니라

예수님은 우리의 구원을 이룬 후에 죽으셨다.

(고후 5:21) 하나님이 죄를 알지도 못하신 이를 우리를 대신하여 죄로 삼으신 것은 우리로 하여금 그 안에서 하나님의 의가 되게 하려 하심이라

예수님은 우리 죄를 대신하여 죽으셨다.

(마 28:5-6) 천사가 여자들에게 말하여 이르되 너희는 무서워하지 말라 십자가에 못 박히신 예수를 너희가 찾는 줄을 내가 아노라 그가 여기 계시지 않고 그가 말씀하시던 대로 살아나셨느니라 와서 그가 누우셨던 곳을 보라

예수님은 죽은 후에 부활하셨다.

(마 16:16) 시몬 베드로가 대답하여 이르되 주는 그리스도시요 살아 계신 하나님의 아들이시니이다

예수님은 그리스도시고, 하나님의 아들이시다. '그리스도'는 '기름 부음을 받는 자'란 뜻이다. 구약성경을 보면 왕, 선지자, 제사장을 세울 때 그의 머리에 기름을 부은 것을 알 수 있다. 예수님이 우리의 왕이시고, 선지자시고, 대제사장이시란 뜻이다.

(요 20:28-29) 도마가 대답하여 이르되 나의 주님이시요 나의 하나님이시니이다 예수께서 이르시되 너는 나를 본 고로 믿느냐 보지 못하고 믿는 자

들은 복되도다 하시니라

예수님은 하나님이시다. 사람의 아들이 사람인 것처럼 하나님의 외아들이신 예수님은 하나님이시다.

(행 4:12) 다른 이로써는 구원을 받을 수 없나니 천하 사람 중에 구원을 받을 만한 다른 이름을 우리에게 주신 일이 없음이라 하였더라

예수님은 유일한 구원자시다. 예수님 외에는 구원자가 전혀 없다.

(롬 10:9) 네가 만일 네 입으로 예수를 주로 시인하며 또 하나님께서 그를 죽은 자 가운데서 살리신 것을 네 마음에 믿으면 구원을 받으리라

예수님을 구원자로 믿으면 누구나 다 구원을 받는다.

(2) 예수님을 영접하는 방법

예수님을 영접하는 것과 예수님을 믿는 것은 똑같은 뜻이다.

(요 1:12) 영접하는 자 곧 그 이름을 믿는 자들에게는 하나님의 자녀가 되는 권세를 주셨으니

아래의 기도문을 진심으로 읽으면 예수님을 영접할 수 있다.

"하나님, 저는 하나님을 떠난 죄인입니다. 그동안 어디에서 와서

어디로 가는지를 모른 채 방황하며 살았습니다. 많은 죄도 지었습니다. 이 시간에 예수님이 하나님의 아들이시고, 그리스도(구세주)이심을 고백합니다. 창세기 3장에 예언된 '여자의 후손'과 이사야 선지자가 예언한 '유대 베들레헴에서 처녀의 몸을 통하여 태어나신 분'이 예수님이신 것을 믿습니다. 예수님이 십자가에 달리셔서 피를 흘리심으로 제가 하나님께 갈 수 있는 길을 마련하신 것과, 주님이 십자가의 피로 제 영의 죄를 모두 깨끗이 씻어 주실 것을 믿습니다. 또한 예수님이 십자가에 달리셔서 피를 흘리심으로 사탄과 귀신들의 권세를 모두 깨트리신 것을 믿습니다.

지금 이 시간에 제 마음의 문을 열고 예수님을 저의 왕, 저의 하나님으로 영접합니다. 지금부터 천국에 가는 날까지 주님이 저와 함께 하셔서 저를 인도해 주십시오.

하나님은 저의 아버지가 되셨습니다. 예수님은 저의 구주가 되셨습니다. 성령님은 저의 보혜사가 되셨습니다. 저를 구원해 주셔서 감사합니다. 이 모든 것을 예수 그리스도의 이름으로 기도드립니다. 아멘."

예수님을 구주로 믿지 않는 사람이 예수님의 이름으로 귀신을 쫓아내려고 하면 귀신이 그 사람을 공격해서 봉변을 당할 수도 있다.

(행 19:13-16) 이에 돌아다니며 마술하는 어떤 유대인들이 시험 삼아 악귀 들린 자들에게 주 예수의 이름을 불러 말하되 내가 바울이 전파하는 예수를 의지하여 너희에게 명하노라 하더라 유대의 한 제사장 스게와의 일곱 아들도 이 일을 행하더니 악귀가 대답하여 이르되 내가 예수도 알고 바울도 알거니와 너희는 누구냐 하며 악귀 들린 사람이 그들에게 뛰어올라 눌러 이기

니 그들이 상하여 벗은 몸으로 그 집에서 도망하는지라

자가축사에서 가장 중요한 것은 믿음과 꾸준함이다. 믿음을 가지고 꾸준히 자가축사를 하는 성도들은 누구나 다 좋은 결과를 얻을 수 있을 것이다.

마음의 상처가 많은 성도는 자가축사를 하기 전에 마음의 상처를 치유하는 것이 좋다. 이것이 여의치 않다면 자가축사를 한 후에라도 마음의 상처를 치유하는 것이 좋다. 마음의 상처를 치유하지 않으면 악령이 추방된 후에 다시 들어올 확률이 높기 때문이다. 본서에 소개한 치유법들을 참고하면 마음의 상처를 치유하는 방법을 알 수 있을 것이다.

14. 내담자가 주의해야 할 것들

 병원치료를 받는 환자가 주의해야 할 것들이 있는 것처럼 전인치유를 받는 내담자도 주의해야 할 것들이 있다. 환자가 주의해야 할 것들을 유념해서 치료를 받으면 치료가 잘되듯이 내담자가 주의해야 할 것들을 유념해서 치유를 받으면 치유가 잘된다. 이에 내담자가 주의해야 할 것 몇 가지를 소개해서 전인치유를 받는 이들에게 도움을 주려 한다.

1) 병원치료와 전인치유를 같은 것으로 오해하지 말아야 한다

(1) 병원치료의 특징

 병원치료는 의사와 간호사가 대부분의 치료를 담당한다. 환자를 진찰하고 치료하는 것을 거의 대부분 의사와 간호사들이 한다. 환자는 식사를 하고, 잠을 자고, 몸을 씻고, 약을 먹는 것 등을 할 뿐이다. 이것을 이해한 환자는 만족할 만한 치료를 받을 수 있다.

(2) 전인치유의 특징

전인치유를 받는 내담자는 스스로 토설을 해야 하고, 스스로 회개를 해야 하고, 스스로 용서를 해야 하고, 스스로 축사를 해야 한다. 전인치유사역자는 내담자가 이 일을 잘하도록 도와주거나 내담자가 미처 쫓아내지 못한 악령들을 쫓아내는 일을 할 뿐이다. 이것을 이해한 내담자는 만족할 만한 치유를 받을 수 있다.

2) 예수님을 만나는 것(환상으로 예수님을 보거나 예수님의 음성을 듣는 것)을 바르게 알고 있어야 한다

전인치유사역을 하다 보면 축사 후에 성령님의 임재 속에서 예수님을 환상으로 보는 내담자들이 있는 반면 전혀 그런 경험을 하지 못하는 내담자들이 있는 것을 보게 된다. 왜 이런 현상이 일어나는지를 이해하지 못하면 내담자가 시험에 들 수 있다. 이 때문에 이 부분을 상세하게 설명하려고 한다.

(1) 전인치유사역자의 능력에 따라서 내담자가 예수님을 만나는 것이 결정되지 않는다

어떤 내담자들은 전인치유사역자를 대통령의 비서처럼 생각한다. 이런 이들은 자신이 영적으로 예수님을 만나지 못하면 전인치유사역자가 무능해서 그런 일이 일어난 것으로 오해한다. 이것은 대통령과 예수님이 근본적으로 다른 존재인 것을 몰라서 빚어지는

실수다!

대통령과 예수님을 비교해 보자. 대통령은 큰 권력을 가지고 있지만 전능하지 않다. 이 때문에 대통령은 국민을 만날 때 대부분 비서의 도움을 받을 수밖에 없다.

대통령과 달리 예수님은 전능하시다. 이 때문에 예수님은 전인치유사역자의 도움 없이 누구를 만날 것인지를 스스로 결정하신다. 전인치유사역자가 예수님을 초청하는 것은 예수님의 의사를 타진하는 것에 불과할 뿐이다.

물론 예수님은 "충성스럽게 사는 하나님의 자녀들을 만나 주겠다"고 약속하신 것이 사실이다.

> (요 14:21) 나의 계명을 지키는 자라야 나를 사랑하는 자니 나를 사랑하는 자는 내 아버지께 사랑을 받을 것이요 나도 그를 사랑하여 그에게 나를 나타내리라

하지만 수많은 그리스도인이 예수님을 만나기를 소원해도 주님은 그들 대부분을 만나 주지 않으신다. 반면 사울(바울)은 전혀 예수님을 만날 마음이 없었는데도(예수님을 반대하고, 교회를 박해했는데도) 주님은 그를 만나 주셨다. 대부분의 신실한 성도들은 예수님을 만나지 못한 반면 점술가 발람은 하나님을 여러 번 만났다. 그는 천사도 만났다. 이것을 볼 때 예수님이 주권을 행사하여 필요할 경우에 어떤 사람들을 만나 주시는 것이지, 모든 성도가 예수님을 만나는 것이 아님을 알 수 있다. 그러므로 내담자는 "전인치유사역자가 능력이 있어야만 내담자가 주님을 만날 수 있다"고 착각하면 안 된다.

(2) 예수님을 눈으로 본 후에 믿음으로 사는 사람보다도 예수님을 안 보고도 믿음으로 사는 사람에게 하나님이 더 큰 은혜를 베푸신다

(요 20:24-29) 열두 제자 중의 하나로서 디두모라 불리는 도마는 예수께서 오셨을 때에 함께 있지 아니한지라 다른 제자들이 그에게 이르되 우리가 주를 보았노라 하니 도마가 이르되 내가 그의 손의 못 자국을 보며 내 손가락을 그 못 자국에 넣으며 내 손을 그 옆구리에 넣어 보지 않고는 믿지 아니하겠노라 하니라 여드레를 지나서 제자들이 다시 집 안에 있을 때에 도마도 함께 있고 문들이 닫혔는데 예수께서 오사 가운데 서서 이르시되 너희에게 평강이 있을지어다 하시고 도마에게 이르시되 네 손가락을 이리 내밀어 내 손을 보고 네 손을 내밀어 내 옆구리에 넣어 보라 그리하여 믿음 없는 자가 되지 말고 믿는 자가 되라 도마가 대답하여 이르되 나의 주님이시요 나의 하나님이시니이다 예수께서 이르시되 너는 나를 본 고로 믿느냐 보지 못하고 믿는 자들은 복되도다 하시니라

이처럼 예수님을 본 후에 믿음으로 사는 성도들보다 예수님을 안 보고도 믿음으로 사는 성도들에게 하나님은 더 큰 은혜를 베푸신다. 그러므로 성도들은 예수님 보기를 고집하지 않도록 조심해야 한다.

예수님을 만나는 문제를 조금 더 깊이 생각해 보자.
바울은 예수님을 만나고 싶은 생각이 전혀 없었는데도 예수님은 그를 만나 주셨다. 반면에 어떤 사람들은 예수님을 간절히 보고 싶어 하는데도 예수님은 그들을 만나 주지 않으신다. 그 이유가 무엇일까?

해답은 간단하다. 예수님을 본 사람들이 모두 훌륭하게 신앙생활을 하는 것이 아니고, 예수님을 안 보고도 얼마든지 신앙생활을 잘할 수 있기 때문에 예수님이 성도들을 선별적으로 만나 주시는 것이다. 예수님을 꼭 만나야만 신앙생활을 잘한다면 예수님이 모든 성도들을 만나 주지 않으실 이유가 없다. 구약성경에 나오는 발람은 하나님을 여러 번 만났는데도 악행을 그치지 않았다.

대부분의 영국 청교도들은 예수님을 눈으로 본 적이 없다. 하지만 그들은 예수님을 만난 사람들보다 더 훌륭하게 신앙생활을 했다. 그들이야말로 예수님을 만나지 않았는데도 믿음으로 살아서 예수님께 "복된 사람"이라는 칭찬을 받은 사람들이다. 이런 사람들은 예수님을 만난 후에 신앙생활을 잘한 사람들보다 더욱 큰 복과 상을 받는다. 이 때문에 예수님이 필요할 경우에만 사람들을 만나 주시는 것이다.

이제 예수님을 만나는 문제에 대한 분명한 결론을 내릴 수 있게 되었다. 예수님을 만나는 것은 좋은 일이다. 그러나 예수님을 만나지 않는 것이 더 좋을 수도 있다. 이것을 깨달아야 자신이 예수님을 만나지 못한 것 때문에 시험에 들지 않을 수 있다. 이것을 깨달아야 자신이 예수님을 만난 것 때문에 교만하지 않을 수 있다.

❧ 아이들 사례

필자가 한 번은 세 명의 초등학생에게 치유사역을 한 적이 있다. 두 명은 말썽꾸러기였고, 한 명은 착하고 성실했다. 필자가 예수님을 초청했을 때 말썽꾸러기들은 예수님을 만났는데, 착하고 성실한 아이는 예수님을 만나지 못했다. 예수님을 만난 두 아이는 좋아했지만 예수님을 만나지 못한 아이는 울상을 지었다. 필자가 예수님을 만나지 못한 아이에게 열두 제자 중 한 명이었던 도마 이야기를 해 주자 그제야 그 아이가 안심했다.

(3) 사탄이 보여 주는 영적 현상도 있다

바울 사도는 사탄이 광명의 천사로 나타날 수 있는 것을 경고한 적이 있다(고후 11:14). 그러므로 사탄은 예수님을 가장하여 사람들을 만날 수도 있다.

영적 분별력이 뛰어나지 않은 사람은 예수님을 가장해서 나타난 사탄을 예수님으로 오판하기 쉽다. 실제로 이런 오판을 해서 신앙생활을 망친 성도들이 많고, 심지어 남의 신앙생활까지 망친 성도들도 있다. 그러므로 우리는 영적 현상을 무조건 믿는 것을 반드시 경계해야 한다.

❦ 이장림 목사 사례

이장림 목사는 1980년대부터 "1992년 10월 28일에 휴거가 발생한다"고 대대적인 선전을 했다. 그는 수많은 사람이 "그날에 휴거가 발생하는 환상을 보았다"고 주장하거나 "예수님이 '내가 그날에 오겠다'고 말씀하시는 것을 들었다"고 주장하는 것을 대대적으로 선전했다. 약 8천여 명의 신자들이 그의 예언을 믿고 휴거를 기다렸다. 하지만 그의 예언은 불발되고 말았다. 그리하여 이장림 목사는 자신은 물론 수많은 성도까지 패가망신시키고 말았다. 그 바람에 기독교회는 세상 사람들의 비난을 받았다. 이장림 목사가 영적 분별력이 없어서 영적 현상을 무조건 믿다가 자신의 신앙은 물론 여러 사람의 신앙과 기독교회 전체에까지 큰 피해를 입힌 것이다.

3) 전인치유사역자에게 축사사역을 재촉하지 않아야 한다

어떤 내담자들은 전인치유를 받는 첫날에 축사부터 받기를 소원한다. 전인치유의 과정을 모르기 때문에 이런 생각을 하는 것이다.

크래프트 박사는 "각 사람의 내면에 있는 쓰레기를 통하여 사탄이 공격한다"고 분석한 후에 "축사(또는 축귀)를 하기 전에 내면에 있는 쓰레기를 치우라"고 충고한다.

그의 말을 들어보자.

> "많은 사람이 다짜고짜 귀신들을 대적하는 경향이 있는데 그것은 적어도 두 가지 문제점을 야기시킨다. 첫째는 귀신들의 힘이 강한지, 약한지를 모르는 상태에서 도전하는 격이 되기 때문에 축사사역을 하는 사람이나 귀신 들린 사람 모두에게 좋지 못한 폭력 현상이 일어날 수 있다. 둘째는 쓰레기가 너무 많아서 나갔던 귀신들이 다시 들어가거나 나갔던 귀신이 다른 귀신들을 더 많이 데리고 들어갈 수 있다. 그러므로 축사보다 치유가 먼저 시행되어야 한다."[46]

---

46) 사악한 영을 대적하라, 찰스 크래프트 저, 윤수인 역, 은성, 2006년, pp. 185-186

크래프트 박사가 말하는 '내면에 있는 쓰레기'는 '내면에 있는 상처와 죄'를 의미한다.

쓰레기가 있는 곳에 쥐가 달려들듯이 사람의 내면에 상처와 죄가 있으면 사탄과 귀신들이 달려들게 된다. 그러므로 축사를 하기 전에 내면의 쓰레기부터 청소해야 한다. 다시 말해서 축사를 하기 전에 마음의 상처부터 치유해야 하고, 죄부터 회개해야 한다. 이렇게 할 때 상처와 죄를 근거로 활동하던 악령들을 쉽게 쫓을 수 있고, 그놈들이 다시 들어오지 못한다.

안타깝게도 어떤 치유사역자들은 내담자의 쓰레기를 치우지 않은 상태로 축사사역을 한다. 이 때문에 떠났던 악령들이 다른 악령들을 데리고 다시 들어온다. 그 결과 내담자의 상태가 이전의 상태보다 더욱 악화되고 만다. 필자도 전인치유를 배우기 전에 이런 실수를 한 적이 있다. 그러므로 모든 치유사역자들은 아래에 소개한 예수님의 말씀을 명심해야 할 것이다.

> **(눅 11:24-26)** 더러운 귀신이 사람에게서 나갔을 때에 물 없는 곳으로 다니며 쉬기를 구하되 얻지 못하고 이에 이르되 내가 나온 내 집으로 돌아가리라 하고 가서 보니 그 집이 청소되고 수리되었거늘 이에 가서 저보다 더 악한 귀신 일곱을 데리고 들어가서 거하니 그 사람의 나중 형편이 전보다 더 심하게 되느니라

4) 큰 상처가 있거나 큰 죄를 지은 내담자는 전인치유를 받을 때 다소 마음이 아플 것을 각오해야 한다

의사와 간호사는 최대한 환자가 아프지 않도록 배려하면서 치료를 한다. 그럼에도 불구하고 의사와 간호사가 환자를 아프게 할 때가 있다.

수술을 해야 하는 중증환자일 때 그런 일이 발생한다. 질병 검사를 위하여 환자의 피를 뽑을 때, 환자를 수술하기 위하여 마취 주사를 놓을 때, 수술 후에 마취가 풀릴 때, 재활치료를 할 때, 의사와 간호사는 어쩔 수 없이 환자를 아프게 할 수밖에 없다. 육체가 아픈 것을 참으며 의사와 간호사의 지시대로 치료를 받는 환자들은 치료가 잘 되는 반면, 육체가 아픈 것을 참지 못해서 의사와 간호사의 치료를 제대로 받지 않는 환자들은 치료가 안 된다.

전인치유사역자도 최대한 내담자의 마음을 아프지 않게 하면서 치유를 진행하기 위하여 노력한다. 그럼에도 불구하고 전인치유사역자가 내담자의 마음을 아프게 할 때가 있다.

큰 상처가 있는 내담자와 큰 죄를 지은 내담자의 경우에는 그의 마음을 아프게 하지 않으면 치유가 되지 않기 때문에 전인치유사역자는 어쩔 수 없이 그의 마음을 다소 아프게 할 수밖에 없다. 그러므로 마음의 아픔을 참고 전인치유사역자의 인도를 따르는 내담자들은 치유가 잘 되는 반면, 마음의 아픔을 참지 못해서 전인치유사역자의 인도를 따르지 않는 내담자들은 치유가 되지 않는다.

5) 악령들의 훼방에 속지 않도록 조심해야 한다

(1) 어떤 내담자들은 치유센터에 오기 전부터 악령들의 훼방을 받는다

🌱 **내담자 사례**

그는 아내와 함께 양촌힐링센터에 오려고 차를 타기 직전에 아내가 물건을 더 챙기려고 집으로 들어간 것 때문에 아내와 말다툼을 했다. 그 일로 화가 난 아내는 치유를 받으러 오지 않았다. 그는 치유를 받을 때 "그때 내가 참았어야 했다"며 후회했다. 그 부부가 악령이 훼방하는 것을 깨닫지 못했기 때문에 이런 불행이 생긴 것이다.

(2) 어떤 내담자들은 치유센터에 온 후에 악령들의 훼방을 받는다

🌱 **내담자 사례**

그는 치유센터에 온 첫날, 전인치유 강의를 들을 때 두통을 호소했다. 둘째 날에도 계속 두통을 호소했다. 결국 두통을 참지 못한 그는 둘째 날 오후에 집으로 가 버렸다.

어떤 내담자는 치유센터의 사무실에서 접수를 하다가 시험에 들어서 집으로 가기도 하고, 어떤 내담자는 사역자와 불화하여 집으로 가기도 하고, 어떤 내담자는 맞장을 뜨다가 화를 참지 못하고 집으로 가기도 한다. 이 모두가 악령의 유혹에 넘어간 것이다.

악령들이 전인치유를 받는 내담자를 훼방하는 이유는 내담자가 전인치유를 받으면 자기들이 내담자의 몸속에서 쫓겨나야 하는 것

을 알기 때문이다. 그러므로 전인치유를 받는 사람들은 이를 악물고라도 악령들의 공격을 이겨 내야 한다. 악령들의 공격을 이기면 반드시 놀라운 치유가 일어난다.

6) 다른 내담자를 위하여 기도해 주려는 유혹을 이겨야 한다

전인치유를 받으러 온 내담자들 중에는 평소에 다른 사람을 위하여 기도를 많이 해 준 사람도 있다. 이런 사람은 치유사역을 받는 도중에 다른 내담자를 위하여 기도해 주고 싶은 충동이 들기 쉽다. 그래서 간혹 어떤 내담자는 치유사역자의 허락도 없이(사역자가 축사사역을 하는 도중에) 느닷없이 다른 내담자에게 기도를 해 주기도 한다. 하지만 이것은 지혜롭지 못한 행위다. 첫째 이유는 전인치유센터에서는 전인치유사역자만 내담자를 위해 기도해 주는 것이 치유센터의 규칙이기 때문이고, 둘째 이유는 기도해 주는 내담자에게 악령이 있을 경우에 그 악령이 기도를 받는 사람에게 침투할 수 있기 때문이며, 셋째 이유는 동료 내담자에게 기도를 받으면 기분이 상할 수 있기 때문이다. 단, 전인치유사역자가 기도를 요청할 경우에는 다른 내담자를 위하여 기도해 줄 수 있다.

7) 완치가 될 때까지 치유를 받아야 한다

상처가 매우 작고 가계력이 아주 약한 내담자는 한 번의 치유로 완치가 된다. 하지만 상처가 크고 가계력이 강한 내담자는 여러 번

치유를 받아야 완치가 된다. 치유를 받으러 오는 내담자는 상처가 크고 가계력이 강한 경우가 대부분이다. 이 때문에 대부분의 내담자가 3-5회 정도, 또는 그 이상의 치유가 필요하다.

　육신의 중증질환도 한 번 치료를 시작하면 완치될 때까지 치료해야 한다. 완치가 되기 전에 치료를 중단하면 병균에 내성이 생겨서 치료가 더 어렵고, 더욱 큰 고통을 받기 때문이다. 전인치유도 비슷하다.

8) 내담자는 자신의 치유 방식을 고집하지 말아야 한다

　엘리사 선지자 시대에 나병에 걸린 아람의 군사령관 나아만이 엘리사 선지자를 통하여 나병을 치유 받은 일이 있다.

　그때 엘리사는 나아만에게 "요단강에 가서 몸을 일곱 번 씻으라"고 지시했다. 나아만은 이 치유 방식에 격분하여 집으로 돌아가려고 했다. 그때 나아만의 부하들이 나아만에게 '엘리사의 치유 방식을 따를 것'을 간청했다. 나아만이 부하들의 간청을 수용하여 엘리사의 치유 방식에 순종했을 때 나병이 치료되는 기적이 일어났다.

> **(왕하 5:9-14)** 나아만이 이에 말들과 병거들을 거느리고 이르러 엘리사의 집 문에 서니 엘리사가 사자를 그에게 보내 이르되 너는 가서 요단강에 몸을 일곱 번 씻으라 네 살이 회복되어 깨끗하리라 하는지라 나아만이 노하여 물러가며 이르되 내 생각에는 그가 내게로 나와 서서 그의 하나님 여호와의 이름을 부르고 그의 손을 그 부위 위에 흔들어 나병을 고칠까 하였도다 다메섹 강 아바나와 바르발은 이스라엘 모든 강물보다 낫지 아니하냐 내가 거

기서 몸을 씻으면 깨끗하게 되지 아니하랴 하고 몸을 돌려 분노하여 떠나니 그의 종들이 나아와서 말하여 이르되 내 아버지여 선지자가 당신에게 큰 일을 행하라 말하였더면 행하지 아니하였으리이까 하물며 당신에게 이르기를 씻어 깨끗하게 하라 함이리이까 하니 나아만이 이에 내려가서 하나님의 사람의 말대로 요단강에 일곱 번 몸을 잠그니 그의 살이 어린아이의 살같이 회복되어 깨끗하게 되었더라

전인치유도 마찬가지다. 내담자가 전인치유사역자의 치유 방식을 성실하게 따를 때 확실한 치유가 일어난다. 자신의 치유 방식을 고집하는 내담자는 치유 효과를 기대하지 말아야 한다. 자신의 생각을 내려놓고 겸손히 치유를 받으면 치유가 잘 일어난다.

15. 솔 타이(Soul-Tie)란 무엇인가?

|참고|
이 부분은 장요한 목사와 정남희 사모의 공저 『짐승과의 혼적인 솔 타이(Soul-Tie)의 파쇄』를 기초로 쓴 것이다. 자세한 내용은 그 책을 참고하기 바란다.

솔 타이(Soul-Tie)란 '혼의 묶임'을 의미한다. 구체적으로 어떤 사람의 혼이 다른 사람, 또는 어떤 동물, 또는 어떤 대상과 묶여 있는 것을 뜻한다.

일반적으로 솔 타이는 경건한 솔 타이, 불경건한 솔 타이의 두 종류로 구분한다. 필자 역시 본서의 초판에서 이렇게 구분했다.
사람들은 흔히 경건한 솔 타이의 예로 다윗과 요나단의 솔 타이를 든다.

> (삼상 18:1) 다윗이 사울에게 말하기를 마치매 요나단의 마음이 다윗의 마음과 하나가 되어 요나단이 그를 자기 생명같이 사랑하니라

본문에 '요나단의 마음이 다윗의 마음과 하나가 되었다'는 표현이 있다. 사람들을 이것을 일컬어서 '경건한 솔 타이'라고 한다.

오래전에 필자의 아내가 아들에게 솔 타이의 해악에 관하여 설명했다. 그때 아들이 이렇게 반문했다.

"솔 타이가 나쁜 것이면 경건한 솔 타이는 있을 수 없지 않아요?"

필자의 아내는 그 질문에 적절한 대답을 하지 못했다. 그때 필자는 아들의 의문이 일리가 있다고 생각했다. 하지만 더 이상 그 문제를 생각하지 않은 채로 지냈다. 그러다가 최근에 성경을 깊이 묵상한 후에 '경건한 솔 타이는 없다'는 결론을 내렸다. 그 이유는 사람은 하나님을 가장 사랑해야 하는데, 사람이 어떤 사람(동물, 물건)과 솔 타이가 맺어지면 하나님보다 솔 타이가 맺어진 대상을 더 사랑하는 죄를 짓는 경우가 생길 수밖에 없기 때문이다.

엘리 제사장이 솔 타이가 맺어진 자기의 아들들을 하나님보다 더 사랑하다가 하나님의 저주를 받은 기록을 보자.

> (삼상 2:29-30) 너희는 어찌하여 내가 내 처소에서 명령한 내 제물과 예물을 밟으며 네 아들들을 나보다 더 중히 여겨 내 백성 이스라엘이 드리는 가장 좋은 것으로 너희들을 살지게 하느냐 그러므로 이스라엘의 하나님 나 여호와가 말하노라 내가 전에 네 집과 네 조상의 집이 내 앞에 영원히 행하리라 하였으나 이제 나 여호와가 말하노니 결단코 그렇게 하지 아니하리라 나를 존중히 여기는 자를 내가 존중히 여기고 나를 멸시하는 자를 내가 경멸하리라

솔 타이를 맺은 사람이 솔 타이를 맺은 대상에게 항상 나쁜 일만 하는 것은 아니다. 때로는 좋은 일도 한다. 어머니가 아들과 솔 타이를 맺으면 때로는 아들을 적절하게 도와주기도 한다. 하지만 결국에는 아들을 지나치게 도와주기 때문에 아들을 망치게 된다. 이 때문에 모든 솔 타이가 문제가 될 수밖에 없는 것이다.

야곱이 요셉과 베냐민과 솔 타이를 맺은 것을 생각해 보자.

(창 44:30-31) 아버지의 생명과 아이의 생명이 서로 하나로 묶여 있거늘 이제 내가 주의 종 우리 아버지에게 돌아갈 때에 아이가 우리와 함께 가지 아니하면 아버지가 아이의 없음을 보고 죽으리니 이같이 되면 종들이 주의 종 우리 아버지가 흰 머리로 슬퍼하며 스올로 내려가게 함이니이다

본문에 '아버지의 생명과 아이의 생명이 서로 하나로 묶여 있거늘'이라는 표현이 있다. 이것은 야곱과 베냐민의 혼이 묶여 있는 것을 의미한다.

아버지가 어머니를 일찍 잃은 아들들을 사랑하는 것은 좋은 일이다. 하지만 야곱은 솔 타이 때문에 요셉과 베냐민을 편애했다. 그 결과 다른 가족들을 불행하게 만들었고, 하나님을 사랑하는 것을 게을리할 수밖에 없었다. 하나님이 요셉과 베냐민을 강제로 애굽에 보내서서 야곱에게 큰 고통을 주신 것은 결코 우연이 아니다.

요나단이 다윗과 솔 타이를 맺은 경우를 생각해 보자. 요나단이 다윗과 솔 타이가 되어서 다윗을 후원해 준 것은 좋은 일이다. 하지만 그는 솔 타이 때문에 하나님보다 다윗을 더 사랑한 경우가 있을

수밖에 없었을 것이다. 요나단이 사울과 함께 죽은 요인은 여러 가지겠지만 필자는 요나단이 다윗과 솔 타이를 맺은 죄도 그 요인들에 포함되었을 것으로 추정한다.

동물을 사랑하고 보호하는 것은 좋은 일이다. 하지만 동물과 솔 타이를 맺은 사람은 동물을 지나치게 사랑하여 사람들에게 고통을 주고, 하나님보다 동물을 더 사랑하여 하나님의 진노를 산다. 이 때문에 하나님이 철저하게 솔 타이를 금하시는 것이다.

김종주 원장은 자신의 전인치유 경험과 솔 타이 연구를 근거로 솔 타이의 해악에 관하여 아래와 같이 말했다.

> "내가 오랫동안 영혼육을 치유하는 전인치유사역을 하며 현장에서 조사해 본 바에 의하면 애완동물과 부정적인 솔 타이에 묶여 있는 사람이 약 40퍼센트나 되었다. 어린 시절 자라며 부모로부터 사랑과 보호를 충분히 받지 못한 사람, 깊은 상처와 억압을 경험한 사람들이 애완동물에게 집착하여 사랑을 하다가 나중에는 불경건한 묶임으로 발전하는 것이다.
> 나도 어린 시절 가난한 농촌 가정에서 자랐는데 집에서 똥개를 키웠다. 학교에 갔다 오면 반기는 것은 그 바둑이뿐이었다. 어느 날 학교에서 돌아와 보니 매일 반겨 주고 꼬리를 치던 바둑이가 보이지 않았다. 저녁에 어머님께 여쭤보았더니 아버님이 팔았다는 것이다. 그날 얼마나 섭섭했는지 밥도 안 먹고 잠들었던 기억이 난다. 지금은 가정마다 자녀를 한 명씩만 낳아 아이들이 대화 상대도 없고, 정붙일 곳도 없어서 그전보다 더 많이 애완동물을 집 안에서 키

운다. 성령님께서는 '한국에서 동물과 부정적인 솔 타이를 치유하는 곳이 없으니 이곳에 오는 자들에게 솔 타이를 파쇄하라'는 말씀을 나에게 주셨다."[47]

1) 솔 타이가 맺어지는 원인

(1) 사람을 지나치게 사랑하기 때문에 솔 타이가 맺어진다

위에서 야곱이 요셉과 베냐민을 지나치게 사랑하다가 솔 타이가 맺어진 것과, 엘리가 그의 아들들을 지나치게 사랑하다가 아들들과 솔 타이가 맺어져서 그들을 바르게 양육하지 못한 것을 예로 들었다.

2018년 10월 30일 자 『조선일보』에 솔 타이에 관한 충격적인 내용이 보도되었다.

「나보다 개를 더 아끼다니」
— 연인 애완견까지 죽인 부산 일가족 살해범

"'부산 일가족 살인 사건'의 피의자 신 모(32) 씨가 연인에 대한 삐뚤어진 집착으로 자주 물건을 집어 던지는 등 폭력성을 보였고, 심지어 연인의 반려견까지 죽인 것으로 조사됐다.
부산 사하경찰서는 30일 중간 수사결과 발표에서 '신 씨가 전 연인

---

47) 조상의 우상숭배와 신비술(神秘術)이 子孫에게 미치는 영향력에 관한 硏究, 김종주, 2010년, 철학박사학위논문, p. 118

조 모(33 · 사망) 씨에 대한 잘못된 집착과 폭력성을 보이다 치정에 의한 이별 살인을 한 것으로 잠정 결론을 내렸다'고 밝혔다.
경찰에 따르면 평소 내성적인 성격의 신 씨는 친구들과 교류가 거의 단절되다시피 했고, 회사도 자주 옮기는 등 사회생활에 어려움을 겪었고, 조 씨에 대해서는 과도한 집착을 보이거나 사소한 문제로 자주 다퉜다고 한다.
특히 신 씨는 지난 8월 말엔 '여자친구 조 씨가 애완견을 자신보다 더 아낀다'고 생각해서 애완견을 집어 던져 죽이거나 성격 문제로 자주 다투면서 가전제품을 던지기도 한 것으로 조사됐다. (중략)
신 씨는 작은 방에서 질소 가스를 연결한 비닐 봉투를 머리에 뒤집어쓴 채 스스로 목숨을 끊었다."

(2) 권위자의 억압과 통제를 통하여 솔 타이가 맺어진다

부모의 지나친 통제와 억압에 시달리는 동안에 부모와 솔 타이가 맺어져서 스스로 고통을 당하거나 가족을 힘들게 하는 사람들이 많다. 이에 관한 김종주 원장의 설명을 들어보자.

"특히 불경건한 혼의 묶임(솔 타이)은 파트너 중에 한 사람이 dominate(지배하고, 억누름), manipulate(교묘하게 다루다, 조작하다), control(조종, 억제, 통제)하려고 할 때 발생한다. 그리고 그 과정은 폭력, 두려움, 그리고 학대를 동반한다.[48] 한 예로 우리나라와 같은 통제 문화권에서는 부모가 자녀를 지나치게 통제하여

---
48) 상한 마음을 치유하는 기도, 마크 버클러, 패티 버클러 공저, 순전한나드, 2010, p. 60

서로 솔 타이가 심하게 되며, 결혼 후에도 자녀들이 부모를 떠나지 못하여 자신의 인생을 살지 못한다. 이로 인해 부부 갈등, 고부 갈등, 이혼 등의 상처를 남기게 된다."[49]

권위자의 억압과 통제를 통하여 솔 타이가 맺어진 대표적인 경우가 '마마보이'다. 마마보이는 어머니와 강력하게 혼이 묶여 있다. 이 때문에 결혼을 한 후에도 어머니의 뜻에 따라서 생활한다. 그 결과 결혼생활이 어렵거나 가정이 파탄 난다. 악령이 그 속에서 활동하기 때문에 이런 불행이 일어나는 것이다.

(3) 나쁜 친구(동료)를 통하여 솔 타이가 맺어진다

나쁜 친구(동료)들에게 왕따를 당하지 않기 위하여 그들을 가까이하다가 솔 타이가 맺어져서 스스로 고통을 당하거나 이웃을 힘들게 하는 사람들이 많다. 이를 스톡홀름 증후군(Stockholm Syndrom)이라고 한다.

(4) 죽은 사람을 지나치게 슬퍼하다가 솔 타이가 맺어진다

사랑하는 사람이 죽었을 때 슬퍼하는 것은 인지상정이다. 문제는 지나치게 슬퍼하다가 죽은 사람과 솔 타이가 맺어져서 스스로 고통을 당하거나 이웃을 힘들게 하는 것이다.

---

49) 조상의 우상숭배와 신비술(神秘術)이 子孫에게 미치는 영향력에 관한 硏究, 김종주, 2010년, 철학박사학위논문, p. 112

어떤 사람은 죽은 어머니를 지나치게 슬퍼하다가 죽은 어머니와 솔 타이가 맺어져서 죽은 어머니만 생각하면 저절로 눈물이 나고, 일이 손에 잡히지 않는다. 어떤 사람은 죽은 가족의 유품을 보관해 놓고, 그 유품을 볼 때마다 슬픔에 잠기기도 한다. 이런 사람들은 반드시 죽은 사람과 맺어진 솔 타이를 끊어야 한다.

🌱 필자의 아내의 사례

아내는 열일곱 살 때 어머니를 잃었다. 어머니가 세상을 떠났을 때 아내는 크게 슬퍼하지 않았다. 어머니가 우상숭배와 병치레를 많이 해서 어머니와 함께 사는 것이 힘들었기 때문이다. 또한 어머니가 세상을 떠나기 직전에 예수님을 믿었기 때문에 다소 위안이 되었다.

그런데 아내는 결혼한 이후부터 이상하게도 늘 어머니를 그리워하고, 불효에 대한 죄책감에 시달렸다. 심지어 "어머니가 살아 계신다면 어머니와 살고 싶다"는 말까지 했다.

간혹 아내의 꿈에 어머니가 나타났다. 언제나 무표정하고 냉정한 모습이었다.

아내는 양촌힐링센터에 와서야 자신이 죽은 어머니와 솔 타이가 된 것을 알게 되었다. 죽은 어머니를 너무 그리워하니까 귀신이 어머니를 가장해서 수십 년을 자신의 마음에 살면서 연민과 죄책감이 들게 하여 자신을 괴롭힌 것을 깨달았다.

아내는 귀신에게 속은 것이 너무나 분하고 억울해서 소리소리 지르며 악령을 추방했다.

"이 더러운 귀신아, 너는 우리 엄마가 아니야! 예수의 이름으로 명하노니 당장 내 속에서 떠나가! 그동안 속은 것이 너무나 억울하다! 우리 엄마는 지금 천국에 계셔! 다시는 안 속아! 빨리 사라져!"

아내는 그 이후부터 죽은 어머니 때문에 고통받지 않았다. 지금까지 어머니가 꿈속에 나타나지 않고 있다.

(5) 자신의 '띠'를 맹신하다가 솔 타이가 맺어진다

"나는 말띠라서 팔자가 드세다", "나는 호랑이띠라서 팔자가 사납다" …… 이렇게 믿어서 불행하게 된 사람들도 있다. 이 모두가 띠의 동물과 솔 타이가 된 증거다. 이에 관한 김종주 원장의 설명을 들어보자.

> "나는 솔 타이 파쇄사역을 하다가 놀라운 사실 한 가지를 발견하게 되었다. 사람들의 무의식 속에 동물들과 자신을 동일시한다는 것이 발견되었다. 이유는 태어나면서부터 굴레 씌워진 12간지, 즉 '띠' 개념이 뿌리 깊이 박혀 있으며, 자신도 모르게 나는 '용띠'니 '호랑이띠'니 하는 말들이 저절로 나왔기 때문이다. 이것은 '짐승 같은 자아의 기초'를 이루고 있으며, 그래서 짐승과의 솔 타이를 형성하는 데 중요한 동기가 된다는 사실을 알게 되었다."[50]

(6) 정당(학교, 씨족, 교단 등)을 지나치게 사랑하다가 솔 타이가 맺어진다

어떤 사람들은 어떤 정당(학교, 씨족, 교단 등)을 지나치게 사랑

---

50) 조상의 우상숭배와 신비술(神秘術)이 子孫에게 미치는 영향력에 관한 硏究, 김종주, 2010년, 철학박사학위논문, p. 118

하다가 그 정당과 솔 타이가 맺어져서 스스로 고통을 당하거나 다른 사람들을 고통스럽게 만든다.

한국의 어떤 지역에 사는 사람들 중에는 자신이 좋아하는 정당을 무조건 지지하여 국론을 분열시키거나 당파싸움을 하는 사람들이 많다.

북한 사람들 중에는 북한 공산당(최고지도자들)과 솔 타이가 되어서 스스로 고통을 당하거나 다른 사람들을 고통스럽게 만드는 사람들이 많다.

기독교인 중에는 교단, 또는 교회를 지나치게 사랑하다가 그 교단이나 교회와 솔 타이가 맺어져서 스스로 고통을 당하거나 다른 사람들을 고통스럽게 만드는 사람들이 있다.

(7) 동물을 지나치게 사랑하다가 솔 타이가 맺어진다

모든 솔 타이 중에서 가장 해로운 것이 동물과의 솔 타이다. 이것이 정신적, 육체적으로 가장 크게 사람을 해치기 때문이다. 그래서 하나님께서 사람이 동물을 지나치게 사랑하는 것을 철저하게 금하신 것이다.

(출 22:19) 짐승과 행음하는 자는 반드시 죽일지니라

(레 18:23) 너는 짐승과 교합하여 자기를 더럽히지 말며 여자는 짐승 앞에 서서 그것과 교접하지 말라 이는 문란한 일이니라

(레 20:15-16) 남자가 짐승과 교합하면 반드시 죽이고 너희는 그 짐승도 죽

일 것이며 여자가 짐승에게 가까이하여 교합하면 너는 여자와 짐승을 죽이되 그들을 반드시 죽일지니 그들의 피가 자기들에게로 돌아가리라

안타깝게도 요즘은 동물을 방 안에서 키우다가 동물과 솔 타이가 맺어져서 스스로 고통을 당하거나 이웃을 힘들게 하는 사람들이 점점 더 늘어나는 추세에 있다.

동물 중에서도 특히 개와 솔 타이가 되어서 고통을 받는 사람들이 있다. 이들은 개를 집에 두고 멀리 갈 수 없어서 여행을 포기하거나 개를 위하여 지나친 돈을 쓰기도 하고, 가족들보다 개를 더 사랑해서 가정파탄을 일으키기도 한다. 간혹 고양이, 또는 다른 동물과 솔 타이가 맺어진 경우도 있다. 불행하게도 그들은 지나치게 동물을 사랑하는 것이 하나님의 저주를 받는 무서운 죄인 것을 전혀 깨닫지 못하고 있다.

동물이 사람을 미혹할 수 있는 것은 귀신이 동물에게 들어가서 조종할 수 있기 때문이다. 이것은 성경에 분명히 기록되어 있는 사실이다.

(마 8:31-32) 귀신들이 예수께 간구하여 이르되 만일 우리를 쫓아내시려면 돼지 떼에 들여보내 주소서 하니 그들에게 가라 하시니 귀신들이 나와서 돼지에게로 들어가는지라 온 떼가 비탈로 내리달아 바다에 들어가서 물에서 몰사하거늘

귀신들은 대부분의 사람들이 동물 속에 귀신이 들어가서 사람을 미혹할 수 있는 것을 모르는 것을 잘 알고 있다. 또한 귀신들은 사람이 동물을 지나치게 사랑할 때(하나님이 허용하신 범위를 벗어나

서 사랑할 때) 합법적으로(하나님의 허락을 받아서) 사람 속에 침투할 수 있는 것도 잘 알고 있다. 더 나아가 사람이 동물을 지나치게 사랑하면 인간관계가 깨지고, 음란하게 되고, 인간성이 파괴되는 것을 잘 알고 있다. 또한 사람이 하나님보다 동물을 더 사랑하게 만들어서 하나님의 미움을 받게 만들 수 있는 것도 잘 알고 있다. 이 때문에 귀신들이 적극적으로 애완동물에게 들어가서 사람들을 미혹하게 만드는 것이다.

장요한 목사와 정남희 사모가 저술한 『짐승과의 혼적인 솔 타이(Soul-Tie)의 파쇄』에 수록된 내용은 충분히 있을 수 있는 얘기다.

"대전에 사는 어느 사모님과 교회 권사님이 심방을 가고 있었는데 어른 손바닥만 한 작은 애완견이 졸졸 쫓아오더라고 했다. 두 분이 예쁘다는 마음이 들어서 쳐다보는데 작은 개가 '멍멍' 하며 앙칼지게 짖더라고……. 평소 영의 귀가 열려 있는 권사님의 귀에 통변이 되기 시작했는데 깜짝 놀랄 소리였다.
'마지막 시대에 내가 인간들의 마음을 사로잡을 것이다!'
이 사건이 있은 지 6개월 후, 사모님이 집에서 키우던 애완견과 솔 타이가 되어 있어서 치유를 받았다."[51]

야한 옷을 입은 창녀가 남성들을 유혹하고, 남창이 달콤한 말로 여성들을 미혹하는 이유는 그들 속에 음란의 영이 들어 있기 때문이다. 이와 똑같이 애완동물 속에도 음란의 영이 침투해 있다. 동물

---

51) 짐승과의 혼적인 솔 타이의 파쇄, 장요한, 정남희 공저, 치유와 영성, 2008년, p. 60

이 귀엽고 예쁜 모습으로 사람을 유혹하는 것은 그 속에 들어 있는 악령이 그렇게 조종하는 것이다. 어리석은 사람들이 이것을 깨닫지 못하기 때문에 동물 속에서 역사하는 귀신들의 미혹에 빠져서 동물을 지나치게 사랑하는 것이다. 그 결과 자신을 망치는 것은 물론 다른 사람들도 해치고, 결국에는 하나님의 일을 망치는 것이다! 참으로 통탄스러운 일이 아닐 수 없다!

이 밖에도 여러 가지 원인에 의하여 솔 타이가 맺어진다. 이에 관한 김종주 원장의 설명을 들어 보자.

"1) 비슷한 생각이나 마음을 가질 때 솔 타이가 생긴다.
2) 나쁜 일을 공모할 때 공모자 사이에 솔 타이가 생긴다.
3) 어떤 사람과 이념, 사상을 공유할 때 생긴다. 공산주의, 사회주의 등의 이념에 동조할 때 어떤 신학 사조나 성향을 따를 때 솔 타이가 생긴다.
4) 어떤 사람을 인간적으로 좋아하고 따를 때 솔 타이가 생긴다(영화배우, 스포츠맨, 가수, 정치인 등).
5) 어떤 사람을 미워하거나 증오할 때 솔 타이가 생긴다.
6) 오랫동안 같이 교제했을 경우에도 솔 타이가 생긴다.
7) 물건이나 동물과도 솔 타이가 생긴다(동물의 생피를 먹은 경우, 생명이 피에 있기 때문에 솔 타이가 형성된다)."[52]

---

52) 조상의 우상숭배와 신비술(神秘術)이 子孫에게 미치는 영향력에 관한 硏究, 김종주, 2010년, 철학박사학위논문, p. 114

2) 솔 타이의 해악

솔 타이를 맺은 사람은 자신이 해를 받는 것은 물론 다른 사람들에게도 많은 해를 끼친다. 그중에서 중요한 것을 몇 가지 소개하겠다.

(1) 솔 타이를 맺은 사람은 악령에게 사로잡힌다

장요한 목사와 정남희 사모는 솔 타이를 맺은 사람에게 악령이 침투하여 그를 죄짓게 만드는 이유를 다음과 같이 설명했다.

> "불경건한 혼의 묶임에는 반드시 다른 한쪽에서 통제하려 들거나 지배하고 조종하는 상태에 빠지게 된다. 사탄은 불경건한 솔 타이를 좋아하며, 이로 인해 합법적으로 거주할 발판을 굳힌다."[53]

🌱 내담자 사례

그는 다른 것으로는 아내와 별문제가 없는데, 아내가 잠자리를 거부하는 것으로 오랫동안 고통을 받고 있었다. 필자는 그의 삶을 점검하는 과정에서 그의 아내가 수년 전부터 방 안에서 강아지를 키우는 것을 알 수 있었다. 그에게 물었다.

"혹시 부인이 ○○○ 님보다 강아지를 더 좋아하지 않나요?"

그는 눈을 동그랗게 뜨면서 큰 소리로 말했다.

"맞습니다! 우리 집사람은 저보다 개를 더 좋아합니다. 제가 며

---

53) 짐승과의 혼적인 솔 타이의 파쇄, 장요한, 정남희 공저, 치유와 영성, 2008년, p. 17

칠 동안 출장을 갔다가 집에 오면 아내는 저를 대충 맞이하면서도 강아지를 보면 얼마나 좋아하는지 모릅니다. 저는 정말 그놈의 강아지가 밉습니다."

그의 아내가 강아지와 솔 타이가 되어 있고, 그녀 속에 음란의 영이 역사하기 때문에 음란의 영이 그녀의 마음에 남편이 들어갈 자리가 없게 만드는 것이다. 그래서 그녀가 남편에게는 시큰둥하고 강아지만 좋아하는 것이다. 이런 사람과 가정을 이루면 불행하게 살 수밖에 없다.

❧ 개와 솔 타이가 된 자매의 간증문

"내가 중학교 2학년 때 남동생과 함께 현관 앞 계단에 앉아 있는데, 애완용 수캐가 나의 안쪽 다리에 교미하는 행동을 보였다. 나는 묘한 감정을 느끼며 수치스럽기도 하여 '저리 가!' 하며 개를 쫓았다. 곧 다시 그 개는 돌아왔다. 남동생의 다리를 대 주었으나 아무 일이 없었고, 다시 그 개는 나에게 와서 교미하려는 듯했다. 그 후에 나는 애완용 개와 같이 방에서 자고, 쓰다듬고, 뽀뽀도 해 주며 개를 예뻐했다. 그 후 인터넷을 통하여 백인 여자가 큰 개와 수간하는 모습을 보았을 때 나는 성적 흥분과 개의 성기가 나에게 삽입되는 것을 느꼈다. 이후 나는 기도할 때마다 의식 속에서 짐승들의 교미 모습이 생각났으며, 더 심각한 것은 기도 중에 주님이 좋아 포옹하게 되면 주님의 성기가 발기되어 나에게 삽입하려는 모습이 보여 끔찍한 죄책감에 사로잡혀 나를 성결치 못한 여자로 자학하였다. 개와의 솔 타이로 나에게는 조상의 우상숭배와 함께 음란의 영이 들어와 습관적인 죄를 범하게 했다. 그러나 주님이 회복의 기회를 주셔서 개와의 솔 타이를 끊는 치유의 시간을 기다리며, 나의 죄를 대중 앞에 고백하고, 가슴을 찢는 회개를 하였다. 심한 구역질을 3회 하고 난 후 나의 속은 후련하였고, 머리의 멍함과 눈의 침침함도 치유되었다."54)

이처럼 지나치게 동물을 사랑하는 사람에게는 반드시 동물 속에서 역사하던 악령이 침투한다. 음란의 영, 가난의 영, 죽음의 영이 모두 들어간다. 이 때문에 동물과 솔 타이가 된 사람들이 음란한 생활을 하기도 하고, 가난에 시달리기도 하고, 공격적이 되기도 하고, 자살 충동을 느끼기도 하고, 자살에 이르기도 하고, 동물에게 직접적인 피해를 당하기도 하는 것이다!

(2) 솔 타이를 맺은 사람은 인간관계를 파괴한다

애완동물을 키우는 미혼 남녀들 중에는 결혼의 필요성을 느끼지 않는 사람들이 많다. 애완동물이 배우자의 역할을 해 주기 때문이다. 이런 사람들은 결혼 시기를 놓쳐서 고통을 당하기도 하고, 아예 결혼하지 않기도 하고, 결혼을 해도 부부 사이가 원만하지 못하기도 하고, 부부 갈등을 극복하지 못해서 이혼하기도 한다. 이에 관한 장요한 목사와 정남희 사모의 설명을 보자.

"KBS TV 프로그램 「대한민국의 퍼센트(%)」에서 실시한 30대 이상 미혼 여성 응답자의 14.2%가 '남자보다 애완동물이 좋다'고 응

---

54) 짐승과의 흔적인 솔 타이의 파쇄, 장요한, 정남희 공저, 치유와 영성, 2008년, pp. 111-113

답했다. 최지용 서라벌대 반려동물 보건학부 교수는 '여성은 반려동물을 자신의 분신이나 자식으로 여기며 헌신하는 경향이 있는데, 젊은 여성의 경우 동물에게서 모성애가 충족되면 결혼에 대한 욕망이 감소하거나 결혼해도 아이를 갖지 않는 딩크족이 될 확률이 높아진다'고 했다."[55]

(3) 동물과 솔 타이를 맺은 사람은 질병을 옮기는 죄를 짓기 쉽다

사람들이 가장 많이 키우는 개는 전염병을 옮기는 주범이기도 하다. 이에 관한 장요한 목사와 정남희 사모의 설명을 보자.

> "개와 개의 배설물은 65가지가 넘는 질병을 사람에게 옮기며, 어린이나 천성이 예민한 사람들은 얘기를 듣기만 해도 머리털이 곤두설 정도로 무서운 질병, 예를 들면 공수병, 결핵, 히스토플라스마즘, 로키산열 등도 포함된다. 생물학자 레이먼드 코핑커의 주장에 의하면 개는 남아메리카와 아프리카, 아시아 등지에서 쓰레기 처리기 역할을 해 왔는데, 개의 입이나 콧구멍 안에는 기생충이 있고, 또한 '개 코가 항상 촉촉한 것은 전염성이 강한 병균이 있으므로 만져서는 안 된다'는 견해도 있다."[56]

개뿐만 아니라 고양이도 많은 질병을 옮긴다. 다른 동물들도 마찬가지다. 애완동물을 키우는 사람들도 이것을 잘 안다. 이 때문에

---

55) 짐승과의 혼적인 솔 타이의 파쇄, 장요한, 정남희 공저, 치유와 영성, 2008년, p. 50
56) 짐승과의 혼적인 솔 타이의 파쇄, 장요한, 정남희 공저, 치유와 영성, 2008년, p. 57

그들은 애완동물을 씻기고 예방주사를 놓는 등의 조치를 취한다. 하지만 그럼에도 불구하고 애완동물이 옮기는 질병을 모두 차단할 수는 없다.

방 안은 따듯해서 세균이 번식하기 쉽다. 방 안에서 키우는 애완동물을 조금이라도 소홀하게 관리하면 애완동물에게 세균이 번식할 수밖에 없다. 이 때문에 방 안에서 애완동물을 키우는 사람들은 본의 아니게 애완동물에게 있는 질병을 자신과 다른 사람에게 옮기는 죄를 짓기 쉬운 것이다.

애완동물을 키우는 사람들은 건강이 좋지 않은 경우가 많다. 자신도 모르는 사이에 애완동물이 가진 세균에 감염되기 때문이다.

(4) 솔 타이를 맺은 사람은 하나님보다 솔 타이를 맺은 대상을 더 사랑하는 죄를 짓는다

하나님은 하나님보다 더 사랑하는 것은 무엇이든지 우상으로 취급하신다. 하나님은 우상을 숭배하는 자들에게 진노하신다. 그런데도 솔 타이를 맺은 사람들은 하나님보다 솔 타이를 맺은 대상을 더 사랑하는 죄를 짓는다. 안타깝게도 대부분의 사람들이 이것을 모르기 때문에 솔 타이를 끊지 못하는 것이다.

❦ 이중표 목사의 사례

이중표 목사는 『나는 매일 죽는다』는 설교집에서 자신이 개와 솔 타이가 되었던 일을 고백했다.

이 목사가 농촌교회를 섬기던 시절이었다. 그의 부부는 결혼 후 7년 동안 아기가 없었다. 그래서 강아지를 한 마리 키우게 되었다.

이름은 '해피'였다. 그는 해피를 자식처럼 사랑했다. 매일 목욕을 시켰고, 밤에 데리고 자는 것을 예사로 했다. 그러자 목회가 흔들렸다. 새벽기도를 할 때면 해피의 모습이 아른거려서 기도가 되지 않을 정도였다.

목사가 해피를 좋아하자 교인들도 해피를 좋아했다. 어떤 교인은 해피를 업어 주었고, 어떤 교인은 해피에게 소고기를 사다 주었다.

어느 해 겨울이었다. 이 목사는 교인들에게서 감색 양복을 선물 받았다. 농사짓는 교인들이 힘들게 번 돈으로 마련해 준 귀한 옷이었다. 그런데 그가 어느 날 그 옷을 입고 심방을 갔다 집으로 오는데, 흙탕물에서 놀던 해피가 뛰어와서 그의 품에 안겼다. 순식간에 양복이 흙투성이가 되었다. 그 순간 화가 머리끝까지 난 이 목사는 자기도 모르는 사이에 강아지를 발로 걷어차 버렸다. 그때부터 해피는 먹지 않은 채로 아프기 시작했다. 가축병원에 데리고 가니까 골병이 들어 있었는데, 콜레라까지 걸려 있었다. 그는 해피를 위하여 그냥 기도하는 것도 모자라서 안수기도까지 했다. 눈물도 흘렸다. 그러나 결국 해피는 죽고 말았다.

이 목사는 마음을 추스를 길이 없어서 교회당에 가서 엎드렸다. 눈물이 비 오듯이 흘러내렸다. 그때 그의 마음에 주님의 감동이 왔다.

"종아, 네가 나를 사랑하느냐?"

"그렇습니다.

"너는 내 양들을 위하여 소고기를 사다 먹인 일이 있느냐?"

"별로 없는데요, 주님."

"너는 내 양들이 아플 때 울면서 기도하기를 얼마나 했느냐?"

"별로 하지 않았습니다."

"너는 개 목자다! 너는 내 목자가 아니고, 개 목자다!"

그제야 이 목사는 해피가 자신의 우상이었던 것을 깨달았다. 그는 펑펑 울면서 회개했다.[57]

불행하게도 이 세상에는 동물들과의 솔 타이가 무서운 해악을 끼치는 것을 모르는 사람들이 너무나 많다. 이 때문에 사람들이 헐벗고 굶주리는데도 애완동물을 사람보다 더 잘 먹이고, 더 잘 입히고, 성대한 장례식을 치르는 죄악이 저질러지고 있다.

사람들의 지나친 강아지 사랑 때문에 '애견사망증후군'이란 신종질병까지 생겼다. 이에 관하여 김영화 서울 강동소아정신과의원 원장이 『한국일보』에 기고한 내용의 일부를 보자.

> "핵가족화로 혼자 사는 사람이 급속히 늘고 있다. 이들 중 상당수가 사람보다 애완동물과 관계를 맺고 정신적 안정을 구하려는 경향을 보인다. 애완동물과 정서적 유대는 갈수록 깊어져 인생을 함께 산다는 의미의 반려동물, 동거동물이라고 부르기도 한다. 최근에는 애완견을 갑자기 잃고 반려자를 잃은 듯 스트레스 증상을 호소하며 정신과를 찾는 사람이 늘고 있다. (중략)
> 개나 고양이를 키우던 사람이 애완동물을 갑자기 잃으면 가족의 죽음을 당한 듯 큰 슬픔에 빠진다. 이 슬픔이 심해지면 '애견사망증후군'이라고 부를 정도에 이르기도 한다. 아이들뿐 아니라 어른들도 애완견을 잃고 마음에 큰 상처를 입은 끝에 정신과를 찾고 있다."[58]

---

57) 짐승과의 혼적인 솔 타이의 파쇄, 장요한, 정남희 공저, 치유와 영성, 2008년, pp. 103-104
58) http://blog.naver.com/expert98011/137635706

(5) 솔 타이를 맺은 사람은 솔 타이가 된 대상을 닮는 죄를 짓는다

폭력적인 아버지를 미워하다가 아버지와 솔 타이가 맺어진 사람은 자신도 모르게 아버지처럼 폭력적인 사람이 되는 피해를 입는다. 동물들과 솔 타이가 맺어진 사람은 자신도 모르게 그 동물을 닮아서 동물적인 행동을 하는 피해를 입는다.

장요한 목사와 정남희 사모는 학자들이 애완동물과 주인이 닮아가는 것을 연구한 자료를 소개했다.

> "애완동물과 주인도 부부 사이처럼 시간이 지날수록 서로 닮아 간다는 연구 결과가 나왔다. 영국 하트퍼드셔 대학교 연구팀의 리처드 와이즈먼 교수는 '2,500명을 대상으로 설문조사를 실시한 결과 많은 사람이 자신이 키우는 애완동물과 공통적인 특색을 가지고 있었으며, 주인과 애완동물과 함께한 시간이 길수록 공통점도 많아진다'고 연구 결과를 밝혔다."[59]

이 모두가 애완동물과 솔 타이가 된 사람들이 악령들에게 사로잡혀 있기 때문에 발생하는 비극이다. 하지만 불행하게도 불신자는 물론 대부분의 성도조차도 솔 타이의 해악을 전혀 모르고 있다. 필자도 이 사실을 양촌힐링센터에 와서야 알았다. 이 때문에 많은 성도가 속수무책으로 악령들에게 이용을 당하고 있는 것이다. 그러므로 솔 타이는 반드시 파쇄해야 한다.

---

[59] 짐승과의 흔적인 솔 타이의 파쇄, 장요한, 정남희 공저, 치유와 영성, 2008년, p. 49

야곱은 솔 타이를 끊어야 하나님의 은혜를 받을 수 있는 것을 본보기로 보여 준 사람이다. 그가 솔 타이가 맺어진 베냐민을 잃을 각오를 하고 베냐민을 애굽으로 보냈을 때 하나님은 그에게 살길을 열어 주셨다.

(창 43:13-14) 네 아우도 데리고 떠나 다시 그 사람에게로 가라 전능하신 하나님께서 그 사람 앞에서 너희에게 은혜를 베푸사 그 사람으로 너희 다른 형제와 베냐민을 돌려보내게 하시기를 원하노라 내가 자식을 잃게 되면 잃으리로다

야곱이 베냐민을 잃을 각오를 하고 애굽으로 보낼 때 베냐민과의 솔 타이가 끊어졌다. 그러자 하나님은 야곱이 요셉을 만나는 은혜를 베풀어 주셨다. 이처럼 하나님은 솔 타이를 끊는 사람에게 은혜를 베풀어 주신다.

솔 타이는 아래와 같은 방법으로 끊을 수 있다.

- 지나치게 사랑하는 애완동물을 즉시 처분한다. 애완동물을 일반동물로 키우는 사람에게 주거나 안락사를 시키면 된다.
- 솔 타이가 된 대상을 하나님보다 더 사랑한 죄를 자백한다.
- 하나님께 솔 타이를 파쇄하여 주시기를 호소한다.
- 예수님의 이름으로 솔 타이의 파쇄를 명령한다.
- 솔 타이로 인하여 몸속에 침투한 악령을 추방한다.
- 성령세례, 또는 성령충만을 받는다.

■ 사람과 맺어진 솔 타이를 파쇄하는 기도

"주님! 제가 ○○○와 솔 타이가 맺어진 것을 고백합니다. 하나님보다 ○○○를 더 사랑한 죄를 용서해 주시옵소서. 이 시간에 예수님의 보혈을 청구하오니 제 몸에 주님의 보혈을 가득히 부어 주옵소서.

저는 ○○○가 저에게 행사한 모든 비정상적인 조종, 지배, 통제를 파쇄하기로 결심합니다. 저의 의지적 결단으로 모든 혼의 묶임에서 저를 풀어놓습니다. 이제 저는 저의 몸을 주님께 산 제물로 바칩니다. 앞으로 주님을 온전히 따르고, 주님처럼 거룩하게 살기를 힘쓰겠습니다. 예수님의 이름으로 기도합니다. 아멘!"

■ 동물과 맺어진 솔 타이를 파쇄하는 기도

"주님, 저는 ○○○와 혼의 묶임이 있음을 고백합니다. 하나님보다 ○○○를 더 사랑한 죄를 용서해 주시옵소서. 이 시간에 예수님의 보혈을 청구하오니 제 몸에 주님의 보혈을 가득히 부어 주옵소서.

주님! 무너진 저의 혼을 회복시켜 주시고, 거룩하게 해 주시옵소서. 저의 몸과 마음을 하나님께 의의 병기로 드립니다. 저를 온전히 다스려 주시옵소서. 예수님의 이름으로 기도드립니다. 아멘!"

| 참고 |

축사 경험이 없는 성도들은 솔 타이로 인하여 침투한 악령들을 스스로 축사하는 것이 쉽지 않을 것이다. 이런 성도는 전인치유사역자의 도움을 받는 것이 좋다.

■ 동물과 맺어진 솔 타이를 파쇄하는 명령

"○○○와 혼의 묶임으로 형성된 사단의 견고한 진을 예수 이름으로 파쇄한다. 내 속에 있는 솔 타이는 완전히 파쇄될지어다! 파쇄될지어다! 파쇄될지어다!"

■ 솔 타이를 통하여 침투한 악령들을 추방하는 명령

"예수님의 이름으로 명하노니 솔 타이를 통하여 내 몸에 침투한 악령들은 지금 즉시 예수님의 발 앞으로 갈지어다! 악하고 더러운 영들아! 내가 예수님의 이름으로 너희를 저주한다. 지금 즉시 예수님의 발 앞으로 갈지어다! 내 몸은 하나님의 성전이다. 악하고 더러운 영들아! 예수님의 이름으로 명하노니 지금 즉시 예수님의 발 앞으로 갈지어다!"

하나님이 용서해 주실 때까지 회개를 계속해야 하는 것처럼, 솔 타이를 파쇄하는 명령과 기도는 솔 타이가 끊어질 때까지(하나님이 솔 타이를 끊어 주실 때까지) 반복해서 해야 한다.

■ 전인치유를 목회에 접목하는 방법

첫째, 사람들이 모르게 보혈을 뿌리거나 예수님의 이름을 사용하여 축사할 수 있다.

둘째, 자원하는 성도에 한하여 목회자가 직접 치유사역을 해 줄 수 있다. 이 방법은 내담자가 치유를 받은 후에 부끄러움을 느껴서 교회를 옮길 수 있기 때문에 신중하게 사용해야 한다.

셋째, 전인치유가 필요한 성도를 전인치유센터에 보내서 치유를 받게 해 줄 수 있다.

❦ 교회 사례

그 교회는 1천여 명이 모인다. 그 교회의 목회자는 자신이 전인치유를 받은 이후부터 성도들을 선발해서 양촌힐링센터에 보내고 있다. 현재까지 치유를 받은 성도가 200명이 넘는다. 전인치유를 받은 성도들의 삶과 가정이 획기적으로 변했을 뿐만 아니라 교회의 분위기도 크게 변하여 목회에 큰 도움을 받고 있다. 수십 년을 신앙생활을 했는데도 변하지 않던 성도가 치유를 통하여 획기적으로 변하기 때문이다.

세 번째 방법이 목회에 가장 큰 도움을 주는 것이 사실이지만 상황에 따라서 다른 방법도 사용할 수 있다.

16. 성경의 치유에 관한 두 가지 중대한 오해

병원의 치료법이 여러 가지인 것처럼 기독교의 치유법도 여러 가지다. 하지만 안타깝게도 어떤 목회자들과 성도들은 자기들의 치유법 이외의 모든 기독교 치유법을 무시하거나 정죄한다.

1) 어떤 이들은 "오직 성경으로 상담하여 치유해야 한다"고 주장한다

'오직 성경으로 상담하여 치유해야 한다'고 주장하는 이들을 일컬어서 '성경적 상담가'라고 한다. 그들은 자기들의 치유법 이외의 모든 기독교적 심리치유법을 무시하거나 정죄한다.

성경은 예수님만이 구주(救主)이신 것, 오직 믿음으로 영혼 구원을 받는 것, 하나님이 유일한 참 신(神)이신 것을 가르친다. 이 때문에 '배타적' 또는 '독선적'이란 평가를 받으면서도 우리가 "오직 예수님만이 구주"라고 증언하는 것이고, "오직 믿음으로 영혼 구원을 받는다"고 선언하는 것이고, "오직 하나님만이 참 신"이라고 선포하는 것이다.

하지만 성경은 모든 진리를 가르쳐 주는 책이 아니다. 다시 말해서 성경은 백과사전이 아니다. 성경에 기록되지 않은 진리, 특히 성경이 기록된 후에 발견된 진리가 많다. 그런데도 어떤 목회자들과 성도들은 성경을 모든 진리를 가르쳐 주는 책으로 오해한다.

중세 시대의 교황청 지도자들이 성경을 모든 진리를 가르쳐 주는 책으로 오해한 것은 유명하다. 특히 그들은 성경을 유일한 과학서로 오해했다. 그들은 성경이 '해가 뜬다' 또는 '해가 진다'고 문학적으로 표현한 것을 과학적 표현인 것으로 착각했다. 그 결과 교황청 지도자들 대부분은 천동설을 진리로 굳게 믿어서 지동설을 주장한 코페르니쿠스를 정죄하여 그의 책을 금서로 지정했다. 그 후에 그들은 갈릴레이를 위협하여 그가 지동설을 포기하게 만들었다.

불행하게도 오늘날 기독교 상담학계의 일부에서 중세 시대에 교황청 지도자들이 저질렀던 것과 비슷한 과오가 저질러지고 있다. 그들을 '성경적 상담가'라 한다.

성경은 유일한 치유론 교과서가 아니다. 그런데도 '성경적 상담가들'은 "기독교인은 오직 성경으로만 권면하여 치유해야 한다"고 주장한다. 그들은 성경에 기록되지 않은 심리치료법을 모두 거부하거나 전부 정죄한다.

성경적상담교육원 원장인 손경환 목사의 주장을 보자.

"이 책의 목적은 성경에 약속된 '모든 성경은 하나님의 감동으로 된 것으로 교훈과 책망과 바르게 함과 의로 교육하기에 유익하니 이는 하나님의 사람으로 온전하게 하며 모든 선한 일을 행할 능력을 갖추게 하려 함이라'(딤후 3:16-17) 하신 하나님의 말씀을 우리가 알고 그의 말씀의 효능성과 능력을 믿으라고 외치는 나팔수의 역할을 하기 위한 것이다."[60]

"우리가 인생의 문제들을 해결하기 위해 세상의 허탄한 이론들과 심리학적 방법을 찾는 것은 '오직 하나님의 말씀으로만'이라는 성경적 원칙을 저버리는 배신행위인 것을 깨달아야 한다. 세상의 허탄한 이야기나 심리학적 상담은 성경의 원리를 무시한 것이다. 인간의 삶의 문제를 해결하려는 심리치료법(psychotherapy)의 이론과 방법들은 인간의 지혜에서 나온 것이며, 이것을 하나님의 말씀과 통합하려는 '기독교 심리학(Christian psychotherapy)'은 하나님의 말씀을 왜곡하고, 또 성경을 이단사설로 대치하려는 인간의 노력의 산물이다."[61]

결론부터 말하면 성경적 상담가들은 디모데후서 3장 16절을 잘못 깨달아서 "오직 성경으로만 권면하여 치유해야 한다"고 주장한다.

디모데후서 3장 16절은 "모든 성경은 하나님의 감동으로 되었기 때문에 교훈과 책망과 바르게 함과 의로 교육하기에 유익하다"고 가르친다. 본문은 '모든 성경은 하나님의 감동으로 되었기 때문에 교훈과 책망과 바르게 함과 의로 교육하기에 유익한 책인 것'을 가르치는 말씀이지, '기독교인은 오직 성경만으로 살아야 할 것', 또

---

60) 왜 성경적 상담인가?, 손경환, 미션월드라이브러리, 2011년, pp. 19-20
61) 왜 성경적 상담인가?, 손경환, 미션월드라이브러리, 2011년, pp. 20-21

는 '기독교인은 오직 성경만으로 치유해야 할 것'을 가르치는 말씀이 아니다.

예전에도 그랬지만 지금도 오직 성경만으로 치유하거나 오직 성경만으로 치유를 받은 기독교인은 거의 없다. 심지어 '성경적 상담'을 주장하는 목회자들도 오직 성경만으로 상담하여 치유하지 않는다. 그들도 내담자의 병이 위중하면 성경이 전혀 가르친 바 없는 병원치료를 받게 한다. 그런데도 성경적 상담가들은 "기독교인은 오직 성경만으로 상담하여 치유해야 하고, 기독교인은 그런 치유만 받아야 한다"고 주장한다. 이 얼마나 어이없는 모순이란 말인가!

물론 성경은 상담의 기본을 가르친다. 그러므로 기독교 상담가는 반드시 성경에 근거한 상담을 시행해야 한다. 기독교 상담가는 어떤 경우에도 성경을 위배한 내용으로 상담하면 안 된다. 그럼에도 불구하고 성경의 가르침이 상담 내용의 전부가 되어야 하는 것은 아니다. 성경의 가르침으로 치유가 안 될 경우에는 성경을 위반하지 않는 한도 내에서 일반치유법을 이용해도 된다. 성경이 유일한 상담 교과서가 아니기 때문이고, 일반치유법은 성경이 기록된 이후에 발견된 것이기 때문이며, 심리학자들과 의사들이 일반치유법을 많이 연구했기 때문이고, 일반치유법들 중에는 하나님의 뜻에 맞는 것이 있기 때문이다. 이것은 육체치유에 관한 성경의 가르침을 살펴보면 더욱 분명하게 이해할 수 있다.

성경은 다음와 같은 육체치유법을 가르친다.

- 기도로 치유하라(약 5:16).
- 안수로 치유하라(막 16:18).
- 축사(逐邪)로 치유하라(막 16:17).
- 포도주로 치유하라(딤전 5:23).
- 무화과로 치유하라(왕하 20:7).
- 기름으로 치유하라(약 5:14).

성경에는 아래와 같은 현대적 치유법이 전혀 기록되어 있지 않다.
"페니실린으로 치유하라."
"수술로 치유하라."
"레이저로 치유하라."
"방사선으로 치유하라."
"효소로 치유하라."
"비타민으로 치유하라."
"미네랄로 치유하라."

성경에는 이런 치유법들이 전혀 기록되어 있지 않다. 그러므로 성경적 상담가들의 주장대로 한다면 기독교인들은 절대로 현대의 치유법들을 사용하면 안 된다.

성경적 상담가들은 종교개혁자 마르틴 루터의 '오직 성경으로'란 모토(motto)를 내세운다. 마르틴 루터의 모토는 성경이 유일한 구원 교과서인 점에서는 옳다. 하지만 대부분의 일반진리에 관하여는 옳지 않다. 성경에 일반진리 전체가 기록되어 있지 않기 때문이고, 성경으로 일반진리 전체를 깨달을 수 없기 때문이다.

영혼 구원에 관한 진리는 특수진리다. 오직 성경에만 이 진리가 정확하게 기록되어 있다. 이와 달리 치유에 관한 진리는 일반진리다. 이 진리는 성경에도 조금 기록되어 있지만 일반학자들이 더 많이 알고 있다. 그러므로 영혼 구원에 관한 진리는 오직 성경만으로 깨달아야 하지만, 전인치유에 관한 진리는 성경과 일반학자들의 책을 모두 연구해야 풍부하게 깨달을 수 있다.

물론 성경은 성령의 기적적인 치유를 가르친다. 성령이 강하게 역사하면 기적적으로 불치병이 치유된다. 이럴 때는 상담, 전인치유, 내적치유, 병원치유가 전혀 필요하지 않다.

문제는 성령의 기적이 모든 기독교인에게 나타나지 않고, 항상 나타나지 않는 데 있다. 어떤 때는 성령님이 필요할 경우에만 기적적인 치유의 은사(병 고치는 은사)를 나눠 주시기 때문이다(고전 12:4-11). 그래서 바울 사도가 디모데 목사에게 "네 위장과 자주 나는 병을 위하여는 포도주를 조금씩 쓰라"고 한 것이다(딤전 5:23). 그러므로 우리는 전인치유(또는 내적치유)를 할 때 성경에서 벗어나지 않는 한도 내에서 심리학적 치유 방법과 물리적 치유 방법을 사용할 수 있다. 이것이 지혜로운 일이다.

성경에 기록되어 있지 않은 일반진리들도 엄연한 진리다. 이 사실을 모르거나 부인하는 기독교인들은 생활하는 것이 힘들거나 잘못을 범할 수밖에 없다. 기독교인 과학자가 지동설과 중력을 모르거나 부인하면 과학을 발전시키는 데 큰 지장을 받고, 기독교인 의사가 세균을 모르거나 부인하면 수많은 환자를 죽인다. 그런데도 성경에는 이런 진리가 전혀 설명되어 있지 않다. 성경은 과학서나

의학서가 아니기 때문이다. 그러므로 우리는 성경을 위배하지 않는 한도 내에서 일반진리를 활용해야 한다.

성경적 상담만을 고집하는 사람들도 일반진리가 중요한 것을 잘 알고 있다. 그래서 그들도 성경에 기록되어 있지 않은 일반진리를 배우기 위하여 학교에 간다. 또한 그들의 자녀를 학교에 보낸다.

만일 '기독교인들은 오직 성경만으로 살아야 하는 것'이 성경의 가르침이면 성경적 상담가들은 당연히 학교에 가서 일반진리를 배우지 않아야 하고, 일반 책들도 읽지 않아야 하고, 그들의 자녀들을 학교에 보내지 않아야 한다. 더 나아가 오직 성경과 성경에 관한 책들만 공부해야 한다.

성경적 상담가들이 '오직 성경만 공부해야 하는 것을 몰라서 자신들이 학교에 다녔고, 일반 책들을 읽었다'고 치더라도 최소한 그들의 자녀들은 절대로 학교에 보내면 안 되고, 일반 책도 절대로 읽히면 안 되고, 오직 성경과 성경을 해석한 책만 읽혀야 된다.

하지만 그들은 조금도 주저하지 않고 자녀들을 학교에 보내서 일반지식을 배우게 한다. 그들 중에는 자녀가 일반지식을 배우는 일을 게을리하면 꾸중하는 이들도 있을 것이고, 일반진리를 가르치기 위하여 과외공부를 시키는 이들도 있을 것이다. 그것들을 배우지 않으면 생활이 힘든 것을 잘 알고 있기 때문이다.

"성경의 가르침대로만 치유해야 한다"고 주장하는 사람들이 일반진리를 배워서 활용하는 것은 얼마나 큰 모순인가? 그런데도 성경적 상담가들은 이런 모순을 서슴없이 범한다. 더군다나 그들은 일반진리를 활용하는 기독교 치유사역자들을 정죄하기까지 한다. 이 얼마나 큰 아이러니인가?

물론 일반심리학 가운데는 마귀적인 것들이 있다. 대표적인 것으로 뉴에이지(New Age) 사상을 들 수 있다. 뉴에이지 사상은 기본적으로 하나님과 성경 말씀을 무시하고, 사탄과 귀신들의 힘을 이용하여 사람의 마음을 치유한다. 이 때문에 기독교인들은 뉴에이지 사상을 반드시 멀리해야 한다.

이밖에도 지그문트 프로이트(Sigmund Freud)의 "인간은 본능적 충동, 생리적 충동, 잠재된 욕구에 의하여 지배된다"는 주장과 존 왓슨(John Broadus Watson)의 '생리적, 유전적, 환경적 결정론' 등도 성경의 가르침에 위배된다. 성경이 하나님의 섭리를 가르치기 때문이다. 그러므로 우리는 성경에 위배된 학설들을 단호하게 멀리해야 한다.

그럼에도 불구하고 모든 심리학이 마귀적인 것은 아니다. 예를 들면 심리학자들이 밝혀낸 '마음의 상처, 우울증, 강박관념, 정신분열, 내면 아이' 등은 성경에 기록되어 있지 않지만 전혀 마귀적인 것이 아니다. 다시 말해서 그들이 밝혀낸 '마음의 상처를 치유하기 위하여 내담자의 자존감을 높여 주는 것', '가해자의 대역을 내세워서 내담자를 치유하는 것' 등은 전혀 악한 것이 아니다. 이런 치유법들은 하나님이 과학자들에게 가르쳐 주신 수술법, 지동설, 유전자, 세균, 페니실린 등과 같은 일반진리다. 성경이 백과사전이 아니기 때문에 이런 것들이 성경에 기록되어 있지 않을 뿐이다. 이 때문에 하나님을 믿지 않는 일반인 의사들이 수술로 환자를 고치는 것이고, 과학자들이 지동설로 과학을 발전시키는 것이고, 심리학자들이 심리치료로 환자를 치료하는 것이다. 이것들을 부인하거나 정죄하는 것은 전혀 하나님의 뜻이 아니다. 그러므로 성경적 상담가들이 모든 심리학을 마귀적인 것으로 매도하는 것과, 성경을 위반하지 않는 한도 내에서 심리학을 이용하여 치유하는 기독교 상담가들을 정죄하는 것이 오류일 수밖에 없다.

내담자의 자존감 살리기를 예로 들어서 성경적 상담가들의 오류를 알아보자. 자존감은 자기의 가치를 높이고, 자기의 가치를 강조하는 것이다. 다시 말해서 자신을 소중히 여기는 것이다.
성경적 상담을 주장하는 손경환 목사는 자존감을 높이는 것을 무조건 마귀적인 것으로 정죄한다.

> "자존감(self-esteem)을 높이려는 운동이 사회 전반에 널리 퍼지다 보니 이제는 교회 목회자들이나 교인들이 쉽게 접근할 수 있는 편한 사고방식이 됐을 뿐만 아니라, 교계 전반에 걸쳐 하나의 운동처럼 발전되면서 소위 누구나가 외우는 종교적 주문(呪文)처럼 되어 버렸다. 그러나 이것은 비성경적인 심리이설과 교회 안에 들어온 미혹임을 알아야 한다. 자존감 운동은 사람을 죽이려는 마귀에 의해 시작된 것이다. 즉 마귀가 에덴동산에서 아담과 하와를 유혹해서 그들로 하여금 하나님의 말씀을 거역하고, 하나님과 같이 되라고 했던 거짓말에서 시작된 것이다."[62]

이 주장은 절반은 맞지만 절반은 틀린 주장이다. 그가 "마귀가 에덴동산에서 아담과 하와를 유혹하여 그들로 하여금 하나님의 말씀을 거역하고, '하나님과 같이 되라'고 했던 거짓말에서 자존감이 시작되었다"고 주장하는 것은 옳다. 하지만 자존감을 높이는 것을

---

62) 왜 성경적 상담인가?, 손경환, 미션월드라이브러리, 2011년, pp. 138-139

모두 마귀적인 것으로 취급하는 것은 옳지 않다. 마귀가 자존감을 짓밟아서 무기력해진 사람의 자존감을 살리는 것을 마귀적인 것으로 정죄하는 것은 잘못이기 때문이다.

마귀는 건강한 사람에게는 지나치게 자존감을 높여서 하나님을 대적하도록 유혹하고, 병든 사람에게는 지나치게 자존감을 낮춰서 죽게 만든다. 그러므로 건강한 사람에게는 자존감을 높이는 것이 독이 되지만 병든 사람에게는 자존감을 높이는 것이 약이 된다. 이 때문에 성경의 위인들이 어려움을 당하여 자존감을 잃었을 때 자존감을 높이기 위하여 애쓴 것이고, 하나님도 자존감을 잃은 성도들의 자존감을 높이기 위해 애쓰신 것이다.

> (시 8:4-5) 사람이 무엇이기에 주께서 그를 생각하시며 인자가 무엇이기에 주께서 그를 돌보시나이까 그를 하나님보다 조금 못하게 하시고 영화와 존귀로 관을 씌우셨나이다

> (사 43:3-7) 대저 나는 여호와 네 하나님이요 이스라엘의 거룩한 이요 네 구원자임이라 내가 애굽을 너의 속량물로, 구스와 스바를 너를 대신하여 주었노라 네가 내 눈에 보배롭고 존귀하며 내가 너를 사랑하였은즉 내가 네 대신 사람들을 내어 주며 백성들이 네 생명을 대신하리니 두려워하지 말라 내가 너와 함께하여 네 자손을 동쪽에서부터 오게 하며 서쪽에서부터 너를 모을 것이며 내가 북쪽에게 이르기를 내놓으라 남쪽에게 이르기를 가두어 두지 말라 내 아들들을 먼 곳에서 이끌며 내 딸들을 땅끝에서 오게 하며 내 이름으로 불려지는 모든 자 곧 내가 내 영광을 위하여 창조한 자를 오게 하라 그를 내가 지었고 그를 내가 만들었느니라

다시 강조하겠다. 하나님을 무시하기 위하여 자존감을 높이는 것과 하나님보다 높아지기 위하여 자존감을 높이는 것은 악한 일이다. 하지만 건강 회복을 위하여 자존감을 높이는 것은 선한 일이다.

치유사역을 하다 보면 많은 성도가 마음의 상처 때문에 자존감을 잃어서 큰 고통을 당하는 것을 볼 수 있다. 그들은 자신을 무가치한 사람으로 여긴다. 이 때문에 의욕이 없고, 의타심이 강하고, 자신의 상처를 다른 사람에게 투사하거나 전이한다. 그 결과 자신은 물론 가족에게까지 고통을 준다. 이런 사람들에게는 자존감을 높여 주는 것이 반드시 필요하다. 이런 사람에게 '성도는 하나님의 자녀이므로 존귀한 존재인 것'을 알려주면 놀라운 치유가 일어난다. 그러므로 성경적 상담가들이 "자존감을 높이는 것은 모두 마귀적"이라고 주장하는 것이 오류일 수밖에 없다.

물론 로버트 슐러 목사처럼 인간의 죄를 무시하면서 자존감을 높이는 운동은 성경에 위배되기 때문에 단호하게 거부해야 한다. 하지만 대부분의 목회자는 이런 식으로 자존감을 높이려 하지 않는다. 또한 대부분의 목회자는 "하나님보다 자신을 더 높이라"는 식으로 자존감을 높이려 하지 않는다. 대부분의 목회자는 마음의 상처 때문에 자존감을 잃은 성도에게 "당신은 하나님의 자녀이기 때문에 존귀한 사람"이라고 가르쳐서 자존감을 높이게 만든다. 그런데도 손경환 목사는 이런 경우를 모두 무시하고 무조건 자존감을 높이는 것을 마귀적인 것으로 정죄한다. 이런 오류는 반드시 시정되어야 한다.

성경적 상담가들이 치유를 잘 하지 못하면서 건전한 치유 방법들을 모두 이단시하는 것도 옳지 않다.

대부분의 목회자는 신학교에서 '성경적 상담(또는 권면적 상담)'의 주창자 제이 애덤스(Jay E. Adams)의 '성경적 상담'을 배운다. 그 후에 그것을 교회에 적용한다. 필자 역시 수십 년간 그렇게 했다. 그런데도 성경적 상담을 받은 성도들이 좀처럼 치유가 되지 않았다. 문제가 심각한 성도들은 더욱 치유가 되지 않는다. 치유가 되기는커녕 상태가 더욱 심각해진다.

양촌힐링센터를 찾는 내담자들을 실례(實例)로 설명하겠다.

대부분의 성도는 교회에서 성경적 상담치유를 받다가 지친 후에, 그리고 병을 크게 악화시킨 후에 양촌힐링센터를 찾는다. 그들 대부분은 힐링센터에서 몇 시간 동안(또는 2박 3일 동안) 치유 받은 후에 놀라운 치유를 경험한다. 그리고 그제야 자신이 오랫동안 쓸데없는 고생을 한 것을 깨닫는다. 이 때문에 시간이 가면 갈수록 양촌힐링센터를 찾는 내담자들이 늘어나고 있다. 반면 성경적 상담으로 치유를 받는 내담자들은 점점 줄어들고 있다. 시쳇말로 성경적 상담가들은 파리를 날리고 있는 반면 전인치유사역자(내적치유사역자)들은 즐거운 비명을 지르고 있다! 성경적 상담을 주장하는 이들은 냉철하게 자신을 되돌아볼 필요가 있지 않을까?

성경적 상담을 표방하는 손경환 목사가 주장한 '성경적 상담의 요소'를 살펴보면 성경적 상담가들의 주장에 큰 문제가 있는 것을 알 수 있다. 그는 성경적 상담의 요소를 일곱 가지로 정리했다.

"첫째는 하나님이 중심이라는 것이다. 둘째는 하나님께 전념해야만 인식론적 결과를 가져올 수 있다는 것이다. 셋째는 죄는 어떤 것이든지 상담에서 꼭 다루어야 할 주된 문제라는 것이다. 넷째는 예수 그리스도의 복음이 해답이라는 것이다. 다섯째는 상담에서 목표로 하고 있는 변화는 성화인데 그 성화는 점진적으로 이루어진다는 것이다. 여섯째는 사람들이 당면하는 여러 가지 상황 속에서의 어려움은 삶 속에서 우연히 생긴 문제들이 아니라는 것이다. 일곱째로 상담은 근본적으로 목회사역이며, 교회를 중심으로 이루어져야 한다는 것이다."[63]

이 주장들 중에는 옳은 주장도 있지만 틀린 주장도 있다. 첫째, 둘째, 셋째, 넷째, 여섯째는 맞는 주장이다. 하지만 다섯째와 일곱째는 틀린 주장이다.

성경적 상담가들의 다섯 번째 주장은 "상담에서 목표로 하고 있는 변화는 성화인데 그 성화는 점진적으로 이루어진다"는 것이다. 실상을 말하면 이 주장은 그들이 성경적 상담으로 치유할 때 치유가 거의 일어나지 않는 것과 치유가 매우 느리게 일어나는 것을 감추기 위한 포장일 뿐이다. 성경을 보거나 필자의 전인치유사역의 임상사례를 보면 치유가 제대로 되면 성화가 급격하게 일어나기 때문이다.

성경에 기록된 거라사의 광인을 보라! 예수님이 그의 몸속에 있던 귀신들을 쫓아 버리자, 그는 순식간에 정상인이 되었다.

필자 역시 하루, 또는 2박 3일만 치유해도 내담자가 획기적으로 변하는 것을 수없이 목격했다. 본서에 그런 내담자들의 간증과 치유사례가 많이 수록되어 있다. 그러므로 성경적 상담가들이 "성경

---

63) 왜 성경적 상담인가?, 손경환, 미션월드라이브러리, 2011년, pp. 318-322

적 상담을 해도 오랜 시간이 지나야 변화가 된다"고 주장하는 것은 자기들이 치유사역을 효과적으로 하지 못하는 것을 감추기 위한 구실에 지나지 않는다.

성경적 상담가들이 "상담은 근본적으로 목회사역이며, 교회를 중심으로 이루어져야 한다"고 주장하는 것 역시 바른 주장이 아니다.

상식적으로 생각해 보라. 모든 환자가 집에서 치료가 되면 병원은 문을 닫을 수밖에 없을 것이다. 이처럼 모든 성도가 교회에서 성경적 상담을 받아서 확실한 치유가 일어나면 양촌힐링센터와 같은 전인치유센터는 벌써 문을 닫았을 것이다! 날이 갈수록 전인치유센터에 사람들이 몰리는 것은 성경적 상담을 하는 교회에서 치유가 일어나지 않는 것을 증명한다. 그런데도 성경적 상담가들은 "모든 치유는 교회에서 해야 한다"고 주장한다. 이것은 자신이 고치지 못할 환자를 억지로 붙잡아 두어서 고통을 받게 하다가 결국에는 죽게 만드는 어리석은 의사와 같은 행태가 아닐까?

아래와 같은 경우를 가정해 보자.

약에 대한 내성이 없던 시절에는 모든 의사가 치료를 잘했다. 약한 항생제를 사용해도 치유가 잘 되었기 때문이다. 하지만 약에 대한 내성이 생긴 후에는 기존의 방법으로는 치료가 안 되었다. 이것을 눈치챈 의사들은 항생제의 단위를 높이거나 다른 치료 방법을 개발하여 치료했다. 많은 시행착오가 있었다. 하지만 대부분 잘 극복하여 탁월한 치료 효과를 보고 있다.

그런데 어떤 의사들은 고지식하게 약에 대한 내성이 없던 시절의 치료 방법을 고집했다. 시간이 가면 갈수록 그들에게는 환자가 거의 가지 않았다. 그런데도 그들은 온갖 그럴듯한 이론을 만들어서 다른 의사들을 매도했다. 하지만 시간이 가면 갈수록 그들은 파리를 날리게 되었다. 심지어 폐업을 하는 의사들이 속출하는 지경에 이르렀다. 그런데도 그들은 여전히 예전의 이론을 고집했다.

한국 교회가 이와 같다. 한국 교회는 초창기에 목회자가 적었고, 사람들이 순수했고, 성령의 바람이 불었다. 이 때문에 천막교회까지도 부흥되었다. 성도들은 성경적 상담으로도 치유가 잘 되었다. 성경을 몇 번만 가르쳐 주어도 은혜를 받아서 열심히 신앙생활을 했다. 약에 대한 내성이 없는 사람에게 약한 항생제가 잘 듣는 것과 같은 현상이 일어난 것이다.

하지만 성령의 바람이 끝나고, 성도들의 마음이 강퍅해지자, 성경적 상담가들은 난관에 부닥치고 말았다. 성경적 상담으로는 치유가 잘 되지 않기 때문이었다.

결국 성경적 상담에 실망한 성도들은 하나둘씩 전인치유사역자들과 내적치유사역자들을 찾아가기 시작했다. 그곳에 갔다 온 사람들이 "그곳에 가면 급속하고 확실하게 치유가 된다"는 입소문을 냈기 때문이다. 그러자 더욱 많은 성도가 전인치유센터를 찾았다.

| 참고 |

필자가 전인치유와 내적치유를 구분하는 것은, 전인치유는 내담자의 상처를 치유한 후에 축사를 해 주는 데 비하여 내적치유는 내담자의 상처만 치유해 주기 때문이다. 그리고 필자의 치유 임상에 의하면 내적치유는 내담자의 상처를 충분히 치유하지 못하는 경우가 많다. 그 이유는 대부분의 내담자가 토설을 약하게 하고, 내담자에게 있는 악령을 추방하지 않기 때문이다.

다시 강조하겠다.

성경은 영혼 구원을 가르치는 유일한 교과서다. 그러므로 영혼 구원에 관한 한 반드시 성경의 가르침만을 따라야 한다.

성경은 성령의 기적적인 치유를 가르친다. 그러므로 우리는 최대한 성령의 기적적인 치유를 하도록 해야 한다.

성경에는 일반진리도 상당 부분 들어 있다. 그러므로 우리는 최대한 성경의 가르침대로 치유사역을 해야 한다.

그럼에도 불구하고 우리는 성경에 없는 일반진리를 존중해야 한다. 성령의 기적적인 치유가 항상 일어나지 않기 때문이고, 성경에 일반진리 전체가 기록되어 있지 않기 때문이다.

성경이 가르치지 않는 일반진리들은 일반학자들의 도움을 받아서 깨달아야 한다. 수술을 의사들에게 배워야 하는 것처럼 내적치유는 심리학자들에게 배워야 한다. 성경적 상담가들이 지금까지 이것을 깨닫지 못하여 심리학자들에게 내적치유를 배워서 내적치유를 하는 사람들을 정죄했다. 이 때문에 내적치유가 위축되는 불행을 초래했고, 많은 성도가 내적치유를 받지 못하여 큰 고통을 받는 불행을 당했다.

성경적 상담가들이 "오직 성경으로만 상담하여 치유해야 한다"고 주장하는 것도 극단적이고, 성경을 무시하는 사람들이 "오직 심리학으로만 상담하여 치유해야 한다"고 주장하는 것도 극단적이다. 의사들이 "오직 수술로만 치료해야 한다"고 주장하면 억지가 되듯이 성경적 상담가들이 "오직 성경으로만 상담하여 치유해야 한다"고 주장하면 억지가 된다. 성경은 결코 이런 억지를 가르치지 않는다. 하나님은 성경의 가르침을 위반하지 않는 한도 내에서 일반치유 방법들을 활용해서 치유하기를 원하신다.

2) 어떤 목회자들과 성도들은 "오직 믿음으로만 치유를 해야 한다"고 주장한다

어떤 목회자들과 성도들은 "오직 믿음으로 치유를 받으면(하면) 된다"고 주장하면서 믿음 이외의 다른 치유 방법(수술, 약 복용, 토설 등)을 거부하거나 무시한다.

능력치유사역자로 유명한 존 G. 레이크(John G. Lake) 목사는 그의 저서에서 아래와 같이 주장했다.

> "그리스도인이 약을 먹는 것은 알코올중독자가 술을 마시는 것과 마찬가지로 역겨운 일입니다."[64]

레이크 목사는 믿음만으로 자신의 큰 병을 고친 사람이다. 또한 그는 믿음만으로 많은 환자를 고쳐 주었다. 그는 수십 년째 능력치유사역을 하고 있다. 하지만 안타깝게도 그는 그의 믿음을 일반화시키는 오류를 범하고 말았다. 그러므로 믿음이 약한 사람이 그의 방법만 의지하면 십중팔구 병이 악화되거나 죽을 수밖에 없다.

레이크 목사는 한 친구가 수영하는 법을 배우기 위하여 몹시 괴로워하다가 극적인 방법으로 수영을 배운 것을 예로 들면서 "그리스도인이 약을 먹는 것은 알코올중독자가 술을 마시는 것과 마찬가지로 역겨운 일"이라고 주장했다.

수영을 못하는 것 때문에 고민하던 그의 친구는 어느 날 술을 조

---

64) 치유, 존 G. 레이크, 순전한나드, 2011년, p. 25

금 마신 후에 바닷가의 부두에 가서 약 5백 피트 깊이의 물속에 뛰어들었다. 그는 죽기 살기로 헤엄을 쳐서 그곳을 빠져나왔다. 그 후부터 그는 수영을 하게 되었다. 하지만 상식적으로 생각할 때 이것은 매우 무모한 행동이 아닐 수 없다. 그런 식으로 수영을 배우면 기적적으로 수영을 하게 될 수도 있지만 물에 빠져 죽을 가능성이 더 크기 때문이다.

간혹 약을 거부한 채 믿음으로 병을 치유하려는 성도들 중에 기적적으로 치유를 받는 사람이 있다. 하지만 병이 더욱 악화되거나 목숨을 잃는 경우가 훨씬 더 많다.

예수님은 믿음이 작은 사람이 능력을 일으킬 수 없는 사실을 우리에게 가르치셨다.

> (마 17:19-20) 이때에 제자들이 조용히 예수께 나아와 이르되 우리는 어찌하여 쫓아내지 못하였나이까 이르시되 너희 믿음이 작은 까닭이니라 진실로 너희에게 이르노니 만일 너희에게 믿음이 겨자씨 한 알만큼만 있어도 이 산을 명하여 여기서 저기로 옮겨지라 하면 옮겨질 것이요 또 너희가 못 할 것이 없으리라

믿음이 큰 사람은 얼마든지 믿음만으로 치유를 받을 수 있다. 가나안 여자가 대표적인 사람이다.

> (마 15:22, 28) 가나안 여자 하나가 그 지경에서 나와서 소리 질러 이르되 주 다윗의 자손이여 나를 불쌍히 여기소서 내 딸이 흉악하게 귀신 들렸나이다 …… 이에 예수께서 대답하여 이르시되 여자여 네 믿음이 크도다 네 소원대로 되리라 하시니 그때로부터 그의 딸이 나으니라

본문에 기록된 가나안 여자는 그의 딸이 흉악한 귀신이 들려서 큰 고통을 받고 있었다. 그에게는 큰 믿음이 있었기 때문에 딸의 병을 고칠 수 있었다. 이처럼 믿음이 큰 사람은 믿음만으로 문제를 해결할 수 있다. 우리는 마땅히 이런 믿음을 가지기를 소원해야 하고, 이런 믿음을 얻을 수 있도록 노력해야 한다.

하지만 모든 성도가 다 믿음이 크지 않다. 현실적으로는 믿음이 작은 성도가 훨씬 더 많다. 믿음이 작은 성도는 믿음만으로 문제를 해결할 수 없다. 그러므로 치유사역자는 믿음이 작은 성도에게는 그의 믿음에 합당한 처방을 해야 한다. 이 때문에 바울 사도가 위장병으로 고생하는 디모데에게 아래와 같이 지시한 것이다.

> **(딤전 5:23)** 이제부터는 물만 마시지 말고 네 위장과 자주 나는 병을 위하여는 포도주를 조금씩 쓰라

병을 고칠 때는 먼저 자신의 믿음이 어느 정도인지를 측정한 후에 믿음만으로 고칠 것인지, 믿음과 다른 방법을 병행하여 고칠 것인지를 결정해야 한다. 자신의 믿음이 작은 것을 무시한 채 무조건 믿음만으로 병을 고치려 하면 십중팔구 병이 악화되거나 심하면 목숨을 잃는다.

레이크 목사는 아래와 같이 말하는 것이 합당할 것이다.

> "그리스도인이 믿음으로 병을 고치려는 노력을 하지 않고 무조건 약만 의지하는 것은 알코올중독자가 무조건 술만 찾는 것처럼 역겨운 일입니다."

그리스도인이 믿음으로 병을 고치려는 노력을 하지 않은 채 무조건 병원과 의사만 의지하는 것은 하나님이 기뻐하시는 바가 아니다. 하나님은 믿음이 작은 성도가 믿음으로 병을 고치려고 애쓰는 것을 귀하게 여기신다. 그럼에도 불구하고 믿음이 작은 성도는 믿음만으로 병을 고치기를 고집하지 않아야 한다. 믿음이 작은 성도는 디모데처럼 의사와 약을 이용하면서 기도하는 것이 현명하기 때문이다.

다시 강조하겠다. 만일 어떤 치유사역자가 바울 사도가 가졌던 것과 같은 큰 능력(그가 사용하던 앞치마를 환자에게 갖다만 놓아도 치유가 되는 능력)을 가지고 있으면 그는 얼마든지 믿음만으로 치유할 수 있다. 그러나 그런 능력과 믿음이 없는 치유사역자는 믿음(능력)만으로 치유를 시도하지 말아야 한다. 이런 사역자는 반드시 자신의 믿음과 내담자의 믿음의 분량에 따라서 다른 치유 방법을 병행해야 한다. 내담자에게 약이 필요하면 약을 사용하게 해야 하고, 내담자에게 토설이 필요하면 토설을 하게 해야 한다.

안타깝게도 어떤 치유사역자들은 자신의 믿음과 내담자의 믿음을 고려하지 않은 채 무모하게 치유사역을 하다가 큰 낭패를 당한다. 이를테면 반드시 약을 복용해야 하는 중증질환의 내담자에게 다짜고짜 "약을 끊으라"고 지시하여 약을 끊은 내담자가 병이 악화되거나 사망해서 큰 낭패를 당하는 경우다. 그러므로 치유사역자들은 반드시 자신과 내담자의 믿음을 고려하여 적절한 치유 방법을 사용해야 한다.

여기서 성경의 치유론 난해 구절 한 군데를 검토하겠다.

(막 16:17-18) 믿는 자들에게는 이런 표적이 따르리니 곧 그들이 내 이름으로 귀신을 쫓아내며 새 방언을 말하며 뱀을 집어 올리며 무슨 독을 마실지라도 해를 받지 아니하며 병든 사람에게 손을 얹은즉 나으리라 하시더라

대부분의 목회자는 본문의 '믿는 자들'을 '모든 성도'로 해석한다. 필자도 얼마 전까지 그렇게 해석했다.

『그랜드종합주석』의 해석을 보자.

"믿는 자들에게는 이런 표적이 따르리니. 예수께서 제자들에게 하신 이 약속된 이적은 복음 전파를 위한 도구로 주어진 것으로 완전히 새로운 것은 아니다. …… 그럼에도 이 같은 말씀을 또 반복하신 것은 사도뿐만 아니라 이를 모든 믿는 자들에게 보편화하시기 위하여이다."[65]

문제는 "목회자를 포함한 모든 성도는 마가복음 16장 17-18절의 표적을 행할 수 있다"고 주장하는 사람들 중에서 자신에게 실망하거나 자신의 영적 신분을 의심하는 이들이 많은 데 있다.
'나는 귀신을 쫓아내지 못하고, 방언도 못 하고, 뱀도 못 집고, 독도 못 마시고, 병도 못 고친다. 난 뭐란 말인가? 내가 정말 구원 받은 사람일까?'
필자는 "본문을 억지로 자신에게 적용시켜서 맹독을 마신 후에 죽은 성도가 있다"는 소문을 들은 적이 있다. 또한 "베드로가 물 위

---

65) 그랜드종합주석, 마가복음, 성서교재간행사, 1992년, p. 1096

로 걸어간 것을 억지로 자신에게 적용시키다가 물에 빠져서 죽은 성도들이 있다"는 소문을 들은 적도 있다.

모든 성도가 귀신을 쫓아내는 것이 아니고, 모든 성도가 방언을 말하는 것이 아니다. 그런데도 대부분의 목회자가 본문의 '믿는 자들'을 '모든 성도'로 해석한다. 하지만 이런 주장을 하는 목회자들 대부분은 "모든 성도는 독사에게 물려도 죽지 않을 수 있고, 무슨 독을 마실지라도 해를 받지 않을 수 있다"고 주장하기를 기피한다. 자신이 그런 일을 감당할 수 있는 것을 확신하지 못하기 때문이다. 다시 말해서 자신이 맹독을 마시고 독사에 물리면 죽을 것 같기 때문이다.

한편 어떤 이들은 독을 마시고 뱀을 집는 것을 영적으로 해석한다. 이를테면 '뱀을 집는 것'을 '영적으로 사탄을 제압하는 것'으로 해석하고, '독을 마시는 것'을 '사탄의 영적인 공격을 물리치는 것'으로 해석한다. 귀신을 쫓아내는 것과 병든 사람을 고치는 것은 실제적으로 해석하면서 '뱀을 집는 것'과 '독을 마시는 것'은 영적으로 해석하는 것이 의아하지 않은가?

본문을 바르게 해석하려면 반드시 네 가지를 고려해야 한다.

첫째, 본문의 '표적(세메이온, σημειον)'이란[66] 단어를 바르게 이해해야 한다.

---

66) 세메이온(σημειον) : 지시(특히 의례적으로, 초자연적으로) 기적, 표적, 표시, 이적(마 16:1, 행 4:16), 증명, a sign; 1) 신호, 표시, 상징, 징후, 전조, 기사, 표적. 디럭스바이블 2005, 헬라어사전, 미션소프트

『디럭스바이블 성경사전』은 본문의 '표적'이란 단어를 아래와 같이 해석했다.

"표적 : (그) σημειον(semeion). (영) Sign. 초자연적인 능력이 외부에 드러나는 일로서 진리임이 증거 또는 묵시되는 일."

본문에서 말하는 '표적'은 '하나님의 초자연적인 능력이 외부에 드러나는 일'을 의미한다. 다시 말해서 본문의 '표적'은 '하나님의 기적이 일어난 것을 알 수 있는 일'을 의미한다. 병 고치는 표적이 나타나면 하나님이 기적으로 병을 고치신 것을 알 수 있다. 독을 마셔도 해를 받지 않는 표적이 나타나면 하나님이 기적으로 그런 능력을 행하신 것을 알 수 있다. 귀신을 쫓아내는 것과 새 방언을 말하는 것과 뱀을 집는 것도 마찬가지다. 과연 이런 본문 말씀을 모든 성도에게 적용할 수 있을까?

둘째, 하나님이 일부 성도에게 주시는 직분과 은사를 바르게 깨달아야 한다.

하나님은 모든 성도에게 기본적으로 하나님의 자녀의 신분을 주신다. 사람이 하나님의 자녀가 되면 그 신분 때문에 사탄과 악령들이 무서워한다. 성도는 하나님의 자녀의 신분 때문에 하나님께 기도할 권세가 있다. 이 권세를 활용하면 어느 정도는 하나님의 능력이 나타난다. 그럼에도 불구하고 하나님은 모든 성도에게 똑같은 직분과 은사를 주시지 않는다. 주님은 어떤 성도에게는 특별한 직분과 은사를 주신다. 하나님께 특별한 직분과 은사를 받은 성도에게는 하나님의 특별한 권능이 나타난다. 사도들이 대표적인 경우다. 마가복음 16장 17-18절의 표적은 하나님이 모든 성도에게 주시는 권능일까, 아니면 하나님이 특별한 직분과 사명을 맡긴 성도에게만 주시는 권능일까?

셋째, 본문의 '믿는 자들(토이스 피스튜사신, τοις πιστευσασιν)'이 누구인지를 규명해야 한다.

헬라어 성경을 보면 본문의 '믿는 자들'의 헬라어 원형은 '믿다(피스튜오, πιστευω)'라는 동사이다. 그리고 헬라어 성경의 '믿는 자들'의 용법을 보면 '믿는 자들'이 '모든 성도'를 의미하는 경우도 있고, '일부 성도'를 의미하는 경우도 있는 것을 알 수 있다.

아래의 성경 말씀을 보자.

> **(요 1:12)** 영접하는 자 곧 그 이름을 믿는 자들에게는 하나님의 자녀가 되는 권세를 주셨으니

이 말씀의 '믿는 자들(토이스 피스튜사신, τοις πιστευσασιν)'은 '모든 성도'를 의미한다. 예수님을 믿는 사람은 누구나 다 하나님의 자녀가 되기 때문이다. 하지만 다음 성경 말씀의 '믿는 사람들'은 뜻이 다르다.

> **(행 22:19)** 내가 말하기를 주님 내가 주를 믿는 사람들을 가두고 또 각 회당에서 때리고

본문의 '믿는 사람들(투스 피스투산타스, τους πιστευοντας)'은

마가복음 16장 17절의 '믿는 자들'과 어원이 똑같다. 그런데도 본문의 '믿는 사람들'은 '일부 성도들'을 의미한다. 바울 사도가 사울이란 이름을 가지고 살 때 모든 성도를 감옥에 가둔 것이 아니기 때문이다. 그는 단지 예루살렘의 일부 성도만 감옥에 가두었을 뿐이다. 그런데도 그는 "내가 믿는 사람들을 가두었다"고 했다. 이처럼 성경에 '믿는 사람들'이란 말의 용도가 두 가지로 쓰였기 때문에 마가복음 16장 17절의 '믿는 자들'을 '모든 성도'로 단정하면 안 된다. 과연 본문의 '믿는 자들'은 누구를 의미할까?

넷째, 본문과 다른 성경이 충돌하지 않게 본문을 해석해야 한다. 예를 들면 아래와 같이 모순되게 성경을 해석하면 안 된다.

"오직 하나님의 은혜로 구원을 받는다. 그럼에도 불구하고 구원을 받는 데는 사람의 행위가 필요하다."

이렇게 주장하면 모순이 되기 때문에 이런 식으로는 아무리 그럴듯한 구원론을 만들어도 오류일 수밖에 없다. 그런데 불행하게도 개신교는 약 400년 이상 모순된 구원론을 주장했고, 천주교는 약 1,900년 이상 모순된 구원론을 주장했다. 성경의 구원론 난해 구절들을 잘못 해석해서 이런 오류가 발생한 것이다. 이 사실이 필자의 저서 『지옥에 가는 크리스천들?』(1, 2, 3)에 밝혀져 있다. 그러므로 성경의 치유론 난해 구절인 마가복음 16장 17-18절을 모순되게 해석하지 않도록 조심해야 한다.

결론부터 말하면 마가복음 16장 17절의 '믿는 자들'은 '일부 성도들'을 의미한다. 필자가 이렇게 주장하는 성경의 근거를 제시하겠다.

(1) 모든 성도가 성령의 모든 은사를 받는 것이 아니기 때문에 본문의 '믿는 자들'을 '일부 성도'로 해석해야 한다

(고전 12:30) 다 병 고치는 은사를 가진 자이겠느냐 다 방언을 말하는 자이겠느냐 다 통역하는 자이겠느냐

본문은 "모든 성도가 병을 고치는 것이 아니다", "모든 성도가 방언을 말하는 것이 아니다"라고 가르친다. 이것을 볼 때 모든 성도가 뱀을 집을 수 있는 능력을 행할 수 없는 것과, 모든 성도가 무슨 독을 마실지라도 해를 받지 않는 능력을 행할 수 없는 것을 알 수 있다. 다시 말해서 일부 성도에게만 마가복음 16장의 표적을 행할 수 있는 능력이 나타나는 것을 알 수 있다. 성령님이 원하는 사람에게만 성령의 은사를 주시기 때문에 이런 현상이 일어나는 것이다. 아래의 성경 말씀을 보라.

(고전 12:8-11) 어떤 사람에게는 성령으로 말미암아 지혜의 말씀을, 어떤 사람에게는 같은 성령을 따라 지식의 말씀을, 다른 사람에게는 같은 성령으로 믿음을, 어떤 사람에게는 한 성령으로 병 고치는 은사를, 어떤 사람에게는 능력 행함을, 어떤 사람에게는 예언함을, 어떤 사람에게는 영들 분별함을, 다른 사람에게는 각종 방언 말함을, 어떤 사람에게는 방언들 통역함을 주시나니 이 모든 일은 같은 한 성령이 행하사 그의 뜻대로 각 사람에게 나누어 주시는 것이니라

지금까지 설명한 것을 정리해 보자.

마가복음 16장 17-18절은 "믿는 자들은 방언을 말하고, 큰 병을 고친다"고 가르친다. 고린도전서 12장 8-11절은 "일부 성도만 방언을 말하고 큰 병을 고친다"고 가르친다. 그러므로 어떤 사람이 "모든 성도는 방언을 할 수 있다"고 주장하면 고린도전서 12장 8-11절을 무시한 억지 해석(잘못된 해석)이 된다.

성경을 해석할 때는 뜻이 분명한 성경 말씀으로 뜻이 분명하지 않은 성경 말씀을 해석해야 한다. 고린도전서 12장 8-11절은 뜻이 분명하다. 본문은 "일부 성도만 방언을 말하고 큰 병을 고친다"는 뜻이다. 마가복음 16장 17-18절의 '믿는 자들'은 뜻이 분명하지 않다. 성경 기자들은 '믿는 자들'이란 말을 '모든 믿는 사람'이란 뜻으로도 쓰고, '일부 믿는 사람'이란 뜻으로도 썼다. 그러므로 마가복음 16장 17-18절의 '믿는 자들'을 '일부 성도'로 해석하는 것이 옳다. 따라서 "성령의 특별한 권능을 받은 사람만 독사를 집을 수 있고, 그런 사람만 맹독을 마셔도 해를 받지 않을 수 있다"고 해석하는 것이 옳다. 더 나아가서 "성령님이 강한 귀신을 쫓아낼 수 있는 권능을 주신 사람만 강한 귀신을 쫓아낼 수 있다"고 해석하는 것이 옳다.

아래의 성경 말씀을 참고해 보자.

(눅 10:17-19) 칠십 인이 기뻐하며 돌아와 이르되 주여 주의 이름이면 귀신들도 우리에게 항복하더이다 예수께서 이르시되 사탄이 하늘로부터 번개같이 떨어지는 것을 내가 보았노라 내가 너희에게 뱀과 전갈을 밟으며 원수의 모든 능력을 제어할 권능을 주었으니 너희를 해칠 자가 결코 없으리라

본문에 예수님에게서 '뱀과 전갈을 밟으며 원수의 모든 능력을 제어할 권능을 받은 70명의 제자들'이 나온다. 그들은 주님에게서 그 은사를 받았기 때문에 그런 권능을 행할 수 있었다. 반면에 방언의 은사를 받지 못한 성도는 방언을 할 수 없고, 병 고치는 은사를 받지 못한 성도는 큰 병을 고칠 수 없고, 강한 귀신을 쫓아낼 수 있는 은사를 받지 못한 성도는 강한 귀신을 쫓아낼 수 없고, 독사를 집을 수 있는 은사를 받지 못한 성도는 독사를 집을 수 없고, 독을 마셔도 해를 받지 않는 은사를 받지 못한 성도는 독을 마실 수 없다(참조, 마 17:19-20). 그러므로 마가복음 16장 17-18절의 '믿는 자들'을 '일부 성도', 또는 '성령의 특별 은사를 받은 성도'로 해석하는 것이 옳다.

여기서 아래의 성경 말씀도 검토하는 것이 필요할 것이다.

(막 16:15) 또 이르시되 너희는 온 천하에 다니며 만민에게 복음을 전파하라

(행 1:8) 오직 성령이 너희에게 임하시면 너희가 권능을 받고 예루살렘과 온 유대와 사마리아와 땅 끝까지 이르러 내 증인이 되리라 하시니라

본문을 모든 성도에게 적용하는 것은 본문을 오해하는 것이다. 본문은 일차적으로 세계선교의 사명을 받은 사도들과 그 당시의 일부 제자에게 적용되는 말씀이고, 이차적으로 그 후에 세계선교의 사명을 받은 성도들에게 적용되는 말씀이다. 본문을 일반화시켜서 "모든 성도는 땅끝까지 가서 선교를 해야 한다"고 해석하면 안 된다. 본문을 그런 식으로 해석하면 선교사를 양육할 사람과 선교비

를 후원할 사람이 없어서 선교가 망쳐지는 것은 물론 한 지역에서 목회를 할 사람들이 모두 선교사로 나가서 교회가 망쳐진다.

(2) 마가복음 16장 17-18절의 '믿는 자들'은 '성령의 은사를 받은 성도들 중에서 믿음이 큰 사람들'을 의미한다

(마 17:14-20) 그들이 무리에게 이르매 한 사람이 예수께 와서 꿇어 엎드려 이르되 주여 내 아들을 불쌍히 여기소서 그가 간질로 심히 고생하여 자주 불에도 넘어지며 물에도 넘어지는지라 내가 주의 제자들에게 데리고 왔으나 능히 고치지 못하더이다 예수께서 대답하여 이르시되 믿음이 없고 패역한 세대여 내가 얼마나 너희와 함께 있으며 얼마나 너희에게 참으리요 그를 이리로 데려오라 하시니라 이에 예수께서 꾸짖으시니 귀신이 나가고 아이가 그때부터 나으니라 이때에 제자들이 조용히 예수께 나아와 이르되 우리는 어찌하여 쫓아내지 못하였나이까 이르시되 너희 믿음이 작은 까닭이니라 진실로 너희에게 이르노니 만일 너희에게 믿음이 겨자씨 한 알 만큼만 있어도 이 산을 명하여 여기서 저기로 옮겨지라 하면 옮겨질 것이요 또 너희가 못할 것이 없으리라

본문에 귀신을 쫓아내지 못하여 망신을 당한 예수님의 제자들이 등장한다. 그들은 오래전에 예수님께 귀신을 쫓아낼 수 있는 권능을 받은 사람들이다.

(마 10:1) 예수께서 그의 열두 제자를 부르사 더러운 귀신을 쫓아내며 모든 병과 모든 약한 것을 고치는 권능을 주시니라

사도들은 오래전에 더러운 귀신을 쫓아내고, 모든 병과 모든 약한 것을 고치는 권능을 예수님께 받았다. 그럼에도 불구하고 그들은 말 못 하게 하는 귀신을 쫓아내지 못했다. 그 이유는 그들의 믿음이 작아졌기 때문이다. 이것을 볼 때 성령의 은사를 받았어도 믿음이 작아지면 능력을 행사할 수 없는 것을 알 수 있다.

바울 사도는 멜리데 섬에서 독사에게 물렸어도 아무런 해를 받지 않았다(행 28:1-6). 이것은 그에게 성령의 강력한 은사가 나타났기 때문이거나 그에게 그런 능력을 행할 수 있는 믿음이 있었기 때문이다. 성도들 대부분은 독사에게 물리면 큰 병이 들거나 죽는다. 필자도 마찬가지일 것이다. 그러므로 마가복음 16장 17-18절의 '믿는 자들'을 '성령의 은사를 받은 성도들 중에서 믿음이 큰 사람들'로 해석하는 것이 옳다. 본문을 모든 성도에게 적용하면 수많은 성도를 절망으로 몰아넣게 된다. 일부 무모한 성도들은 망신을 당하거나 병들거나 심지어 죽을 수도 있다.

치유사역을 할 때는 자신의 믿음에 맞는 사역을 하는 것이 현명하다. 믿음이 작은 치유사역자가 큰 문제를 다루는 것은 망신을 당할 지름길로 들어서는 것이다.

한 가지 문제를 더 짚고 넘어가는 것이 좋을 것이다. 그것은 '어떻게 믿음을 키울 수 있는가'의 문제다. 성경을 보면 주로 기도와 금식과 성경공부로 믿음이 커지는 것을 알 수 있다.

> (막 9:28-29) 집에 들어가시매 제자들이 조용히 묻자오되 우리는 어찌하여 능히 그 귀신을 쫓아내지 못하였나이까 이르시되 기도 외에 다른 것으로는 이런 종류가 나갈 수 없느니라 하시니라

본문의 고대 원문에는 '기도와 금식'으로 되어 있다.

예수님은 40일 동안 금식기도를 하신 후 성령의 권능이 충만해져서 사역을 시작하셨다.

> (눅 4:13-15) 마귀가 모든 시험을 다 한 후에 얼마 동안 떠나니라 예수께서 성령의 능력으로 갈릴리에 돌아가시니 그 소문이 사방에 퍼졌고 친히 그 여러 회당에서 가르치시매 뭇 사람에게 칭송을 받으시더라

많은 기도와 많은 금식을 해야 성령의 은사가 강력하게 나타난다. 강력한 은사를 행사하던 사람도 기도와 금식을 게을리하면 성령의 은사가 약하게 나타난다. 특히 나이가 들면 체력 때문에 기도와 금식을 많이 하기 어렵다. 이 때문에 강력한 은사를 행사하던 사람들 대부분이 나이가 들면 은사가 약하게 나타나는 것이다.

아래의 성경 말씀은 하나님의 말씀을 들을 때 믿음이 생기는 것을 가르쳐 준다.

> (롬 10:17) 그러므로 믿음은 들음에서 나며 들음은 그리스도의 말씀으로 말미암았느니라

언젠가 필자의 아내가 어떤 사람의 전화를 받았다. 전화를 건 사람은 "나는 약 5년 정도 교회에 다녔는데도 믿음이 생기지 않는다"고 말했다. 아내는 "성경을 많이 읽었느냐"고 물었다. 그는 "성경을 거의 읽지 않았다"고 대답했다. 아내는 "성경을 읽어야 믿음이 생긴다"고 조언했다. 그는 "그렇게 해 보겠다"고 약속했다.

이처럼 교회에 오래 다녔어도 성경을 공부하지 않으면 믿음이 성장하지 않는다.

다시 강조하겠다. 모든 성도는 기본적으로 하나님의 권세를 가지고 있다. 그러나 하나님은 어떤 성도들에게 특별한 권세를 주신다. 바울 사도는 이 권세를 '성령의 나타남', 또는 '성령의 은사'로 표현했다(고전 12:7-11).

마가복음 16장 17-18절의 '믿는 자들'은 '모든 성도'가 아니다. '그들'은 '일부 성도'를 의미한다. '그들'은 '일차적으로 성령의 은사를 받은 사람들(특별한 권세자들)'을 의미하고, '이차적으로 큰 믿음을 가진 사람들'을 의미한다. 모든 성도가 방언의 은사를 받을 수 없는 것처럼 모든 성도가 병 고치는 은사, 귀신을 쫓아내는 은사, 독을 마셔도 무사한 은사를 받을 수 없다.

마가복음 16장 17-18절에 기록된 은사를 받지 않은 사람과 그런 은사를 받았어도 믿음이 작은 사람은 마가복음 16장 17-18절을 자신에게 적용하지 말아야 한다. 마가복음 16장 17-18절에 기록된 은사를 받지 않은 사람과 그런 은사를 받았어도 믿음이 작은 사람이 본문을 자신에게 적용하면 망신을 당하게 되어 있다.

베드로 사도가 믿음이 작아져서 망신을 당한 경우를 보자.

> (마 14:28-32) 베드로가 대답하여 이르되 주여 만일 주님이시거든 나를 명하사 물 위로 오라 하소서 하니 오라 하시니 베드로가 배에서 내려 물 위로 걸어서 예수께로 가되 바람을 보고 무서워 빠져 가는지라 소리 질러 이르되 주여 나를 구원하소서 하니 예수께서 즉시 손을 내밀어 그를 붙잡으시며 이

르시되 믿음이 작은 자여 왜 의심하였느냐 하시고 배에 함께 오르매 바람이 그치는지라

베드로는 물 위를 걷다가 믿음이 약해져서(작아져서) 물에 빠졌다. 이처럼 믿음이 큰 사람도 사탄의 시험에 들어서 순식간에 믿음이 작아질 수 있다. 성령의 은사를 받은 사람도 기도와 금식을 게을리하면 믿음이 작아져서 큰 권능을 행할 수 없다. 모든 성도는 이것을 명심해야 한다.

제2부

가계치유론

1. 가계치유란 무엇인가?
2. 가계저주 반대론자들의 주장
3. 가계저주의 원리
4. 가계저주의 증거
5. 가계저수를 놓는 방법

1. 가계치유란 무엇인가?

　전인치유를 하려면 반드시 가계치유(또는 세대치유)를 해야 한다. 대부분의 내담자들에게 가계치유가 전인치유의 절반 이상을 차지할 정도로 비중이 크기 때문이다.

　'가계(家系)'는 '대대로 이어 내려온 한 집안의 계통(가문)'을 의미한다.
　'가계치유'는 '가계(세대)를 통하여(또는 조상들을 통하여) 대물림이 된 저주(가계저주)에서 벗어나게 하는 것'을 뜻한다.
　'가계저주'는 '조상들의 범죄로 인하여 후손들이 받는 부정적 영향력'을 의미한다. 쉽게 말하면 '가계저주'는 '조상들의 범죄로 인하여 후손들이 받는 고통'을 의미한다. 이 때문에 가계치유를 하려면 반드시 가계저주를 취급할 수밖에 없다.

　불행하게도 한국 교회의 목회자들은 대부분이 가계저주를 믿지 않거나 가계저주를 반대한다. 심지어 어떤 목회자들은 가계저주 옹호론자들을 정죄하기까지 한다.
　이윤호 목사는 가계저주 옹호론을 주장하는 책들을 저술하여 수십 년 동안 널리 보급했다. 그 책들은 한국 교회의 성도들에게 큰 반향을 일으켰다. 이로 인하여 그는 한국 교회에서 가계저주 옹호론의 선두주자가 되었다. 하지만 그는 그 책들을 출판한 후에 혹독한 비판과 박해를 받았다. 심지어 예장 통합 측과 예장 합신 측은 이윤호 목사의 가계저주론을 '사이비성이 농후한 위험한 사상'으로 정죄하기까지 했다.

예장 통합 측 총회와 예장 합신 측 총회가 이윤호 목사를 정죄한 내용을 보자.

> "예장 통합 측(총회장 이광선 목사)은 제91회 총회에서 예장 합신 측이 '위험한 사상'으로 규정한 이윤호 목사의 가계저주론에 대해 '성서의 가르침과 교회의 신앙과 신학에 위배됨이 현저하고 사이비성이 농후함으로 책을 읽거나 가르치는 것의 위험성을 경고하고 금해야 한다'는 이단대책위원회의 보고를 그대로 채택했다."[67]

> "이윤호 목사와 메릴린 히키의 가계저주론의 신관, 기독론 및 구원론, 귀신 신앙, 축사 기도문, 운명론의 문제점 등을 살펴볼 때 성서의 가르침과 교회의 신앙과 신학에 위배됨이 현저하고 사이비성이 농후하므로 이들의 책을 읽거나 가르치는 것의 위험성을 경고하고 금해야 한다."[68]

오랜 세월 동안 사이비의 멍에를 멘 채로 지내는 고통을 견디다가 지친 이윤호 목사는, 2013년에 공개적으로 가계저주 옹호론을

---

67) https://blog.naver.com/cjseong123/60042132124
68) http://www.hdjongkyo.co.kr/news/view.html?section=33&no=13873

포기하고 가계저주론을 주장한 것을 사과했다. 이로 인하여 그는 사이비의 멍에를 벗었다. 반면에 한국의 가계저주 옹호론자들은 한 층 더 위축되고 말았다.

'가계저주'를 이해하려면 '저주'란 단어부터 명확하게 깨달아야 한다. 네이버 국어사전은 '저주'를 아래와 같이 정의했다.

'저주 : 남에게 재앙이나 불행이 일어나도록 빌고 바람. 또는 그렇게 하여서 일어난 재앙이나 불행.'[69]

네이버 국어사전은 사람의 저주만 설명했다. 하지만 성경은 사람의 저주뿐만 아니라 '하나님의 저주'(창 3:14, 5:29)도 가르친다. 또한 범죄한 사람이 받는 형벌로서의 저주(창세기 3장)와 의로운 사람들이 당하는 고난으로서의 저주도 가르친다(욥기 1장).

성경은 '저주'를 여러 가지 단어로 설명한다.

(신 28:20-22) 네가 악을 행하여 그를 잊으므로 네 손으로 하는 모든 일에 여호와께서 저주와 혼란과 책망을 내리사 망하며 속히 파멸하게 하실 것이며 여호와께서 네 몸에 염병이 들게 하사 네가 들어가 차지할 땅에서 마침내 너를 멸하실 것이며 여호와께서 폐병과 열병과 염증과 학질과 한재와 풍재와 썩는 재앙으로 너를 치시리니 이 재앙들이 너를 따라서 너를 진멸하게 할 것이라

---

69) http://krdic.naver.com/detail.nhn?docid=32687100

본문은 '저주'를 '재앙'이라고 했다.

(창 3:16) 또 여자에게 이르시되 내가 네게 임신하는 고통을 크게 더하리니 네가 수고하고 자식을 낳을 것이며 너는 남편을 원하고 남편은 너를 다스릴 것이니라 하시고

본문은 '저주'를 '고통'이라고 했다.

(삼하 6:7) 여호와 하나님이 웃사가 잘못함으로 말미암아 진노하사 그를 그곳에서 치시니 그가 거기 하나님의 궤 곁에서 죽으니라

본문은 '저주'를 '하나님의 치심'이라고 했다.

(히 10:28-29) 모세의 법을 폐한 자도 두세 증인으로 말미암아 불쌍히 여김을 받지 못하고 죽었거든 하물며 하나님의 아들을 짓밟고 자기를 거룩하게 한 언약의 피를 부정한 것으로 여기고 은혜의 성령을 욕되게 하는 자가 당연히 받을 형벌은 얼마나 더 무겁겠느냐 너희는 생각하라

본문은 '저주'를 '형벌'이라고 했다.

(딤전 1:20) 그 가운데 후메내오와 알렉산더가 있으니 내가 사탄에게 내준 것은 그들로 훈계를 받아 신성을 모독하지 못하게 하려 함이라

본문은 '저주'를 '훈계'라고 했다.

(왕하 14:26) 이는 여호와께서 이스라엘의 고난이 심하여 매인 자도 없고 놓인 자도 없고 이스라엘을 도울 자도 없음을 보셨고

본문은 '저주'를 '고난'이라고 했다.

(삼하 7:14) 나는 그에게 아버지가 되고 그는 내게 아들이 되리니 그가 만일 죄를 범하면 내가 사람의 매와 인생의 채찍으로 징계하려니와

본문은 '저주'를 '징계'라고 했다.

이것이 저주에 관한 성경의 가르침인데도 가계저주 반대론자들은 "성도들은 범죄할 때 '징계'는 받지만 결코 '저주'는 받지 않는다"고 주장한다.

이윤호 목사가 가계저주 옹호론을 포기한 성명서 내용을 보자.

"그리스도 안에 있는 신자들은 비록 범죄할 때 '책망'과 '징계'는 받지만(히 12:5-8), 결코 '정죄함' 곧 '저주'가 없습니다."[70]

지금까지 설명한 것처럼 성경은 '저주'를 '재앙', '훈계', '형벌', '고난', '고통', '환난', '징계' 등의 다양한 단어로 표현했다. '범죄한 성도는 형벌을 받는다'는 말과 '범죄한 성도는 저주를 받는다'는 말이 똑같은 뜻인 것처럼 '범죄한 성도는 징계를 받는다'는 말과 '범죄한

---

70) 출전 : 『기독교개혁신보』 홈페이지, http://rpress.or.kr/xe/306019

성도는 저주를 받는다'는 말도 똑같은 뜻이다. "범죄한 성도는 형벌은 받지만 저주는 받지 않는다"는 말이 오류인 것처럼 "범죄한 성도는 징계는 받지만 저주는 받지 않는다"는 주장도 오류다.

안타깝게도 지금까지 가계저주 옹호론자들은 성경이 가르치는 저주를 충분히 설명하지 못하여 가계저주 반대론자들에게 속수무책으로 당할 수밖에 없었고, 가계저주 반대론자들은 성경이 가르치는 가계저주를 충분히 깨닫지 못해서 가계저주 옹호론자들을 정죄하는 어리석음을 범할 수밖에 없었다.

엄밀하게 따지면 모든 저주는 하나님이 내리신다. 사탄과 악령들은 하나님이 허락하신 한도 내에서만 저주할 수 있을 뿐이다. 사람의 저주도 하나님이 허락해야만 시행된다. 성경은 이 사실을 아래와 같이 선포한다.

> (창 5:29) 이름을 노아라 하여 이르되 여호와께서 땅을 저주하시므로 수고롭게 일하는 우리를 이 아들이 안위하리라 하였더라

> (욥 1:12) 여호와께서 사탄에게 이르시되 내가 그의 소유물을 다 네 손에 맡기노라 다만 그의 몸에는 네 손을 대지 말지니라 사탄이 곧 여호와 앞에서 물러가니라

> (잠 26:2) 까닭 없는 저주는 참새가 떠도는 것과 제비가 날아가는 것같이 이루어지지 아니하느니라

하나님이 사람에게 고통을 주시는 목적은 세 가지다.

첫째, 범죄한 사람을 처벌하기 위하여 고통을 주신다.

사람들이 사탄의 계략에 빠져서 죄를 짓기 때문에 공의의 하나님이 어쩔 수 없이 죄인들에게 고통을 주시는 것이다.

(창 3:4-6) 뱀이 여자에게 이르되 너희가 결코 죽지 아니하리라 너희가 그것을 먹는 날에는 너희 눈이 밝아져 하나님과 같이 되어 선악을 알 줄 하나님이 아심이니라 여자가 그 나무를 본즉 먹음직도 하고 보암직도 하고 지혜롭게 할 만큼 탐스럽기도 한 나무인지라 여자가 그 열매를 따 먹고 자기와 함께 있는 남편에게도 주매 그도 먹은지라

(창 3:16-17) 또 여자에게 이르시되 내가 네게 임신하는 고통을 크게 더하리니 네가 수고하고 자식을 낳을 것이며 너는 남편을 원하고 남편은 너를 다스릴 것이니라 하시고 아담에게 이르시되 네가 네 아내의 말을 듣고 내가 네게 먹지 말라 한 나무의 열매를 먹었은즉 땅은 너로 말미암아 저주를 받고 너는 네 평생에 수고하여야 그 소산을 먹으리라

둘째, 사람에게 복을 주기 위하여 고통을 주신다.

이것은 욥의 경우에 잘 나타나 있다. 욥은 동방의 의인이었다. 그런데도 하나님은 사탄을 통하여 욥에게 엄청난 고통을 주셨다(참조, 욥기 1-2장).

하나님의 허락을 받은 사탄은 욥에게 가난의 저주, 죽음의 저주, 질병의 저주를 주었다. 욥이 고통 때문에 죄를 지어서 파멸하게 하려고 그렇게 한 것이다. 하지만 하나님은 사탄의 계략을 역이용하여 욥이 믿음으로 고통을 극복하고 갑절의 복을 받게 하셨다(참조, 욥기 1-2장, 42장). 이처럼 하나님은 의인에게 복을 주시려고 일부

러 고통을 주기도 하신다.

셋째, 성도에게 상을 주기 위하여 고통을 주신다.

(마 5:11-12) 나로 말미암아 너희를 욕하고 박해하고 거짓으로 너희를 거슬러 모든 악한 말을 할 때에는 너희에게 복이 있나니 기뻐하고 즐거워하라 하늘에서 너희의 상이 큼이라 너희 전에 있던 선지자들도 이같이 박해하였느니라

이처럼 하나님이 고통을 주시는 목적은 여러 가지이기 때문에 '고통'을 '죗값에 대한 형벌'로만 이해하면 안 된다.

전인치유를 해 보면 가계저주가 많은 사람에게 가장 큰 고통을 주는 것을 알 수 있다. 그런데도 대부분의 일반 성도들은 물론 대부분의 목회자들도 이 사실을 전혀 모르고 있다. 신학교에서 가계저주를 가르치지 않거나 그것을 부인하기 때문이다. 이 때문에 수많은 성도가 영문을 모른 채로 큰 고통을 당하고 있다.

오랫동안 가계치유사역을 해 온 김종주 원장의 가계저주에 관한 설명을 들어보자.

"필자가 오랫동안 영혼육을 치유하는 전인치유사역을 하며 가장 치유하기 어려운 사람은, 조상이 우상숭배가 심했거나 조상 중에 신비/사술의 직업을 가진 사람이 있거나 본인이 그런 직업을 가진 사람이었다. 그들 속에 들어 있는 악령들은 일반 그리스도인 속에

있는 악령들과는 차원이 다르며, 큰 힘(Power)을 가진 악령들이 세대(世代)를 통해 내려와서 자리 잡고 있었다."[71]

존 & 폴라 샌드포드(John & Paula Sandford)는 신비 사술에 접촉, 관여했을 때 나타나는 증상을 일곱 가지로 설명했다.

"(1) 신비 사술에 관여했을 때 나타나는 일반적인 증상은 수면장애다. (2) 반복되는 사고나 참사도 신비 사술로 인해 흔히 나타나는 결과다. (3) 세 번째로 꼽을 수 있는 신비 사술의 결과는 고통과 신체적 질병이다. (4) 신비 사술의 공격으로 인해 나타나는 네 번째 증상은 기억상실, 생각이 멍해지는 현상, 즉 물건을 어디에 두었으며, 자기가 지금 무엇을 하고 있는지를 잊어버리는 것, 이야기 도중 생각의 흐름을 놓치는 것 등이다. (5) 신비 사술의 결과로 나타나는 다섯 번째 증상은 끊임없이 발생하는 가정의 우환 질고다. (6) 여섯 번째로 들 수 있는 신비 사술로 인한 증상은 이제까지 언급한 다섯 가지 항목에 포함되기도 하지만 단독으로 설명할 필요가 있을 것 같다. 즉 가정의 재정이 한없이 빠져나가는 듯 여겨질 때가 있다. (7) 일곱 번째로 들 수 있는 신비 사술로 인한 결과는 단순한 가능성에 지난 것이 아니라, 법에 의해 어김없이 발생한다."[72]

---

71) 조상의 우상숭배와 신비술(神秘術)이 子孫에게 미치는 영향력에 관한 硏究, 김종주, 2010년, 철학박사학위논문, p. 11
72) 상한 영의 치유, 존 & 폴라 샌드포드, 순전한나드, 2007년, p46

2. 가계저주 반대론자들의 주장

가계저주 반대론자들도 나름대로 성경 말씀을 근거로 가계저주를 반대한다. 하지만 그들이 성경을 무리하게 해석하여 가계저주를 반대하기 때문에 반드시 그들의 오류를 밝혀야 한다.

1) 가계저주 반대론자들의 첫 번째 성경적 근거

가계저주를 부인하는 사람들이 전가의 보도처럼 사용하는 성경 구절은 에스겔 18장 20절이다.

> (겔 18:20) 범죄하는 그 영혼은 죽을지라 아들은 아버지의 죄악을 담당하지 아니할 것이요 아버지는 아들의 죄악을 담당하지 아니하리니 의인의 공의도 자기에게로 돌아가고 악인의 악도 자기에게로 돌아가리라

본문은 에스겔 18장 1절부터 기록하던 내용의 결론이다.

> (겔 18:1-4) 또 여호와의 말씀이 내게 임하여 이르시되 너희가 이스라엘 땅

에 관한 속담에 이르기를 아버지가 신 포도를 먹었으므로 그의 아들의 이가 시다고 함은 어찌 됨이냐 주 여호와의 말씀이니라 내가 나의 삶을 두고 맹세하노니 너희가 이스라엘 가운데에서 다시는 이 속담을 쓰지 못하게 되리라 모든 영혼이 다 내게 속한지라 아버지의 영혼이 내게 속함같이 그의 아들의 영혼도 내게 속하였나니 범죄하는 그 영혼은 죽으리라

가계저주를 부인하는 목회자들은 "'아들은 아버지의 죄를 담당하지 않을 것'이라고 선언하신 하나님께서 조상들이 받은 저주를 아무 죄도 없는 후손들에게 내리실 리가 없다"고 주장한다.

이윤호 목사의 주장을 보자.

"'모든 영혼이 다 내게 속한지라 아버지의 영혼이 내게 속함같이 그의 아들의 영혼도 내게 속하였나니 범죄하는 그 영혼은 죽으리라 …… 아들은 아버지의 죄악을 담당하지 아니할 것이요 아버지는 아들의 죄악을 담당하지 아니하리니 의인의 공의도 자기에게로 돌아가고 악인의 악도 자기에게로 돌아가리라'(겔 18:4, 20). '아버지는 그 자식들로 말미암아 죽임을 당하지 않을 것이요 자식들은 그 아버지로 말미암아 죽임을 당하지 않을 것이니 각 사람은 자기 죄로 말미암아 죽임을 당할 것이니라'(신 24:16). 따라서 각자 자기의 선택에 의해 복을 받기도 하고 저주를 받기도 하는 것이지만, 저주가 유전되는 것은 아닙니다."[73]

---

73) 출전 : 『기독교개혁신보』 홈페이지, http://rpress.or.kr/xe/306019

가계저주를 부인하는 목회자들은 이구동성으로 에스겔 18장 1-20절을 근거로 가계저주를 부인한다. 그런데도 가계저주를 옹호하는 목회자들은 그들의 오류를 명확하게 밝히지 못하고 있다. 이 때문에 다수파인 가계저주 반대론자들이 기세등등하게 활동하는 것이고, 심지어 소수파인 가계저주 옹호론자들을 이단으로 정죄하는 것이다. 그런데도 가계저주 옹호론자들은 본문을 바르게 해석할 길이 없어서 일방적으로 피해를 당하거나 숨을 죽이고 있는 실정이다. 양자 모두 본문의 정확한 뜻을 모르기 때문에 이처럼 안타까운 일이 벌어지는 것이다!

결론부터 말하면 가계저주 반대론자들의 주장은 성경을 잘못 해석한 것이다. 하나님이 에스겔 18장 20절을 말씀하신 배경을 살펴보면 본문을 근거로 가계저주를 부인하는 것이 오류인 것을 알 수 있다.

에스겔 18장 20절은 하나님이 현재 가계저주를 받고 있는 사람들에게 '장차 가계저주가 없는 시대를 허락해 주겠다'고 약속하신 말씀이다. 본문을 아래와 같이 요약할 수 있다.

"이스라엘의 속담에 '아버지가 신 포도를 먹었으므로 그의 아들의 이가 시다'고 함은 어찌 됨이냐? 내가 맹세하노니 장차 너희가 이스라엘 가운데에서 다시는 이 속담을 쓰지 못하게 되리라. 그때가 되면 범죄하는 그 영혼만 죽으리라."

이 말씀은 아래와 같은 뜻이다.

'지금까지는 너희 조상들의 죄로 인하여 너희에게 연좌제 사형(緣坐制死刑)이 시행되었지만 장차 너희가 가계저주를 끊어 내면 너희에게 연좌제 사형이 시행되지 않는 날이 오게 할 것이다.'

'연좌제'란 '범죄자와 일정한 친족 관계가 있는 사람에게 연대적으로 그 범죄의 형사책임을 지우는 제도'를 의미한다. '연좌제 사형'은 '연좌책임을 물어서 범죄 당사자와 그의 가족들을 함께 죽이는 것'을 뜻한다.

에스겔 18장 20절의 '가계저주가 없어지는 약속'이 이루어질 때가 언제인가? 이스라엘 백성들이 포로 생활을 끝내고 유다 땅으로 돌아간 이후다. 예레미야서를 보면 이것을 알 수 있다.

(렘 31:23-30) 만군의 여호와 이스라엘의 하나님께서 이와 같이 말씀하시니라 내가 그 사로잡힌 자를 돌아오게 할 때에 그들이 유다 땅과 그 성읍들에서 다시 이 말을 쓰리니 곧 의로운 처소여, 거룩한 산이여, 여호와께서 네게 복 주시기를 원하노라 할 것이며 유다와 그 모든 성읍의 농부와 양 떼를 인도하는 자가 거기에 함께 살리니 이는 내가 그 피곤한 심령을 상쾌하게 하며 모든 연약한 심령을 만족하게 하였음이라 하시기로 내가 깨어 보니 내 잠이 달았더라 여호와의 말씀이니라 보라 내가 사람의 씨와 짐승의 씨를 이스라엘 집과 유다 집에 뿌릴 날이 이르리니 깨어서 그들을 뿌리 뽑으며 무너뜨리며 전복하며 멸망시키며 괴롭게 하던 것과 같이 내가 깨어서 그들을 세우며 심으리라 여호와의 말씀이니라 그때에 그들이 말하기를 다시는 아버지가 신 포도를 먹었으므로 아들들의 이가 시다 하지 아니하겠고 신 포도를 먹는 자마다 그의 이가 신 것같이 누구나 자기의 죄악으로 말미암아 죽으리라

이처럼 하나님은 "이스라엘 백성들이 바벨론 포로 생활을 끝내고 유다 땅에 돌아갈 때에(내가 그 사로잡힌 자를 돌아오게 할 때에) 아버지의 죄로 아버지와 자식이 함께 죽임을 당하는 끔찍한 가계저주를 당하지 않게 할 것이다"라고 약속하셨다. 이것은 두 가지를 가르쳐 준다.

첫째, 이스라엘 백성들이 바벨론 포로 70년 동안 가계저주를 받은 것을 가르쳐 준다.

둘째, 이스라엘 백성들이 70년 동안 성실한 신앙생활로 가계저주를 끊었기 때문에 포로귀환을 할 때 가계저주가 없는 삶을 살게 될 것을 가르쳐 준다.

널리 알려진 대로 이스라엘 백성들(유다 백성들)은 지나치게 죄를 많이 지은 것으로 인하여 나라가 바벨론에 멸망당했다. 그때 하나님은 이스라엘 백성들에게 혹독한 가계저주(연좌제)를 내리셨다. 예레미야 선지자는 이 사실을 아래와 같이 선포했다.

> (애 2:21-22) 늙은이와 젊은이가 다 길바닥에 엎드러졌사오며 내 처녀들과 내 청년들이 칼에 쓰러졌나이다 주께서 주의 진노의 날에 죽이시되 긍휼히 여기지 아니하시고 도륙하셨나이다 주께서 내 두려운 일들을 사방에서 부르시기를 절기 때 무리를 부름같이 하셨나이다 여호와께서 진노하시는 날에는 피하거나 남은 자가 없나이다 내가 낳아 기르는 아이들을 내 원수가 다 멸하였나이다

> (애 4:10) 딸 내 백성이 멸망할 때에 자비로운 부녀들이 자기들의 손으로 자기들의 자녀들을 삶아 먹었도다

> (애 5:7) 우리의 조상들은 범죄하고 없어졌으며 우리는 그들의 죄악을 담당하였나이다

이처럼 지나치게 범죄한 이스라엘 백성들(유다 백성들)은 나라가 바벨론에 멸망할 때 혹독한 가계저주를 받았다.

또한 그들은 바벨론에서 포로 생활을 할 때도 많은 가계저주를 받았다. 수많은 사람이 연좌제로 처벌을 받았다. 고대인들은 포로를 소유물로 취급했기 때문이다. 그때 그들은 너 나 할 것 없이 '아버지가 신 포도를 먹었기 때문에 자식들의 이가 시다'는 속담을 사용했다. 아버지의 사소한 죄 때문에 자녀들이 함께 처벌받는(심하면 함께 죽임을 당하는) 것이 비일비재했기 때문에 이처럼 기막힌 속담을 사용했던 것이다.

혹독한 가계저주를 당한 이스라엘 백성들(유다 백성들)은 철저하게 회개했다(단 9:11). 그와 동시에 열성적으로 하나님을 섬겼고, 의롭게 살기를 힘썼다. 다니엘, 에스더, 모르드개, 에스라, 느헤미야 등이 대표적인 사람들이다. 이렇게 해서 이스라엘 민족은 지긋지긋한 가계저주에서 벗어날 수 있었다. 그러자 하나님은 이사야 선지자와 예레미야 선지자의 예언이 그들에게 이루어지게 하셨다.

> (사 40:2) 너희는 예루살렘의 마음에 닿도록 말하며 그것에게 외치라 그 노역의 때가 끝났고 그 죄악이 사함을 받았느니라 그의 모든 죄로 말미암아 여호와의 손에서 벌을 배나 받았느니라 할지니라 하시니라

> (렘 31:23-30 요약) 만군의 여호와 이스라엘의 하나님께서 이와 같이 말씀하시니라 내가 그 사로잡힌 자를 돌아오게 할 때에 …… 그때에 그들이 말

하기를 다시는 아버지가 신 포도를 먹었으므로 아들들의 이가 시다 하지 아니하겠고 신 포도를 먹는 자마다 그의 이가 신 것같이 누구나 자기의 죄악으로 말미암아 죽으리라

이처럼 에스겔 18장 1-20절은, 혹독한 가계저주로 고생하는 동안에 철저하게 회개한 것은 물론 열심히 선행을 힘쓴 이스라엘 백성들에게 "장차 포로귀환이 이루어질 때 가계저주를 받지 않게 할 것이다"라는 하나님의 약속이다. 본문은 "모든 이스라엘 사람에게 가계저주가 없다"는 뜻이 전혀 아니다. 그러므로 에스겔 18장 20절을 근거로 "가계저주가 없다"고 주장하는 것이 오류일 수밖에 없다. 더 나아가서 본문을 근거로 가계저주를 옹호한 사람들을 박해한 것은 매우 중대한 잘못일 수밖에 없다.

여기서 우리는 바벨론의 포로가 된 이스라엘 백성들이 모두 70년 만에 가계저주를 끊은 것은 아님을 깨달아야 한다. 그들 중의 어떤 이들은 포로 생활 초기에 가계저주를 끊었다. 대표적인 사람이 다니엘과 그의 세 친구다. 그들은 목숨을 걸고 하나님이 기뻐하는 대로 살기를 힘써서 포로 생활 초기에 바벨론의 느부갓네살 왕의 마음에 들어 가계저주가 없는 삶(바벨론 사람들에게 우대를 받는 삶)을 살 수 있었다. 에스더 역시 비교적 빨리 가계저주를 끊었다. 하지만 대부분의 사람은 70년 만에 가계저주를 끊었다. 이처럼 신앙생활을 어떻게 하느냐(가계저주를 끊는 일을 얼마나 힘쓰느냐)에 따라서 가계저주가 끊어지는 때가 달라진다.

필자는 60여 년 동안 가계저주에 시달리다가 양촌힐링센터에서 전인치유(또는 가계치유)를 받은 후에 가계저주를 끊었다. 양촌힐

링센터에서 전인치유를 받지 않았으면 필자는 지금도 가계저주에 시달리고 있을 것이다. 생각만 해도 끔찍한 일이다.

양촌힐링센터는 세상으로 말하면 대학병원과 같은 곳이다. 시골 의원에서 못 고치는 질병을 대학병원에서 고치듯이, 일반적인 신앙생활을 통하여 끊을 수 없는 가계저주를 양촌힐링센터의 전인치유를 통하여 끊을 수 있기 때문이다. 그래서 양촌힐링센터가 중요한 것이다.

여기서 한 가지 더 주의할 것이 있다. 그것은 에스겔 18장 3절의 "이스라엘 가운데에서 다시는 '아버지가 신 포도를 먹었으므로 그의 아들의 이가 시다'는 속담을 쓰지 못하게 되리라"는 말씀이다. 구체적으로 말하면 본문 중의 '다시는'이란 단어를 오해하지 않는 것이다.

이 단어를 오해하여 "하나님이 '다시는 아버지가 신 포도를 먹었으므로 아들의 이가 시다는 속담을 사용하지 않게 하겠다'고 하셨으므로 그때 이후부터는 가계저주가 없다"고 주장하면 안된다. 본문의 '다시는'은 조건이 붙어 있는 말씀이다. 본문은 '너희가 가계저주를 받을 만큼 큰 죄를 짓지 않으면, 즉 너희가 거룩하게 살기를 힘쓰면 다시는 가계저주가 없게 하겠다'는 뜻이다. 이와 비슷한 말씀이 열왕기상 9장에 있다.

(왕상 9:5-7) 내가 네 아버지 다윗에게 말하기를 이스라엘의 왕위에 오를 사람이 네게서 끊어지지 아니하리라 한 대로 네 이스라엘의 왕위를 영원히 견고하게 하려니와 만일 너희나 너희의 자손이 아주 돌아서서 나를 따르지 아니하며 내가 너희 앞에 둔 나의 계명과 법도를 지키지 아니하고 가서 다

른 신을 섬겨 그것을 경배하면 내가 이스라엘을 내가 그들에게 준 땅에서 끊어 버릴 것이요 내 이름을 위하여 내가 거룩하게 구별한 이 성전이라도 내 앞에서 던져 버리리니 이스라엘은 모든 민족 가운데에서 속담거리와 이야깃거리가 될 것이며

하나님이 다윗에게 "내가 이스라엘의 왕위에 오를 사람이 네게서 끊어지지 않게 만들어 주리라"고 하신 것은 '너의 후손이 거룩하게 살면 내가 이스라엘의 왕위에 오를 사람이 네게서 끊어지지 않게 만들어 주리라'는 뜻이다.

예레미야 31장 29절도 마찬가지다. 본문은 '너희가 고국에 돌아가서 성실하게 신앙생활을 하면 다시는 아버지가 신 포도를 먹었으므로 아들의 이가 시다는 속담을 사용하지 않게 해 주리라'는 뜻이다. 다시 말해서 본문은 '너희가 고국에 돌아가서 범죄하면 아버지가 신 포도를 먹었으므로 아들의 이가 시다는 속담을 다시 사용하게 해 주리라'는 뜻이다.

성경에 기록된 이스라엘의 역사를 살펴보면 이스라엘 백성들이 선하게 살 때(또는 작은 죄를 지었을 때)는 하나님이 가계저주를 시행하지 않으셨지만, 그들이 크게 타락하면 반드시 가계저주를 시행하신 것을 알 수 있다.

■ 여리고성의 물건을 훔친 아간의 경우

아간은 여리고성의 물건을 도둑질한 사람이다. 아간의 죄는 하나님에게 바쳐진 것을 도둑질한 것이다. 이것은 큰 죄다. 이런 죄를

지은 사람은 죽임을 당하게 되어 있다(레 27:28-29).

아간은 훔친 물건을 자기 집에 감췄다. 그의 가족은 단지 아간이 물건을 가져와 감추는 것을 묵인했을 뿐이다. 그런데도 하나님은 아간과 함께 그의 가족을 모두 죽이셨다. 이른바 연좌제(가계저주)를 시행하신 것이다. 아간이 너무나 큰 죄를 지었기 때문에 이렇게 하신 것이다(참조, 수 7:10-26).

하나님은 큰 죄를 범한 고라와 다단과 아비람과 그의 가족을 한 꺼번에 죽이신 적이 있고(민 16:1-33), 큰 죄를 범한 사울로 인하여 그의 아들들을 죽이신 적이 있으며(삼하 21:1-9), 큰 죄를 범한 다윗 때문에 그의 아들을 죽이신 적도 있다(삼하 12:9-23). 이 모두가 하나님이 연좌제(가계저주)를 시행하신 증거다.

▼ 범죄로 인하여 이방 나라의 침략을 받은 경우

이스라엘 백성이 지나치게 타락하면 하나님은 이방 나라의 침략을 받게 만들거나 이방 나라에게 정복당하게 하셨다. 이럴 경우에도 하나님은 연좌제(가계저주)를 시행하셨다.

이스라엘을 점령한 이방인들은 무자비하게 이스라엘 백성을 죽였다. 온 가족을 몰살하는 경우가 비일비재했다. 주전 721년의 북이스라엘, 주전 587년의 남유다, 주후 70년의 유다가 지나치게 범죄하여 끔찍한 가계저주를 당했다. 하나님이 큰 죄를 범한 이스라엘 백성들에게 가계저주를 내리셨기 때문에 이런 일이 일어난 것이다.

이제 에스겔 18장 20절의 분명한 뜻이 밝혀졌다. 본문은 '가계저주를 받은 이스라엘 백성이 조상의 죄를 회개한 후에 70여 년 동안 선하게 살아서 가계저주를 끊었기 때문에, 그들이 예루살렘에 귀환

한 후에 주님의 말씀대로 살면 더 이상 가계저주를 내리지 않으실 것'을 선언하신 말씀이다. 그러나 그들이 다시 큰 죄를 지으면 하나님은 반드시 가계저주를 내리실 수밖에 없다. 역사를 보면 그들이 다시 타락하여 그들의 나라가 로마에게 멸망당한 것을 알 수 있다. 그때도 바벨론 포로 생활 때처럼 무서운 가계저주가 시행되었다.

안타깝게도 가계저주 반대론자들은 이런 배경을 무시한 채로 무조건 에스겔 18장 20절을 근거로 "중생한 성도에게는 가계저주가 없다"고 주장한다. 반면에 가계저주 옹호론자들은 본문의 이런 배경을 연구하지 않아서 가계저주 반대론자들의 공격을 막지 못하고 있다. 이런 와중에서 수많은 목회자와 성도가 가계저주를 끊지 못하여 큰 고통을 당하고 있다. 하루속히 이런 오류에서 벗어나야 하지 않겠는가?

❧ 매우 안타까운 내담자

전인치유를 하다 보면 매우 안타까운 이들을 많이 만난다. 그중에서 가장 안타까운 사람은 가족, 또는 목회자에게 성폭행을 당한 경우다. 어떤 여성은 교회의 중직자인 가족에게 성폭행을 당하여 오랫동안 큰 고통을 당하다가 전인치유를 받고 비로소 그 고통에서 벗어나기도 한다. 심지어 어떤 여성은 담임 목회자에게 성폭행을 당하여 오랫동안 큰 고통을 당하다가 전인치유를 받고 비로소 그 고통에서 벗어나기도 한다. 그처럼 끔찍한 일을 자행한 이들은 예외 없이 가계저주를 받고 있는 사람이다. 그들이 교회의 중직자가 되었지만 가계저주를 끊지 못해서 피해자인 동시에 가해자가 된 것이다. 이 얼마나 안타까운 일인가!

2) 가계저주 반대론자들의 두 번째 성경적 근거

가계저주 반대론자들이 두 번째로 전가의 보도처럼 휘두르는 말씀은 갈라디아서 3장 13절이다.

> (갈 3:13) 그리스도께서 우리를 위하여 저주를 받은 바 되사 율법의 저주에서 우리를 속량하셨으니 기록된바 나무에 달린 자마다 저주 아래에 있는 자라 하였음이라

가계저주를 반대하는 사람들은 본문을 근거로 "예수님이 중생한 성도를 위하여 저주를 받으셨으므로 중생한 성도에게는 가계저주가 없다"고 주장한다.

김홍기 목사가 본문을 근거로 가계저주를 부인한 글을 살펴보자.

> "예수님을 영접하고 죄 사함을 받았지만 과거의 죄의 결과가 남아서 구원받은 성도에게 고통이 지속될 수도 있다. 그러면 우리는 이것을 저주의 결과라고 불러도 될 것인가? 물론 아니다. 왜냐하면 그리스도께서 성도를 저주에서 이미 해방하셨기 때문이다(갈 3:13). 그러므로 더 이상 그리스도인의 경험과 관계하여 저주라는 말과 개념은 사용하지 말아야 한다."[74]

이윤호 목사의 주장을 들어보자.

---

74) 가계저주론, 김홍기, 그 실체를 밝힌다, 예영커뮤니케이션, 2003년, p. 271

"'신자에게 가계에 흐르는 저주가 있다'는 가르침은 잘못된 것입니다. 따라서 본인은 '신자에게 가계에 흐르는 저주가 있다'고 잘못 가르쳤음을 인정합니다. 왜냐하면 '그러므로 이제 그리스도 예수 안에 있는 자에게는 결코 정죄함이 없나니'(롬 8:1; 참조, 롬 8:34)라는 말씀에서 '정죄함(카타크리마)'은 영원한 형벌에 처하는 '단죄(斷罪)' 또는 '저주'와 같은 의미로 하나님의 결정적인 심판을 의미하기 때문입니다. 그리스도 안에 있는 신자들은 비록 범죄할 때 '책망'과 '징계'는 받지만(히 12:5-8), 결코 '정죄함' 곧 '저주'가 없습니다. 그 이유는 예수님께서 우리가 받을 저주를 십자가에서 다 담당하셨기 때문입니다."[75]

『하이델베르크 요리문답』을 보자.

"37문 : '고난을 받으사'라는 말로 당신은 무엇을 고백합니까?
답 : 그리스도는 이 세상에 사셨던 모든 기간에, 특히 생의 마지막 시기에 모든 인류의 죄에 대한 하나님의 진노를 자신의 몸과 영혼에 짊어지셨습니다. 그분은 유일한 화목제물로 고난을 당함으로써 우리의 몸과 영혼을 영원한 저주로부터 구원하셨고, 우리를 위해 하나님의 은혜와 의와 영원한 생명을 얻으셨습니다."[76]

이처럼 대부분의 목회자들(특히 개혁파 목회자들)은 중생한 성도는 영혼과 몸이 모두 저주에서 벗어난 것으로 생각한다. 이 때문에

---

75) 출전 : 『기독교개혁신보』 홈페이지, http://rpress.or.kr/xe/306019
76) 좁은문, 좁은길 블로그 :
    http://blog.naver.com/manna0729?Redirect=Log&logNo=80197128857

그들이 "중생한 성도에게 죄로 인한 징계가 있을 수는 있지만 가계저주는 없다"고 주장하는 것이다.

저주의 목적과 징계의 목적을 이해해도 징계와 저주가 같은 것을 알 수 있다.

저주의 목적은 첫째, 죄를 지은 만큼 처벌하는 것이고, 둘째, 지은 죄를 회개시키는 것이고, 셋째, 더 이상 죄를 짓지 못하게 만드는 것이다.

징계도 마찬가지다. 징계의 목적도 첫째, 죄를 지은 만큼 처벌하는 것이고, 둘째, 지은 죄를 회개시키는 것이고, 셋째, 더 이상 죄를 짓지 못하게 만드는 것이다.

그러므로 "예수님을 믿는 성도에게는 하나님의 징계는 있으나 하나님의 저주는 없다"고 주장하며 성경이 분명히 가르치는 가계저주를 부인하는 어리석음을 범하지 말아야 할 것이다.

가계저주를 부인하는 사람들은 갈라디아서를 정확하게 살피지 않아서 큰 오류를 범했다. 필자가 이렇게 주장하는 이유는 두 가지다.

첫째, 갈라디아서 3장 13절은 '중생한 성도의 영혼이 저주에서 벗어난 것'을 가르치는 구절이기 때문에 가계저주 반대론자들의 주장이 오류일 수밖에 없다.

갈라디아서는 갈라디아교회 성도들이 은혜구원론(은혜로 영혼 구원을 받는 것을 주장하는 이론)을 버리고, 행위구원론(행위로 영혼 구원을 받는 것을 주장하는 이론, 다른 복음)을 믿는 것을 혁파하기 위하여 쓴 글이다.

(갈 1:6) 그리스도의 은혜로 너희를 부르신 이를 이같이 속히 떠나 다른 복음을 따르는 것을 내가 이상하게 여기노라

사람은 예수님을 구주로 믿는 순간에 영혼이 영원히 저주에서 벗어난다(요 3:6, 3:16, 6:47, 10:28, 히 10:14). 이것을 일컬어서 '영혼 구원'이라고 한다.

예수님은 사람이 예수님을 믿을 때 영혼만 저주에서 벗어나는 사실을 아래와 같이 가르치셨다.[77]

(요 3:5-6) 예수께서 대답하시되 진실로 진실로 네게 이르노니 사람이 물과 성령으로 나지 아니하면 하나님의 나라에 들어갈 수 없느니라 육으로 난 것은 육이요 영으로 난 것은 영이니

본문의 '육으로 난 것은 육이요'는 '부모의 육체로 태어난 것은 육체요'란 뜻이다. 본문의 '영으로 난 것은 영이니'는 '성령으로 태어난 것은 영혼'이라는 뜻이다. 이처럼 사람이 예수님을 믿을 때 영혼만 영원히 저주에서 벗어난다. 거듭나지 못한 육체는 저주를 벗어 버리지 않는 한 여전히 저주를 받는다.

저주에 관한 성경의 가르침을 아래와 같이 정리할 수 있다.

"예수님은 십자가로 하나님의 자녀들의 영혼의 저주를 모두 끊어 주셨다. 다시 말해서 주님은 십자가로 하나님의 자녀들의 육신의

---

[77] 중생한 성도의 영혼이 영원히 저주에서 벗어난 것은 필자의 저서 『지옥에 가는 크리스천들?』(1, 2, 3)에 자세히 설명되어 있다.

저주를 전혀 끊어 주지 않으셨다. 주님은 '하나님의 자녀들이 거룩하게 사는 만큼 육신의 저주를 끊어 주실 것'과 '하나님의 자녀들이 죽을 때 육신의 저주를 모두 끊어 주실 것'을 약속하셨다."

여기서 대부분의 성도가 오해하는 로마서 8장 1-2절도 짚고 넘어가는 것이 좋을 것이다.

(롬 8:1-2) 그러므로 이제 그리스도 예수 안에 있는 자에게는 결코 정죄함이 없나니 이는 그리스도 예수 안에 있는 생명의 성령의 법이 죄와 사망의 법에서 너를 해방하였음이라

가계저주를 인정하지 않는 성도들은 본문의 '그리스도 예수 안에 있는 자에게는 결코 정죄함이 없나니'와 '성령의 법이 죄와 사망의 법에서 너를 해방하였음이라'는 말씀을 근거로 "중생한 성도는 영혼과 육체가 모두 정죄에서 벗어났기 때문에 가계저주에서도 벗어났다"고 주장한다.

아래의 글은 예장통합 측 총회가 이윤호 목사의 가계저주론을 정죄하면서 주장한 내용이다.

"육신과 혼의 구원은 영의 구원과 다른 방식으로 얻어야 한다고 가르치는 이중구원론은 구원론의 왜곡이다. 성경은 '그러므로 이제 그리스도 예수 안에 있는 자에게는 결코 정죄함이 없나니 이는 그리스도 예수 안에 있는 생명의 성령의 법이 죄와 사망의 법에서 너를 해방하였음'(롬 8:1-2)이라고 가르친다."[78)]

"'그리스도께서 우리를 위하여 저주를 받은바 되사 율법의 저주에서 우리를 속량하셨다'(갈 3:13). 우리를 심판하실 그리스도께서 저주의 십자가에 달리심으로 인류의 모든 저주와 심판을 친히 담당하심으로 우리의 영혼육의 온전한 구원을 약속하셨다."[79]

바울 사도는 "나의 속사람은 죄를 짓지 않지만(나의 속사람은 하나님의 법을 즐거워하지만) 나의 겉사람은 죄를 짓는다(나의 겉사람은 죄의 법을 즐거워한다)"고 탄식했다(롬 7:22-23). 이것은 이미 구원받은 그의 영혼은 죄를 짓지 않지만 아직 구원받지 못한 그의 육체는 죄를 짓는 것을 의미한다.

성도의 육체는 범죄로 인한 죗값 때문에 반드시 죽는다. 죄로 죽은 육체는 예수님의 재림 때가 되어야 영원히 죄를 짓지 않는 부활체를 받아서 천국에 들어간다. 반면 성도의 영혼은 영원히 온전해졌을 뿐만 아니라(히 10:14), 절대로 죄를 짓지 않기 때문에(요일 5:18) 육체가 죗값으로 죽을 때 죽지 않고 즉시 천국에 간다. 이에 관한 자세한 설명은 필자의 저서 『지옥에 가는 크리스천들?』(1, 2, 3)을 참조하기 바란다.

로마서는 바울 사도가 '성도는 믿음으로 영의 구원을 얻은 것'을 가르치기 위하여 기록한 말씀이다. 로마서 8장 1-2절의 '그리스도 예수 안에 있는 자에게는 결코 정죄함이 없나니'란 말씀과 '성령의 법이 죄와 사망의 법에서 너를 해방하였음이라'는 말씀은 '하나님의 은혜로 이미 구원받은 영은 절대로 정죄함을 받지 않는다'는 뜻이다. 본문은 성도의 육체 문제를 취급하는 말씀이 아니다. 로마서

---

78) https://blog.naver.com/hongkil8291/80029446616
79) https://blog.naver.com/hongkil8291/80029446616

의 이런 문맥을 생각하지 않고 무조건 "성도는 영혼과 육체가 모두 저주에서 벗어났으므로 가계저주에서도 벗어났다"고 주장하면 안 된다.

다시 강조하겠다. 중생한 성도는 예수님을 믿을 때 영원히 지옥에 가지 않는 영혼 구원(영생)을 얻었다(요 10:28). 그런데도 갈라디아교회 성도들은 '중생한 성도도 율법을 지켜야만 영혼 구원을 얻을 수 있다'고 믿었다. 이것은 업은 아기를 찾으러 헤매는 것과 같이 어리석은 행위다. 그래서 바울 사도가 아래와 같이 갈라디아교회 성도들을 책망한 것이다.

(갈 3:1) 어리석도다 갈라디아 사람들아 예수 그리스도께서 십자가에 못 박히신 것이 너희 눈앞에 밝히 보이거늘 누가 너희를 꾀더냐

이어서 바울 사도는 율법을 지켜서 영혼 구원을 받으려고 하는 것이 얼마나 어리석은지를 가르쳤다.

(갈 3:10) 무릇 율법 행위에 속한 자들은 저주 아래에 있나니 기록된바 누구든지 율법 책에 기록된 대로 모든 일을 항상 행하지 아니하는 자는 저주 아래에 있는 자라 하였음이라

갈라디아교회 성도들의 어리석음을 지적한 바울 사도는 사람은 오직 믿음으로 영혼 구원을 받는 사실을 다시 가르쳤다.

(갈 3:11) 또 하나님 앞에서 아무도 율법으로 말미암아 의롭게 되지 못할 것이 분명하니 이는 의인은 믿음으로 살리라 하였음이라

이렇게 은혜구원론을 증언한 바울 사도는 아래와 같이 가르쳤다.

(갈 3:13) 그리스도께서 우리를 위하여 저주를 받은 바 되사 율법의 저주에서 우리를 속량하셨으니 기록된바 나무에 달린 자마다 저주 아래에 있는 자라 하였음이라

이처럼 갈라디아서 3장 13절은 예수님이 율법의 저주에서 성도의 영혼을 구원하신 것을 가르치는 말씀이다.

갈라디아서와 똑같은 주제를 다룬 성경이 로마서다. 로마서도 중생한 성도의 영혼이 저주에서 영원히 벗어난 것을 가르치는 말씀이다[이에 관한 자세한 내용은 필자의 저서『지옥에 가는 크리스천들?』(1, 2, 3)을 참고하기 바란다]. 그러므로 갈라디아서와 로마서를 근거로 중생한 성도의 육체의 가계저주를 부인하는 것이 오류일 수밖에 없다.

둘째, 중생한 성도의 육체는 하나님을 믿는 만큼(의를 행한 만큼) 저주에서 벗어나기 때문에 "중생한 성도는 영혼과 육체가 영원히 저주에서 벗어났다"고 주장하는 것이 오류일 수밖에 없다.
하나님이 구약 시대의 사람들과 신약 시대의 사람들을 구원하시는 원리는 똑같다. 신구약 시대의 사람들은 동일하게 은혜로(믿음으로) 영혼 구원을 받고, 행함으로(선행으로) 복과 상을 받는다. 중생한 성도도 악한 행위를 하면 육체가 저주를 받을 수밖에 없고, 가계저주를 끊지 않으면 육체가 가계저주를 받을 수밖에 없다.
물론 예수님은 창세전에 선택한 하나님의 자녀들의 영혼과 육체

를 모두 구원하려고 십자가를 지셨다. 그렇다고 해서 '사람이 예수님을 믿을 때 영혼과 육체가 모두 저주에서 벗어난다'고 착각하면 안 된다. 성경이 "사람의 영혼은 예수님을 믿는 순간에 영원히 저주에서 벗어나지만(요 10:28, 히 10:14), 육체는 선을 행한 만큼 저주에서 벗어나고, 육체는 죗값으로 죽은 후에 부활 때가 되어야만 영원히 저주에서 벗어난다"고 가르치기 때문이다.

(신 28:1-6) 네가 네 하나님 여호와의 말씀을 삼가 듣고 내가 오늘 네게 명령하는 그의 모든 명령을 지켜 행하면 네 하나님 여호와께서 너를 세계 모든 민족 위에 뛰어나게 하실 것이라 네가 네 하나님 여호와의 말씀을 청종하면 이 모든 복이 네게 임하며 네게 이르리니 성읍에서도 복을 받고 들에서도 복을 받을 것이며 네 몸의 자녀와 네 토지의 소산과 네 짐승의 새끼와 소와 양의 새끼가 복을 받을 것이며 네 광주리와 떡 반죽 그릇이 복을 받을 것이며 네가 들어와도 복을 받고 나가도 복을 받을 것이니라

(신 28:15-19) 네가 만일 네 하나님 여호와의 말씀을 순종하지 아니하여 내가 오늘 네게 명령하는 그의 모든 명령과 규례를 지켜 행하지 아니하면 이 모든 저주가 네게 임하며 네게 이를 것이니 네가 성읍에서도 저주를 받으며 들에서도 저주를 받을 것이요 또 네 광주리와 떡 반죽 그릇이 저주를 받을 것이요 네 몸의 소생과 네 토지의 소산과 네 소와 양의 새끼가 저주를 받을 것이며 네가 들어와도 저주를 받고 나가도 저주를 받으리라

(마 22:30) 부활 때에는 장가도 아니 가고 시집도 아니 가고 하늘에 있는 천사들과 같으니라

바울 사도는 성령세례를 받은 고린도교회 성도들도 저주를 받을 수 있는 사실을 아래와 같이 선포했다.

> (고전 16:21-22) 나 바울은 친필로 너희에게 문안하노니 만일 누구든지 주를 사랑하지 아니하면 저주를 받을지어다 우리 주여 오시옵소서

이처럼 중생한 성도도 육체의 저주를 끊지 않거나 저주받을 행위를 하면 육체가 저주받을 수밖에 없다.

그러므로 "중생한 성도는 죄를 지어도 저주를 받지 않고 징계(고난)만 받는다"는 주장과 "중생한 성도에게는 저주가 없다"는 주장이 오류일 수밖에 없다.

만일 사람이 예수님을 믿는 순간에 영혼과 육체가 모두 저주에서 벗어나는 것이 사실이면 장애인은 예수님을 믿는 순간에 자동적으로 장애가 고쳐져야 하고, 가난한 사람은 자동적으로 부자가 되어야 한다. 대부분의 장애와 가난은 하나님이 내리신 저주이기 때문이다. 물론 예외적으로 특별한 사명을 위하여 하나님이 장애와 가난을 주실 수 있다. 바울 사도가 대표적인 인물이다.

독자는 예수님을 믿을 때 육체적인 고통이 모두 해결되었는가? 독자가 예수님을 믿을 때 육체적인 고통에서 완전히 벗어나지 않는 것이 분명하지 않은가? 독자는 예수님을 믿어서 영혼 구원을 받은 후에 믿음의 분량에 따라서(행함으로) 육체의 고통에서 벗어나는 것을 체험하지 않았는가?

지금까지 설명한 것처럼 일반 성도는 물론 목회자들도 가계저주를 끊지 않는 한 가계저주를 당할 수밖에 없다. 이 때문에 일반 성도는 물론 수많은 목회자가 가난의 저주와 질병의 저주에서 시달리거나 죽음의 저주를 당하는 것이다. 가계저주를 부인하는 사람들은 이것을 깨닫지 못해서 성경이 명백하게 가르치는 가계저주를 부인하는 것이고, 그로 인하여 수많은 성도가 가계저주 때문에 고통을 받는 것이다.

아이러니한 것 중의 하나는 많은 목회자가 자신도 가계저주 때문에 가난하게 살거나 질병에 걸려서 고통을 받거나 가정불화로 고통을 받으면서도 "가계저주가 없다"고 주장하는 것이다. 이런 목회자들은 매우 부끄러워해야 할 것이고, 성도들에게 진지하게 사과해야 할 것이다.

중생한 성도의 육체가 저주를 당하는 이유는 중생한 성도의 영혼은 법적, 실제적으로 하나님의 것인데 반하여 중생한 성도의 몸은 법적으로만 하나님의 것이기 때문이다. 다시 말해서 중생한 성도의 영은 성령님이 온전히 지배하시지만 중생한 성도의 몸은 사탄이 지배하기 때문이다.

지구와 천국을 생각해 보면 이 사실을 더욱 쉽게 이해할 수 있을 것이다(이 점은 필자가 『지옥에 가는 크리스천들?』에서 설명했다). 지구와 천국은 모두 하나님의 것이다. 하지만 천국은 법적, 실제적으로 하나님의 것인데 반하여 지구는 법적으로는 하나님의 것이지만 실제적으로는 사탄이 지배하고 있다. 중생한 성도도 이와 비슷하다. 그러므로 중생한 성도는 육체의 가계저주를 끊지 않는 한 가계저주 때문에 육체가 고통받을 수밖에 없다.

대한민국 땅과 북한 땅을 생각해 보아도 법적 소유와 실제적 소유가 다른 것을 이해할 수 있다. 북한 땅은 법적으로 대한민국의 땅이다. 하지만 실제적으로는 북한 공산당이 점령하고 있다. 성도의 몸도 이와 비슷하다. 중생한 성도는 육체의 저주를 끊은 만큼만 저주에서 벗어날 수 있다. "사람은 예수님을 믿을 때 영혼과 육체가 모두 저주에서 벗어난다"는 주장은 전혀 성경의 가르침이 아니다.

3) 가계저주 반대론자들의 세 번째 성경적 근거

가계저주 반대론자들은 "성경에 '가계저주가 흐른다'는 표현이 없기 때문에 '가계저주가 흐른다'는 주장이 오류"라고 주장한다.

이윤호 목사의 주장을 들어보자.

> "'가계에 흐르는 저주'라는 표현은 잘못된 것입니다. 따라서 본인은 '가계에 흐르는 저주'라는 용어를 잘못 사용하였음을 인정합니다. 이는 우선 성경에는 이런 직접적인 표현은 없기 때문입니다."[80]

이 주장도 성경을 충분히 살피지 않아서 생긴 오류다. 성경은 범죄한 사람의 후손들에게 가계저주가 흐르는 사실을 명백하게 가르치기 때문이다.

---

80) 출전 : 『기독교개혁신보』 홈페이지, http://rpress.or.kr/xe/306019

(신 28:45-46) 네가 네 하나님 여호와의 말씀을 청종하지 아니하고 네게 명령하신 그의 명령과 규례를 지키지 아니하므로 이 모든 저주가 네게 와서 너를 따르고 네게 이르러 마침내 너를 멸하리니 이 모든 저주가 너와 네 자손에게 영원히 있어서 표징과 훈계가 되리라

본문의 '이 모든 저주'는 '조상의 범죄로 인한 저주'를 의미하고, '이 모든 저주가 네게 와서 너를 따르고 네게 이르러'와 '이 모든 저주가 너와 네 자손에게 영원히 있어서'는 '조상의 범죄로 인한 저주가 후손들에게 흐르는 것'을 의미한다.

'물이 흘러온다'는 말과 '물이 따라온다'는 말이 똑같은 뜻인 것처럼 '가계저주가 흐른다'는 말과 '가계저주가 따른다'는 말은 똑같은 뜻이다. 그러므로 "성경에 '가계저주가 흐른다'는 표현이 없으므로 가계저주가 없다"는 주장이 오류일 수밖에 없다.

이윤호 목사의 또 다른 주장을 살펴보자.

"본인은 '가계의 저주'라는 표현을 사용하지 않고 여러 신학자의 권면을 따라 '조상의 죄악이 후손들에게 미치는 부정적 영향' 또는 '가계에 반복해서 나타나는 죄악된 성향'이라는 용어를 사용하고자 합니다."[81]

이윤호 목사는 "'가계저주'란 용어를 사용하지 않고, '조상의 죄악이 후손들에게 미치는 부정적 영향' 또는 '가계에 반복해서 나타나

---

81) 출전 : 『기독교개혁신보』 홈페이지, http://rpress.or.kr/xe/306019

는 죄악된 성향'이라는 용어를 사용할 것"이라고 선언했다. 모든 가계저주 반대론자들이 이렇게 주장하기 때문에 이윤호 목사가 이런 주장을 한 것이다. 하지만 이것은 두 가지 이유로 찬동할 수 없다.

첫째, 이것은 말 바꾸기에 지나지 않으므로 찬동할 수 없다. '가계저주'는 '조상들의 죄악이 후손들에게 미치는 부정적 영향'을 의미한다. 쉬운 예로 아담이 죄를 지어서 인류가 그 죄의 부정적 영향으로 고통을 받거나 죽는 것을 들 수 있다. 성경은 이런 죄의 부정적 영향들을 총칭하여 '저주'라고 한다.

> (신 28:15-22, 45-48) 네가 만일 네 하나님 여호와의 말씀을 순종하지 아니하여 내가 오늘 네게 명령하는 그의 모든 명령과 규례를 지켜 행하지 아니하면 이 모든 저주가 네게 임하며 네게 이를 것이니 네가 성읍에서도 저주를 받으며 들에서도 저주를 받을 것이요 또 네 광주리와 떡 반죽 그릇이 저주를 받을 것이요 네 몸의 소생과 네 토지의 소산과 네 소와 양의 새끼가 저주를 받을 것이며 네가 들어와도 저주를 받고 나가도 저주를 받으리라 네가 악을 행하여 그를 잊으므로 네 손으로 하는 모든 일에 여호와께서 저주와 혼란과 책망을 내리사 망하며 속히 파멸하게 하실 것이며 여호와께서 네 몸에 염병이 들게 하사 네가 들어가 차지할 땅에서 마침내 너를 멸하실 것이며 여호와께서 폐병과 열병과 염증과 학질과 한재와 풍재와 썩는 재앙으로 너를 치시리니 이 재앙들이 너를 따라서 너를 진멸하게 할 것이라 …… 네가 네 하나님 여호와의 말씀을 청종하지 아니하고 네게 명령하신 그의 명령과 규례를 지키지 아니하므로 이 모든 저주가 네게 와서 너를 따르고 네게 이르러 마침내 너를 멸하리니 이 모든 저주가 너와 네 자손에게 영원히 있어서 표징과 훈계가 되리라 네가 모든 것이 풍족하여도 기쁨과 즐거운 마

음으로 네 하나님 여호와를 섬기지 아니함으로 말미암아 네가 주리고 목마르고 헐벗고 모든 것이 부족한 중에서 여호와께서 보내사 너를 치게 하실 적군을 섬기게 될 것이니 그가 철 멍에를 네 목에 메워 마침내 너를 멸할 것이라

이처럼 성경은 '가계저주'를 '조상의 죄악으로 후손들에게 각종 질병과 재난이 오는 것(조상들의 부정적 영향)'으로 정의한다. 반면에 성경은 '가계축복'을 '조상의 선행으로 후손들에게 각종 좋은 일이 생기는 것(조상들의 긍정적 영향)'으로 정의한다(참조, 신 28:1-14).

'가계저주'와 '조상의 죄악이 후손들에게 미치는 부정적 영향'이 뭐가 다르단 말인가? 둘 다 똑같은 것이 아닌가? 이것이 성경의 분명한 가르침이 아닌가? 그런데 어째서 한편으로 "가계저주는 없다"고 주장하면서 다른 한편으로 "조상의 죄악이 후손들에게 미치는 부정적 영향은 있다"고 모순되게 주장하는 것인가? 즉시 이런 모순을 시정해야 하지 않겠는가?

둘째, '가계저주'를 '조상의 죄악이 후손들에게 미치는 부정적 영향'이라고 표현하는 것은, '독극물'을 '독극물'이란 용어 대신 '건강에 부정적 영향을 끼치는 물질'이라고 표현하는 것과 같이 위험하고, '사탄'을 '사람에게 부정적 영향을 끼치는 존재'라고 표현하는 것같이 위험하므로 찬동할 수 없다.

독극물은 독극물로 표현해야 하고, 사탄은 사탄으로 표현해야 하고, 가계저주는 가계저주로 표현해야 한다. 그래야만 사람들이 독극물과 사탄과 가계저주를 멀리하여 조금이라도 적게 사고를 당하

기 때문이다.

가계저주를 '조상의 죄악이 후손들에게 미치는 부정적 영향'으로 표현하면 성도들이 가계저주의 심각성을 인식하지 못하여 가계저주를 끊는 데 소극적이 되기 쉽다. 이것이 심하면 가계저주를 무시하여 비참한 일을 당할 수도 있다. 이런 불행에 대한 책임을 가계저주 반대론자들이 질 것인가?

셋째, '가계저주'를 '조상의 죄악이 후손들에게 미치는 부정적 영향'이라고 표현하는 것은 가계저주 반대론자들의 주장이기 때문에 찬동할 수 없다.

가계저주 반대론자들은 한편으로 "가계저주는 없다"고 주장하면서 다른 한편으로 "조상의 죄악이 후손들에게 미치는 부정적 영향은 있다"고 주장한다. 이런 목회자들이 매우 많다. 이 때문에 우리가 "조상의 죄악이 후손들에게 미치는 부정적 영향이 있다"고 말하면, 가계저주를 모르는 사람들과 가계저주를 잘못 배운 사람들은 "조상의 죄악이 후손들에게 미치는 부정적 영향은 있지만 가계저주는 없다"고 생각한다. 이런 사람들은 가계저주를 끊을 생각을 하지 않는다. 그러므로 "조상의 죄악이 후손들에게 미치는 부정적 영향은 있다"는 주장은 가급적 사용하지 말아야 한다.

다만 새신자들에게는 '가계저주'란 말보다 '조상의 죄악이 후손들에게 미치는 부정적 영향력'이란 말을 사용하는 것이 좋을 수도 있을 것이다. 하지만 이럴 때도 '조상의 죄악이 후손들에게 미치는 부정적 영향력'이 '가계저주'인 것을 분명히 해야 한다. 그래야 그들이 가계저주의 위험성을 깨달아서 적극적으로 가계저주를 끊을 것이기 때문이다.

정훈택 교수가 이윤호 목사의 가계저주론을 비판하면서 아래와 같이 주장한 것은 일부는 정당하고, 일부는 오류를 범한 것이다.

"이윤호의 치유 방법을 따를 때 죽음도 떠나보낼 수 있다는 것일까? 물론 그는 죽음의 문제를 해결할 수 있는 과제로 보지 않았다. 저주의 절단을 통하여 다른 것은 다 고쳐질 수 있다고 용기 있게 말할 수 있어도 죽음이란 하나님의 저주가 끝났다고 말할 용기는 없었기 때문이다. 죄의 결과로 하나님께서 이브에게 주신 해산의 고통과 남편을 사모함, 아담에게 주신 노동의 고통과 죽음은 죄와 저주, 조상과 후손 사이에 가장 강력한 결속력을 보여 주는 것인데도 이윤호는 저주의 치유에서 이 문제를 다루지 않았다. 그 저주는 예수님께서 오실 때까지 없어지지 않는다는 것을 그도 너무나 잘 알기 때문이다.
최초의 저주인 죽음의 문제를 해결하지 못하는 한 저주를 끊어 낸다는 이윤호의 외침에는 한계가 있다. 그리고 모순이 있다. 그의 저주 목록은 성경에서 다루는 저주의 핵심을 보지 못한 것이다. 가장 강력한 주제는 피하고, 고쳐질 만한 것들, 개선될 만한 것들만 거론한 것이다."[82]

정훈택 교수는 "이윤호 목사는 가장 강력한 저주인 죽음의 저주

---

82) 출전 : 월간 『교회와신앙』 1999년 10월호. 비니네 블로그 :
http://blog.naver.com/ydkim0301/20032548143

를 끊는 것에 자신이 없기 때문에 그것은 거론하지 않고, 지엽적인 저주인 질병과 가난 문제를 해결하는 방법만 다뤘으므로 가계저주론은 허구"라고 비판했다.

정훈택 교수가 "이윤호 목사는 가장 강력한 저주인 죽음의 저주를 끊는 것을 설명하지 않았다"고 비판한 것은 옳다. 그러나 그가 "죽음의 저주를 끊는 것이 불가능하다(죽음의 저주는 예수님께서 재림하실 때까지 없어지지 않는다)"고 주장하는 것은 옳지 않다. 다시 말해서 이윤호 목사가 죽음의 저주를 끊는 법을 설명하지 않은 것은 실수지만 정훈택 교수가 이것을 구실로 가계저주를 부인하는 것 역시 옳지 않다. 성경에는 죽음의 저주를 끊은 성도들이 많이 기록되어 있기 때문이다.

먼저 성경에는 믿음으로 살아서 죽음의 저주를 오랫동안 끊어 낸 사람들이 많이 기록되어 있다.

라합은 여리고성 사람들과 함께 죽을 처지에 있었다. 하지만 이스라엘의 하나님을 믿은 그녀는 목숨을 걸고 이스라엘의 정탐꾼들을 숨겨 주었다. 그 때문에 가족들과 함께 목숨을 건질 수 있었고, 유다 지파의 살몬과 결혼하여 보아스라는 걸출한 인물을 낳을 수 있었으며, 다윗 왕의 고조모가 되는 복을 받을 수 있었다. 이것은 라합이 죽음의 저주를 오랫동안 끊어 낸 것을 의미한다.

오늘날도 이런 일이 얼마든지 일어날 수 있다. 죽음의 저주 때문에 금방 죽을 성도가 믿음으로 죽음의 저주를 끊어서 장수하는 경우가 많이 있을 수 있다.

필자는 전인치유와 가계치유를 받은 후에 평생 따라다니던 자살충동에서 벗어날 수 있었다. 이것 역시 죽음의 저주를 끊어 낸 것을 의미한다.

또한 매우 드문 일이지만 성경에는 에녹, 모세, 엘리야 등과 같이 죽음의 저주를 당하지 않은 상태에서 천국에 간 사람들도 있다.

마지막으로 죽음의 저주를 가장 멋지게 끊는 것은 순교하는 것이다.

죽음은 가장 강력한 저주다. 이 때문에 사탄은 죽음의 저주로 성도들을 파멸시키려고 획책한다. 죽음의 저주가 무섭기 때문에 믿음이 약한 성도는 사탄이 죽음의 저주로 협박하면 죽음이 무서워서 타락한다. 베드로가 죽음이 무서워서 예수님을 세 번씩이나 부인한 것이 증거다.

그러나 믿음이 강한 성도는 죽음의 저주를 순교로 선용해서(승화시켜서) 죽음으로 하나님께 영광을 돌리고, 하나님의 나라를 크게 확장시키고, 큰 상급까지 받는다. 이렇게 되면 죽음의 저주로 성도를 멸망시키려던 사탄이 KO패를 당하는 셈이 된다. 이것이야말로 죽음의 저주를 가장 멋지게 끊는 것이다!

저주에서 벗어난 후에 땅에서 복되게 사는 것도 좋지만 하나님과 교회를 위하여 저주를 감당하면서(정훈택 교수가 지적한 것처럼 고난 중에 하나님과 동행하는 기쁨을 누리면서) 하늘의 상을 받는 것이 더욱 좋다. 순교를 당하여 죽음의 저주를 끊어 냄으로 하늘의 큰 상을 받는 것이 가장 좋다.

안타깝게도 가계저주 옹호론자들은 저주를 선용하는(승화시키는) 것이 가장 멋지게 저주를 끊는 것을 깨닫지 못했다. 이 때문에 가계저주를 끊는 문제를 다룰 때 고작 "가계저주를 끊어서 복되게 살자"는(기복주의 사상) 주장을 할 수밖에 없었다. 이것이 가계저주 반대론자들에게 공격의 빌미를 주었다. 기복주의는 수준 낮은 성도의 신앙행태이기 때문에 가계저주를 끊어서 복을 받는 것만 주장하면 가계저주 반대론자들의 공격을 당할 수밖에 없다.

정훈택 교수가 이윤호 목사의 주장을 비판한 글을 보자.

"이윤호의 가계저주론 및 가계치유론에는 그의 책 어디에서도 토론되지 않은 하나의 전제가 깊이 깔려 있다. 짧게 말해 보면 그것은 '모든 질병과 사고와 실패, 가난 등은 나쁜 것, 곧 저주요, 건강과 안전과 성공과 부는 좋은 것, 곧 축복이다'라는 다분히 말초신경적인 전제이다.
그가 말하는 하나님의 축복 속에 사는 풍요로운 성도의 삶이란 것은 질병과 사고와 실패에 시달리지 않는 평화로운 삶 정도를 말한다. 그래서 열심히 신앙생활을 하는데도 불구하고 이런 것들로 고통을 당한다면 하나님을 믿는 성도라도 여전히 저주 아래 있다는 단순한 설명이다."[83]

"병이 발생하고 다친다는 것은 저주받은 흔적은 아니다. 반대로 건강하다고 해서 그것이 하나님의 축복을 누리고 있다는 표시가 되는 것은 더욱 아니다. 어떤 사람에게는 병을 고쳐 주시는 것이 하나님

---

83) 출전 : 월간 『교회와 신앙』 1999년 10월호. 비니네 블로그 :
http://blog.naver.com/ydkim0301/20032548143

의 은총이다. 어떤 사람에게는 병을 남겨 놓는 것이 하나님의 은총이 되기도 한다. 바울은 자신의 병을 그렇게 이해했다(고후 12:9). 부가 축복일 수 있다. 그러나 부는 사람을 망치는 원흉이 되기도 한다. 그래서 하나님과 재물을 함께 섬기지 못한다거나(마 6:24) 돈이 일만 악의 뿌리라는 충고(딤전 6:10)가 나오는 것이다. 예수님은 가난한 자를 복된 사람이라고 선언하기도 하셨다(눅 6:20)."[84]

고난(저주)은 선용하기만 하면 엄청난 상급을 가져온다. 저주를 선용하는 것이 저주를 가장 멋지게 끊는 것이다. 그런데도 그동안 가계저주 옹호론자들은 가계저주를 선용하는 법을 설명하지 않았다. 그들은 고작 "가계저주를 끊고 부유하고 건강하게 살자"고 주장했다. 이 때문에 가계저주 반대론자들의 날카로운 비판을 받았다. 이것은 가계저주 옹호론자들의 큰 실수다.

저주에 관하여 한 가지 주의할 것이 있다. 그것은 사람의 육체는 죄로 오염되어 있기 때문에 땅에 사는 한 저주를 완벽하게 끊을 수 없다는 점이다. 그럼에도 불구하고 최대한 저주를 끊는 것(최대한 저주를 없애거나 최대한 저주를 선용하는 것)이 좋다.

가난의 저주를 예로 들겠다. 가계저주, 또는 자신의 죄로 가난하게 된 사람이 열심히 신앙생활을 해서 부자가 되었어도 땅에 사는 한 가난의 저주에서 완벽하게 벗어날 수 없다. 죄로 오염된 육신의

---

84) 출전 : 월간 『교회와 신앙』 1999년 10월호. 비니네 블로그 :
http://blog.naver.com/ydkim0301/20032548143

한계 때문에 이런 현상이 일어나는 것이다. 그럼에도 불구하고 최대한 가난의 저주를 끊는 것이 좋다. 범죄와 게으름 때문에 돈이 없어서 어쩔 수 없이 굶는 것과 하나님과 교회를 위하여 고난을 당하는 것 때문에 굶는 것은 차원이 다르기 때문이다.

가난하게 살기를 원하지 않는 성도(가난을 선용하기를 원하지 않는 성도)가 어쩔 수 없이 가난하게 살면 비참한 마음을 억제할 수 없기 때문에 정신적, 육체적으로 병들 수밖에 없다. 그러므로 가난을 선용하기를 원하지 않는 성도는 반드시 열심히 신앙생활을 하고 열심히 일해서 생활 걱정을 하지 않을 정도의 물질 축복을 받아야 한다. 가난이 가계저주로 왔으면 열심히 신앙생활을 하고, 열심히 일해서 가난의 저주를 끊어야 한다.

그러나 하나님의 영광을 드러내고, 교회를 부흥시키고, 하늘의 상급을 받기 위하여 자원하여 가난하게 사는 성도는 바울 사도처럼 가난과 박해를 기뻐한다.

> **(빌 2:17-18)** 만일 너희 믿음의 제물과 섬김 위에 내가 나를 전제로 드릴지라도 나는 기뻐하고 너희 무리와 함께 기뻐하리니 이와 같이 너희도 기뻐하고 나와 함께 기뻐하라

한편 사명을 깨닫지 못한 상태에서 어쩔 수 없이 가난하게 사는 성도는 가난을 지긋지긋하게 여긴다. 이런 성도는 하나님을 잘 섬겨서 물질의 복을 받아야만 시험에 들지 않는다. 가난을 지긋지긋하게 여기면서 가난하게 사는 것은 결코 주님의 뜻이 아니다(참조, 신명기 30장).

죽음의 저주 역시 마찬가지다. 가계에 흐르는 죽음의 저주를 끊은 사람은 건강하게 장수할 수 있다. 그럼에도 불구하고 모든 사람은 언젠가는 죽는다. 아무리 열심히 예수님을 믿어도 육신의 죄를 완전히 해결할 수 없기 때문이다. 필자가 『지옥에 가는 크리스천들?』(1, 2, 3)에서 충분히 설명한 것처럼 매우 선하게 사는 신자도 정도의 차이가 있을 뿐 죽을 때까지 율법을 어기면서 살 수밖에 없기 때문이다.

그럼에도 불구하고 하나님은 중생한 성도가 범죄 때문에 비참하게 죽어서 하나님의 영광을 훼손하지 않기를 원하신다. 하나님은 최소한 우리가 행복하게 죽기를 바라신다. 더 나아가 하나님은 중생한 성도가 순교로 죽음을 선용하여 하나님께 큰 영광을 돌리기를 원하신다.

중생한 성도는 가계저주를 끊은 만큼(선을 행한 만큼) 오랫동안 평안하게 살다가 죽거나 순교로 하나님께 큰 영광을 돌릴 수 있다. 물론 평안하게 살다가 죽는 것보다 순교하는 것이 더욱 좋다. 어떻게 살다가 어떻게 죽을 것인지는 각자가 결정해야 한다.

4) 가계저주 반대론자들의 네 번째 성경적 근거

가계저주 반대론자들은 "신약성경이 가계저주를 언급하지 않았으므로 신약 시대의 신자들에는 가계저주가 없다"고 주장하기도 한다.

과연 구약성경과 신약성경을 자세히 비교해 보면 구약성경에는 가계저주가 많이 기록되어 있는 데 비하여 신약성경에는 가계저주가 기록되어 있지 않은 것을 발견할 수 있다. 그 이유가 무엇일까?

신약 시대에는 가계저주가 없어서 그런 것일까? 아니면 다른 이유가 있는 것일까?

필자가 하나님의 은혜로 성경을 검토해 볼 때, 신약성경 기자들이 가계저주를 언급하지 않은 것에는 몇 가지 이유가 있다.

(1) 신약성경을 기록한 배경이 구약성경을 기록한 배경과 다르기 때문에 신약성경에 가계저주가 없는 것이다

모든 성경은 그것을 기록한 배경이 있다. 이것을 살펴야만 성경을 정확하게 깨달을 수 있다. 구약성경에 하나님의 저주란 말이 많은 것에 비하여 신약성경에 하나님의 저주란 말이 없는 것은 두 성경을 쓴 배경이 다르기 때문이다.

구약성경 중에서 하나님의 저주를 가장 많이 기록한 신명기를 살펴보자. 모세는 왜 신명기에 그처럼 많이 하나님의 저주를 기록한 것일까? 왜 신명기 28장에 축복에 관한 말씀의 네 배가 넘는 분량으로 저주에 관한 말씀을 기록했을까? 이 의문은 모세가 신명기를 설교한 배경을 이해해야만 풀린다.

모세가 신명기를 설교한 배경을 보면 이스라엘 백성들이 광야에서 40년간 떠도는 동안에 하나님께 원망, 불평을 한 장정들 60만 명이 모두 죽은 이후다.

(신 1:3-5) 마흔째 해 열한째 달 그달 첫째 날에 모세가 이스라엘 자손에게 여호와께서 그들을 위하여 자기에게 주신 명령을 다 알렸으나 그때는 모세

가 헤스본에 거주하는 아모리 왕 시혼을 쳐 죽이고 에드레이에서 아스다롯에 거주하는 바산 왕 옥을 쳐 죽인 후라 모세가 요단 저쪽 모압 땅에서 이 율법을 설명하기 시작하였더라 일렀으되

　40년간 광야생활을 하는 동안에 원망과 불평을 일삼던 이스라엘의 장정들 60만 명은 대부분 죽임을 당했다. 그럼에도 불구하고 그들의 후손 대부분은 여전히 정신을 차리지 못하고 있었다. 그들의 최대 관심사는 가나안에 들어가서 편하게 사는 것과 하나님의 다스림에서 벗어나서 제멋대로 사는 것이었다.
　하나님은 그 당시의 이스라엘 사람들의 악한 생각을 아래와 같이 지적하셨다.

> (신 31:16) 또 여호와께서 모세에게 이르시되 너는 네 조상과 함께 누우려니와 이 백성은 그 땅으로 들어가 음란히 그 땅의 이방 신들을 따르며 일어날 것이요 나를 버리고 내가 그들과 맺은 언약을 어길 것이라

> (신 31:20-21) 내가 그들의 조상들에게 맹세한바 젖과 꿀이 흐르는 땅으로 그들을 인도하여 들인 후에 그들이 먹어 배부르고 살찌면 돌이켜 다른 신들을 섬기며 나를 멸시하여 내 언약을 어기리니 그들이 수많은 재앙과 환난을 당할 때에 그들의 자손이 부르기를 잊지 아니한 이 노래가 그들 앞에 증인처럼 되리라 나는 내가 맹세한 땅으로 그들을 인도하여 들이기 전 오늘 그들이 생각하는 바를 아노라

　하나님은 "나는 내가 맹세한 땅으로 그들을 인도하여 들이기 전 오늘 그들이 생각하는 바를 안다"고 하셨다. 이처럼 모세가 신명기

설교를 할 당시의 이스라엘 백성들은 가나안에 들어가서 제멋대로 살 궁리만 하고 있었다. 이런 사람들에게 경고하기 위하여 모세가 하나님의 저주를 강조한 것이다.

> (신 28:15-16) 네가 만일 네 하나님 여호와의 말씀을 순종하지 아니하여 내가 오늘 네게 명령하는 그의 모든 명령과 규례를 지켜 행하지 아니하면 이 모든 저주가 네게 임하며 네게 이를 것이니 네가 성읍에서도 저주를 받으며 들에서도 저주를 받을 것이요

> (신 28:45-46) 네가 네 하나님 여호와의 말씀을 청종하지 아니하고 네게 명령하신 그의 명령과 규례를 지키지 아니하므로 이 모든 저주가 네게 와서 너를 따르고 네게 이르러 마침내 너를 멸하리니 이 모든 저주가 너와 네 자손에게 영원히 있어서 표징과 훈계가 되리라

> (신 28:58-59) 네가 만일 이 책에 기록한 이 율법의 모든 말씀을 지켜 행하지 아니하고 네 하나님 여호와라 하는 영화롭고 두려운 이름을 경외하지 아니하면 여호와께서 네 재앙과 네 자손의 재앙을 극렬하게 하시리니 그 재앙이 크고 오래고 그 질병이 중하고 오랠 것이라

이처럼 신명기는 타락을 눈앞에 둔 이스라엘 백성들에게 경각심을 주기 위하여 설교한 것이다. 이 때문에 신명기에 하나님의 저주란 말이 많은 것이다.

반면 신약성경은 박해를 당하는 성도들에게 쓴 글이다.

(히 10:32-36) 전날에 너희가 빛을 받은 후에 고난의 큰 싸움을 견디어 낸 것을 생각하라 혹은 비방과 환난으로써 사람에게 구경거리가 되고 혹은 이런 형편에 있는 자들과 사귀는 자가 되었으니 너희가 갇힌 자를 동정하고 너희 소유를 빼앗기는 것도 기쁘게 당한 것은 더 낫고 영구한 소유가 있는 줄 앎이라 그러므로 너희 담대함을 버리지 말라 이것이 큰 상을 얻게 하느니라 너희에게 인내가 필요함은 너희가 하나님의 뜻을 행한 후에 약속하신 것을 받기 위함이라

초대교회에서 예수님을 잘 믿는 성도들은 반드시 박해를 받았다. 그 당시의 성도들은 유대인들의 박해는 물론 로마인들의 박해까지 받았다. 더군다나 박해가 점점 심해지고 있었다.

박해를 당하는 성도들에게는 축복과 저주를 설교할 수 없다.

첫째 이유는, 박해로 인하여 복을 받을 수 없기 때문이다.
둘째 이유는, 박해로 인하여 받은 복도 빼앗기는 형편이기 때문이다.
셋째 이유는, 박해를 당하는 성도들에게 저주를 설교하는 것은 무거운 짐을 진 사람에게 무거운 짐을 더 얹어 주는 꼴이기 때문이다.
넷째 이유는, 박해를 당하는 사람에게는 소망이 필요하기 때문이다.

박해를 받는 성도들에게 강조할 것은 두 가지밖에 없다.

첫째, 박해를 받는 성도들에게는 영혼 구원의 확실성을 강조하여

신앙이 흔들리지 않게 도와주어야 한다.

신약 시대의 성도들이 대부분 박해를 받고 있었기 때문에 신약성경 기자들은 영혼 구원의 확실성을 강조했다.

> **(엡 2:8-9)** 너희는 그 은혜에 의하여 믿음으로 말미암아 구원을 받았으니 이것은 너희에게서 난 것이 아니요 하나님의 선물이라 행위에서 난 것이 아니니 이는 누구든지 자랑하지 못하게 함이라

> **(롬 8:30)** 또 미리 정하신 그들을 또한 부르시고 부르신 그들을 또한 의롭다 하시고 의롭다 하신 그들을 또한 영화롭게 하셨느니라

> **(고전 5:1, 5)** 너희 중에 심지어 음행이 있다 함을 들으니 그런 음행은 이방인 중에서도 없는 것이라 누가 그 아버지의 아내를 취하였다 하는도다 …… 이런 자를 사탄에게 내주었으니 이는 육신은 멸하고 영은 주 예수의 날에 구원을 받게 하려 함이라

> **(히 10:14)** 그가 거룩하게 된 자들을 한 번의 제사로 영원히 온전하게 하셨느니라

영혼 구원에 관한 자세한 설명은 필자의 저서 『지옥에 가는 크리스천들?』(1, 2, 3)을 참고하기 바란다.

둘째, 박해를 받는 성도들에게는 하늘의 상급을 강조하여 믿음이 흔들리지 않게 도와주어야 한다.

신약 시대의 성도들이 대부분 박해를 받고 있었기 때문에 그들에

게 복을 강조하는 것은 아무 의미가 없다. 그래서 신약성경 기자들이 하늘의 상급을 강조한 것이다.

(고전 3:8) 심는 이와 물 주는 이는 한 가지이나 각각 자기가 일한 대로 자기의 상을 받으리라

(고전 3:14-15) 만일 누구든지 그 위에 세운 공적이 그대로 있으면 상을 받고 누구든지 그 공적이 불타면 해를 받으리니 그러나 자신은 구원을 받되 불 가운데서 받은 것 같으리라

(고전 9:24) 운동장에서 달음질하는 자들이 다 달릴지라도 오직 상을 받는 사람은 한 사람인 줄을 너희가 알지 못하느냐 너희도 상을 받도록 이와 같이 달음질하라

(히 11:6) 믿음이 없이는 하나님을 기쁘시게 하지 못하나니 하나님께 나아가는 자는 반드시 그가 계신 것과 또한 그가 자기를 찾는 자들에게 상 주시는 이심을 믿어야 할지니라

(약 1:12) 시험을 참는 자는 복이 있나니 이는 시련을 견디어 낸 자가 주께서 자기를 사랑하는 자들에게 약속하신 생명의 면류관을 얻을 것이기 때문이라

신약성경에 하나님의 저주란 말이 적은 이유는 신약 시대의 성도들에게 하나님의 저주가 없어서가 아니라 신약 시대의 성도들이 박해를 받고 있었기 때문이다. 다시 말해서 박해를 받는 성도들에

게는 영혼 구원의 확실성과 하늘의 상급을 강조하여 소망을 주어야 하기 때문에 신약성경에는 영혼 구원의 확실성과 상급을 강조하는 말씀이 주로 기록되었고, 하나님의 저주란 말이 적은 것이다.

만일 로마제국이 기독교를 공인한 이후에 신약성경을 썼으면 그리고 성도들이 여러 대에 걸쳐서 신앙생활을 한 것을 기록했으면 신약성경에도 하나님의 저주란 말이 많이 기록되어 있었을 것이다. 가계저주 반대론자들은 이 점을 생각하지 못했기 때문에 신약성경을 근거로 가계저주를 부인하는 오류를 범한 것이다!

(2) 신약성경이 짧은 기간에 기록되었기 때문에 가계저주가 없는 것이다

가계저주를 소개하려면 어떤 성도가 범죄한 것과 그의 자녀들이 조상의 범죄로 인하여 어떤 고통을 받았는지를 기술해야 한다. 이렇게 하려면 최소한 한 가문이 100년 이상 신앙생활을 한 것을 기록해야 한다.

신약성경은 약 40여 년 동안에 기록되었다. 신약성경에는 한 가문의 신앙생활에 관한 기록이 거의 없다. 아마도 신약성경에 3대에 걸친 가문이 신앙생활을 한 유일한 기록은 디모데 가문에 관한 기록이 아닐까 생각한다. 바울 사도는 디모데의 가문을 아래와 같이 소개했다.

> (딤후 1:5) ……이 믿음은 먼저 네 외조모 로이스와 네 어머니 유니게 속에 있더니 네 속에도 있는 줄을 확신하노라

바울 사도는 디모데가 외조모 로이스, 모친 유니게의 믿음을 물려받아서 신앙생활을 잘하는 것을 칭찬했다. 이것은 디모데가 가계축복을 받은 것을 의미한다. 필자가 아는 한 신약성경에는 이것 외에는 가계축복 기록이 없다.

하지만 디모데의 가계축복도 엄밀하게 따지면 신약 시대의 가계축복이 아니다. 디모데의 모친과 외조모는 구약 시대부터 살던 사람들이기 때문이다.

신약 시대의 가계축복을 설명하려면 디모데의 자녀들이 어떤 복을 받았는지를 알아야 한다. 우리가 알다시피 디모데의 자녀들은 물론 디모데조차도 어떻게 삶을 마감했는지가 신약성경에 기록되어 있지 않다. 따라서 필자가 아는 한 신약성경 시대의 인물들 중에는 가계축복과 가계저주의 사례가 없다.

만일 신약성경이 100년 이상의 교회역사와 믿음이 좋은 성도의 후손들의 삶을 추적하여 기록했으면 그들이 가계축복을 받은 것을 소개했을 것이다. 그런데 신약성경을 40여 년 동안에 기록했기 때문에 신약성경에 가계축복의 사례가 없는 것이다.

가계저주의 사례 역시 마찬가지다. 만일 고린도전서 5장 1-5절에 기록된 아버지의 아내와 동거생활을 한 사람에게 후손들이 있었고, 그의 후손들의 삶을 기록했으면 틀림없이 그의 후손들이 가계저주로 큰 고통을 받은 사실을 기록했을 것이다. 또는 그의 후손들 중에서 믿음으로 가계저주를 극복한 사람이 있었으면 그것 또한 기록했을 것이다. 하지만 신약성경을 40여 년 동안에 기록했기 때문에 신약성경에 가계저주의 사례가 없는 것이다.

지금까지 이런 것들을 생각하지 않았기 때문에 신약성경을 근거로 가계저주를 부인하거나 가계저주 옹호론자들을 박해하는 불상사가 빚어진 것이다!

(3) 신약성경 기자들은 하나님의 저주라는 말 대신에 하나님의 심판, 형벌, 진노, 훈계, 징계, 책망 등의 단어를 사용하여 하나님의 저주를 설명했기 때문에 신약성경에 하나님의 저주란 말이 드문 것이다

이에 관한 성경구절은 앞에서 충분히 소개했으므로 더 이상 소개하지 않아도 될 것이다.

신약성경에 교회 전체가 하나님의 저주를 받은 기록은 없지만 개인적으로 죄를 지어서 하나님의 저주를 받은 기록은 많이 있다.

(행 5:3-5) 베드로가 이르되 아나니아야 어찌하여 사탄이 네 마음에 가득하여 네가 성령을 속이고 땅값 얼마를 감추었느냐 땅이 그대로 있을 때에는 네 땅이 아니며 판 후에도 네 마음대로 할 수가 없더냐 어찌하여 이 일을 네 마음에 두었느냐 사람에게 거짓말한 것이 아니요 하나님께로다 아나니아가 이 말을 듣고 엎드러져 혼이 떠나니 이 일을 듣는 사람이 다 크게 두려워하더라

(고전 5:1, 5) 너희 중에 심지어 음행이 있다 함을 들으니 그런 음행은 이방인 중에서도 없는 것이라 누가 그 아버지의 아내를 취하였다 하는도다 …… 이런 자를 사탄에게 내주었으니 이는 육신은 멸하고 영은 주 예수의 날에 구원을 받게 하려 함이라

(고후 2:6) 이러한 사람은 많은 사람에게서 벌 받는 것이 마땅하도다

(딤전 1:20) 그 가운데 후메내오와 알렉산더가 있으니 내가 사탄에게 내준 것은 그들로 훈계를 받아 신성을 모독하지 못하게 하려 함이라

5) 가계저주 반대론자들의 다섯 번째 근거

가계저주 반대론자들은 "조상들이 받은 저주가 후손들에게 대물림이 되면 조상들이 초래한 많은 저주 때문에 후손들이 짐승처럼 악하게 될 것"이라고 주장하며 가계저주론을 반대하기도 한다. 하지만 이 주장은 성경의 두 가지 가르침을 생각하지 않은 데서 빚어진 오류일 뿐이다.

(1) 조상들이 받은 복과 저주가 후손들에게 함께 대물림이 되는 것을 생각하지 않기 때문에 그들이 "조상들이 받은 저주가 후손들에게 대물림이 되면, 조상들이 초래한 많은 저주 때문에 후손들이 짐승처럼 악하게 될 것"이라고 주장하는 것이다

하나님은 조상들의 악행으로 인한 저주와 조상들의 선행으로 인한 복이 후손들에게 함께 대물림이 되게 하신다. 우리의 조상들은 죄를 지었지만 한편으로는 착한 일도 했다. 이 때문에 복과 저주가 어느 정도 균형을 이루어서 우리에게 전달되는 것이다. 그래서 우리가 예수님을 믿기 전에 짐승처럼 살지 않을 수 있었던 것이다.

(2) 하나님은 예수님을 모르는 사람들이 무지하여 범하는 악행을 어느 정도 간과하시기 때문에 사람들이 짐승처럼 살지 않을 수 있는 것이다

(행 17:29-30) 이와 같이 하나님의 소생이 되었은즉 하나님을 금이나 은이나 돌에다 사람의 기술과 고안으로 새긴 것들과 같이 여길 것이 아니니라 알지 못하던 시대에는 하나님이 간과하셨거니와 이제는 어디든지 사람에게 다 명하사 회개하라 하셨으니

본문에서 보는 것처럼 하나님은 예수님을 모르는 사람들이 무지해서 우상숭배와 다른 죄들을 범하는 것을 어느 정도는 간과해 주신다. 이 때문에 우리가 예수님을 믿기 전에 짐승처럼 살지 않을 수 있었던 것이다. 가계저주 반대론자들은 이것을 간과했기 때문에 "가계저주가 있으면 조상들의 많은 죄 때문에 후손들은 짐승처럼 살게 될 것"이라고 착각한 것이다.

6) 가계저주 반대론자들의 여섯 번째 근거

가계저주 반대론자들은 "가계저주론을 주장하면 자신의 죄를 조상 탓으로 돌릴 가능성이 있기 때문에 가계저주가 없다"고 주장한다.

이윤호 목사의 주장을 들어보자.

"'잘되면 제 탓이고 못되면 조상 탓'이라는 말과 같이, 첫 번째 부작

용은 한 개인의 모든 불행과 비극적 사건의 원인을 조상에게서 찾는 것입니다. 즉 자신의 죄나 잘못으로 인해 발생한 문제를 조상의 탓으로 돌리는 것입니다. 나아가서 두 번째 부작용은 '가계의 저주'를 통해 자신의 습관적 죄악적 삶을 합리화하는 것입니다."[85]

'자신의 죄로 발생한 문제를 조상 탓으로 돌리는 것'은 어리석은 일이다. 물론 가계저주를 모르는 사람들은 자신의 범죄로 인한 고통을 조상 탓으로 돌릴 수도 있다. 그렇다고 해서 이런 사람들을 근거로 가계저주를 부인하면 안 된다. 사람은 자기의 죄로 인하여 고통을 받기도 하지만 대표의 원리와 일체의 원리에 의하여 조상들의 죄로 인하여도 고통을 받기 때문이다. 엘리의 죄로 인하여 그의 후손들이 저주받은 사건과 다윗의 죄로 인하여 그의 후손들이 저주받은 사건이 가계저주를 증언해 주고 있다.

7) 가계저주 반대론자들의 일곱 번째 근거

가계저주 옹호론을 비판한 김홍기 목사가 지적한 것처럼 지금까지의 가계저주론에는 고난의 신학이 없었다.[86] 고난의 신학을 다른 말로 십자가 신학이라고 할 수 있다. 고난의 신학은 성도의 삶에서 가장 고상한 것이다. 그런데도 가계저주 옹호론자들은 고난의 신학을 외면했다. 그들은 고작 기복주의 신학만 전파했다.

---

85) 출전 : 『기독교개혁신보』 홈페이지, http://rpress.or.kr/xe/306019
86) 가계저주론, 그 실체를 밝힌다, 김홍기, 예영커뮤니케이션, 2003년, p. 229

"가계저주를 끊어서 부자가 되자."
"가계저주를 끊어서 건강하게 살자."

이것은 기복주의 신학이다. 유치한 신학이다. 저급한 신학이다. 이 때문에 가계저주 반대론자들이 가계저주 옹호론자들을 더욱 배척한 것이다. 이것은 가계저주 옹호론자들의 큰 실수다.

예수님은 우리에게 "자기 십자가를 지고 나를 따르라"고 명령하셨다. 충성한 만큼 상을 주실 것이기 때문에 이렇게 명령하신 것이다.

> **(마 16:24-27)** 이에 예수께서 제자들에게 이르시되 누구든지 나를 따라오려거든 자기를 부인하고 자기 십자가를 지고 나를 따를 것이니라 누구든지 제 목숨을 구원하고자 하면 잃을 것이요 누구든지 나를 위하여 제 목숨을 잃으면 찾으리라 사람이 만일 온 천하를 얻고도 제 목숨을 잃으면 무엇이 유익하리요 사람이 무엇을 주고 제 목숨과 바꾸겠느냐 인자가 아버지의 영광으로 그 천사들과 함께 오리니 그때에 각 사람이 행한 대로 갚으리라

십자가를 지고 주님을 따르는 것은 성도에게 가장 가치 있는 삶이다. 이 때문에 바울 사도가 아래와 같이 천명한 것이다.

> **(골 1:24)** 나는 이제 너희를 위하여 받는 괴로움을 기뻐하고 그리스도의 남은 고난을 그의 몸 된 교회를 위하여 내 육체에 채우노라

이처럼 십자가 신학이 중요한데도 지금까지 가계저주 옹호론자들 대부분은 이것을 간과한 채로 "가계저주를 끊어서 행복하게 살

자"고만 주장했다. 이것은 또 다른 형태의 기복주의에 지나지 않는다. 고난의 신학을 깨달은 사람들에게는 이런 사상이 저급하게 여겨질 수밖에 없다. 이 때문에 가계저주 반대론자들이 더욱 가계저주론을 배척한 것이다. 필자는 뒤에서 '가계저주를 끊는 방법'을 설명할 때 십자가 신학의 중요성을 충분히 설명하려고 한다.

이제 본 장을 정리하겠다.

가계저주 반대론자들은 단지 성경의 두 구절, 즉 에스겔 18장 20절과 갈라디아서 3장 13절을 무리하게 해석하여 성경의 가계저주를 가르치는 구절들을 모두 부인했다. 지금까지 이 구절들이 누구도 해석하지 못한 난해 구절들이었기 때문에 이것이 가능했다. 감사하게도 이제 하나님이 그 구절들의 바른 뜻을 정확하고 명쾌하게 가르쳐 주셨다.

에스겔 18장 20절은 '바벨론 포로 생활을 통하여 가계저주를 끊어 낸 이스라엘 백성들에게 그들이 지금처럼 신앙생활을 열심히 하는 한 더 이상 가계저주가 없을 것'을 약속하신 말씀이다. 지극히 당연한 일이지만 그들이 다시 큰 죄를 지으면 또다시 가계저주를 받을 수밖에 없다.

갈라디아서 3장 13절은 '예수님이 중생한 성도의 영혼을 저주에서 벗어나게 하신 것'을 가르친 말씀이다. 중생한 성도의 육체는 저주를 끊지 않는 한 계속 저주를 받을 수밖에 없다. 그러므로 이제 가계저주 논쟁을 즉각 중단해야 한다. 성경이 명백하게 가르치는 가계저주를 전파하여 가계저주 때문에 속수무책으로 고통을 당하는 성도들을 도와야 한다.

필자가 성경을 깨달은 바에 의하면 가계저주 반대론자들은 성경을 잘못 해석하여 가계저주 옹호론자들을 정죄하고 박해했다. 그러나 필자의 깨달음이 옳더라도 우리는 그들을 미워하지 말아야 한다. 그들이 모르고 그런 행위를 했기 때문이고, 우리도 그 입장에 있으면 그런 실수를 범할 수 있기 때문이고, 예수님이 모르고 악행을 한 사람들을 불쌍히 여기셨기 때문이다.

(눅 23:34) 이에 예수께서 이르시되 아버지 저들을 사하여 주옵소서 자기들이 하는 것을 알지 못함이니이다 하시더라 그들이 그의 옷을 나눠 제비 뽑을새

지동설을 가장 먼저 주장한 사람은 코페르니쿠스다. 교황청의 지도자들은 대부분이 지동설을 배척했다. 코페르니쿠스는 교황청의 박해를 피하기 위하여 말년에 지동설을 담은 책을 몇몇 과학자들에게만 배포했다. 이 때문에 그는 교황청의 박해를 피할 수 있었다. 하지만 교황청은 코페르니쿠스의 사후에 지동설을 담은 그의 책을 금서(禁書)로 지정하여 그를 정죄했다.

지동설을 체계화하여 공론화시킨 사람은 갈릴레이다. 처음에 교황 우르바누스 8세를 비롯한 몇몇 교황청 지도자들은 갈릴레이의 지동설을 지지했다. 하지만 그들은 대다수의 교황청 지도자들의 반발에 굴복하여 지동설을 포기했다. 결국 천동설을 주장하는 교황청 지도자들은 갈릴레이를 종교재판에 세웠다. 신변의 위협과 가족들의 생계의 위협을 느낀 갈릴레이는 지동설을 포기하는 사과 성명을 발표했다.

갈릴레이의 사과 성명 일부를 보자.

"'태양이 세계의 중심이고 움직이지 않으며, 지구는 세계의 중심이 아니고 움직인다'는 거짓 의견을 완전히 버릴 것이며, …… 성실한 마음과 거짓 없는 믿음으로 저는 앞서 말한 과오와 이단, 교회에 배치되는 다른 모든 과오와 교파 전반을 포기하고 저주합니다. 앞으로도 이단의 의혹을 받을 수 있는 그 어떤 것도 절대로 말이나 글로 주장하지 않을 것을 맹세합니다."[87]

다행스럽게도 갈릴레이는 죽기 직전에 자신의 제자 안드레아에게 지동설을 담은 책(『디스코르시』)을 출판의 자유가 보장된 나라에 가서 출판할 것을 지시했다. 안드레아는 충실하게 그 일을 수행했다. 그리하여 지동설이 널리 확산하게 되었다. 이렇게 해서 갈릴레이를 겁박한 교황청은 사람들의 웃음거리가 되었고, 죽기 직전에 『디스코르시』를 출판한 갈릴레이는 역사의 위인이 되었다.

만일 갈릴레이가 『디스코르시』를 모두 폐기한 후에 죽었으면 그는 결코 역사적인 위인이 될 수 없었을 것이다. 갈릴레이가 말년에라도 지동설을 포기하지 않았기 때문에 어떤 사람이 아무런 근거도 없이 "갈릴레이가 종교재판정을 나오면서 혼잣말로 아래와 같이 말했다"고 주장한 것이 사람들의 공감을 얻는 것이다.

"그래도 지구는 돈다!"

---

[87] 인간 등정의 발자취, 제이콥 브로노우스키 저, 김은국, 김현숙 역, 바다출판사, 2009년, pp. 235-236

다수파의 힘에 눌려서 어쩔 수 없이 입을 다물고 있는 가계저주 옹호론자들이 혼잣말로 아래와 같이 말하고 있는 것은 아닐까?

"그래도 가계저주는 있다!"

3. 가계저주의 원리

조상들이 범죄했는데, 그들과 함께 범죄하지 않은 후손들이 똑같은 저주를 받는 이유는 무엇인가? 성경을 보면 하나님이 제정하신 두 가지 원리 때문에 이런 일이 발생하는 것을 알 수 있다.

1) 대표의 원리 때문에 조상들이 받은 저주를 후손들이 똑같이 받는 것이다

바울 사도는 대표의 원리를 아래와 같이 설명했다.

(롬 5:12) 그러므로 한 사람으로 말미암아 죄가 세상에 들어오고 죄로 말미암아 사망이 들어왔나니 이와 같이 모든 사람이 죄를 지었으므로 사망이 모든 사람에게 이르렀느니라

2차 대전 말, 일본의 국왕이 연합군 사령관인 더글러스 맥아더(Douglas MacArthur) 장군 앞에서 항복문서에 서명했다. 그때부터 일본 국민 전체는 패전 국민으로 취급받았다. 일본의 국왕이 일본

국민을 대표하여 항복문서에 서명했기 때문이다. 이것이 대표의 원리다.

아담과 하와는 인류의 대표로 타락했다. 이 때문에 그들이 받은 저주가 인류에게 똑같이 적용되는 것이다.

우리의 모든 조상들 역시 우리의 대표다. 이 때문에 그들이 받은 저주가 우리에게 그대로 대물림이 되는 것이다. 창조주 하나님이 대표의 원리를 제정하셨기 때문에 피조물인 우리는 대표의 원리에 따라서 살 수밖에 없다.

2) 일체(一體)의 원리 때문에 조상들이 받은 저주를 후손들이 똑같이 받는 것이다

히브리서 기자는 일체의 원리를 아래와 같이 설명했다.

> (히 7:9-10) 또한 십분의 일을 받는 레위도 아브라함으로 말미암아 십분의 일을 바쳤다고 할 수 있나니 이는 멜기세덱이 아브라함을 만날 때에 레위는 이미 자기 조상의 허리에 있었음이라

본문에 '멜기세덱이 아브라함을 만날 때에 레위는 이미 자기 조상의 허리에 있었다'는 말씀이 있다. 아브라함의 아들이 이삭이고, 이삭의 아들이 야곱이고, 야곱의 아들이 레위다. 아브라함이 멜기세덱을 만날 때 레위는 태어나지도 않았다. 그런데도 히브리서 기자는 '멜기세덱이 아브라함을 만날 때에 레위는 이미 아브라함의

허리에 있었다'고 기록했다. 과학적으로 표현하면 이것은 아브라함이 멜기세덱을 만날 때에 레위가 아브라함의 몸속에 유전자로 있었던 것을 의미한다.

예수님은 대표의 원리와 일체의 원리를 아래와 같이 천명하셨다.

(마 23:35) 그러므로 의인 아벨의 피로부터 성전과 제단 사이에서 너희가 죽인 바라갸의 아들 사가랴의 피까지 땅 위에서 흘린 의로운 피가 다 너희에게 돌아가리라

본문에 '너희가 죽인 사가랴'란 표현이 있다.
성경을 보면 사가랴를 죽인 사람은 요아스 왕이다. 그는 예수님 당시의 바리새인들보다 800여 년 전의 사람이다.
구약성경 역대하를 보면 사가랴는 선지자다. 그는 대제사장 여호야다의 아들이다.

(대하 24:20-22) 이에 하나님의 영이 제사장 여호야다의 아들 스가랴를 감동시키시매 그가 백성 앞에 높이 서서 그들에게 이르되 하나님이 이같이 말씀하시기를 너희가 어찌하여 여호와의 명령을 거역하여 스스로 형통하지 못하게 하느냐 하셨나니 너희가 여호와를 버렸으므로 여호와께서도 너희를 버리셨느니라 하나 무리가 함께 꾀하고 왕의 명령을 따라 그를 여호와의 전 뜰 안에서 돌로 쳐 죽였더라 요아스 왕이 이와 같이 스가랴의 아버지 여호야다가 베푼 은혜를 기억하지 아니하고 그의 아들을 죽이니 그가 죽을 때에 이르되 여호와는 감찰하시고 신원하여 주옵소서 하니라

예수님 당시의 바리새인들은 요아스 왕이 사가랴 선지자를 죽일

때 살지 않았다. 그 일은 그들이 태어나기 800여 년 전에 일어났다. 그런데도 예수님은 예수님 당시의 바리새인들에게 "너희가 사가랴를 죽였다"고 선포하셨다!

예수님의 말씀을 분석해 보면 예수님이 "너희가 사가랴를 죽였다"고만 선언하신 것이 아니라 "너희가 아벨도 죽였고, 모든 의인들도 죽였다"고 선언하신 것을 알 수 있다. 또한 "그 때문에 그 피(그 저주)가 너희에게 임하리라"고 선포하신 것을 알 수 있다. 예수님이 대표의 원리와 일체의 원리에 의하여 모든 사람에게 가계저주가 임하는 사실을 선포하신 것이다!

> (마 23:35) 그러므로 의인 아벨의 피로부터 성전과 제단 사이에서 너희가 죽인 바라갸의 아들 사가랴의 피까지 땅 위에서 흘린 의로운 피가 다 너희에게 돌아가리라

본문의 '흘린'은 헬라어가 현재형 동사의 분사다. 따라서 본문은 '현재 흘리고 있는'이란 뜻이다. 본문은 '너희가 죽인 의인들의 피가 지금도 땅에 흐르고 있다'는 뜻이다. 더 나가서 '옛날에 아벨의 피가 자기의 원수를 갚아 줄 것을 하나님께 호소한 것'처럼(창 4:10) '너희가 너희 조상들과 함께 흘린 의인들의 피가 자기의 원수를 갚아 줄 것을 하나님께 호소한다'는 뜻이다! 더 나아가서 주님의 말씀은 '이처럼 무서운 가계저주를 끊지 않고 계속 죄를 지으면 너희도 너희 조상들처럼 멸망을 당할 것'이라는 뜻이다!

표면적으로 선악과를 따먹은 것은 아담과 하와고, 아벨을 죽인 것은 가인이고, 사가랴를 죽인 것은 요아스 왕이다. 하지만 내면적

으로는(대표의 원리와 일체의 원리에 의하여) 예수님 당시의 바리새인들과 우리도 선악과를 따먹은 죄인이고, 의인들을 죽인 살인자다. 그러므로 만일 예수님이 우리에게 오시면 아래와 같이 선포하실 것이다.

"너희가 선악과를 따먹었다!"
"너희가 아벨을 죽였다!"
"너희가 나를 죽였다!"
"너희가 사도들을 죽였다!"
"너희가 성도들을 죽였다!"
"너희가 간음을 했다!"
"너희가 도둑질을 했다!"
"너희가 폭행을 했다!"

바리새인들과 서기관들은 성경을 달달 외웠다. 그럼에도 불구하고 그들은 성경이 명백하게 가르치는 대표의 원리와 일체의 원리를 깨닫지 못했다. 이 때문에 예수님을 살해할 때 겁도 없이 "예수를 죽인 피를 우리와 우리 자손에게 돌리라"고 선언했다!

유대인들은 예수님을 살해한 후에도 악행을 그치지 않았다. 그들은 예수님이 세우신 교회를 박해했다. 결국 그들이 받을 저주가 하늘에 사무쳤다. 그리하여 하나님은 주후 70년에 로마 군대를 이용해서 유다를 멸망시키셨다. 역사가들의 증언에 의하면 "그때 유다의 서울 예루살렘에 사람의 피가 말발굽을 덮을 정도로 흘렀다"고 한다. 그 후에 유대인들은 1,900여 년 동안 전 세계를 유랑하면서 많은 박해를 받는 신세가 되었다. 히틀러 치하에서는 600만 명이

희생을 당했다. 가계저주가 이처럼 무서운 것이다! 만일 우리도 조상들이 물려준 가계저주를 끊어 내지 않고, 계속 죄를 지으면 유대인들처럼 우리 역시 멸망할 것이다.

혹시 하나님이 정하신 대표의 원리와 일체의 원리를 불평하는 사람들이 있을지도 모르겠다. 바울 사도는 그런 사람들을 향하여 아래와 같이 말했다.

> **(롬 9:20-21)** 이 사람아 네가 누구이기에 감히 하나님께 반문하느냐 지음을 받은 물건이 지은 자에게 어찌 나를 이같이 만들었느냐 말하겠느냐 토기장이가 진흙 한 덩이로 하나는 귀히 쓸 그릇을, 하나는 천히 쓸 그릇을 만들 권한이 없느냐

하나님은 창조주시고, 인간은 피조물이다. 시계를 만든 사람이 시계를 맘대로 사용할 수 있는 것처럼 창조주가 피조물을 마음대로 사용하는 것이 당연하지 않은가? 이것만 깨달아도 하나님이 하시는 일에 함부로 토를 달지 않을 것이다.

4. 가계저주의 증거

성경에는 가계저주가 이루 말할 수 없이 많이 기록되어 있다. 특히 구약성경에 많다.

1) 가계저주의 원형사건은 가계저주가 있는 것을 증언해 준다

(창 3:14-19) 여호와 하나님이 뱀에게 이르시되 네가 이렇게 하였으니 네가 모든 가축과 들의 모든 짐승보다 더욱 저주를 받아 배로 다니고 살아 있는 동안 흙을 먹을지니라 내가 너로 여자와 원수가 되게 하고 네 후손도 여자의 후손과 원수가 되게 하리니 여자의 후손은 네 머리를 상하게 할 것이요 너는 그의 발꿈치를 상하게 할 것이니라 하시고 또 여자에게 이르시되 내가 네게 임신하는 고통을 크게 더하리니 네가 수고하고 자식을 낳을 것이며 너는 남편을 원하고 남편은 너를 다스릴 것이니라 하시고 아담에게 이르시되 네가 네 아내의 말을 듣고 내가 네게 먹지 말라 한 나무의 열매를 먹었은즉 땅은 너로 말미암아 저주를 받고 너는 네 평생에 수고하여야 그 소산을 먹으리라 땅이 네게 가시덤불과 엉겅퀴를 낼 것이라 네가 먹을 것은 밭의 채소인즉 네가 흙으로 돌아갈 때까지 얼굴에 땀을 흘려야 먹을 것을 먹으리니

네가 그것에서 취함을 입었음이라 너는 흙이니 흙으로 돌아갈 것이니라 하시니라

본문에 뱀과 아담과 하와가 범죄하여 하나님께 받은 저주가 기록되어 있다. 본문은 가계저주가 성경의 가르침인 것을 명백하게 가르쳐 준다.

첫째, 뱀이 받은 저주를 뱀의 후손들이 똑같이 받았다.

(창 3:14) 여호와 하나님이 뱀에게 이르시되 네가 이렇게 하였으니 네가 모든 가축과 들의 모든 짐승보다 더욱 저주를 받아 배로 다니고 살아 있는 동안 흙을 먹을지니라

에덴동산에 살던 뱀이 범죄하여 저주를 받아서 배로 기어 다니게 된 이후로 모든 뱀은 배로 기어 다닌다. 이것은 에덴동산에 살던 뱀이 받은 저주가 그 죄에 함께 참여하지 않은 그의 새끼 뱀들에게 똑같이 대물림(적용)되는 것을 분명히 보여 주는 증거다.

둘째, 여자가 받은 저주를 여자의 후손들이 똑같이 받았다.

(창 3:16) 또 여자에게 이르시되 내가 네게 임신하는 고통을 크게 더하리니 네가 수고하고 자식을 낳을 것이며 너는 남편을 원하고 남편은 너를 다스릴 것이니라 하시고

범죄한 하와가 잉태하는 고통을 당하는 저주를 받은 것과, 남자

[본문에 '남편'으로 번역된 단어는 히브리어가 '남자(אִישׁ)'로 되어 있다]를[88] 동경하는(본문의 '원하는'은 히브리어 원문이 '동경', '소원'을 의미한다)[89] 저주를 받은 것과, 남자의 다스림을 받는 저주를 받은 이후로 하와의 죄에 함께 참여하지 않은 모든 여자가 하와와 동일하게 생리통과 출산통을 경험하고, 난산으로 산모와 아기가 병들기도 하며, 난산으로 산모와 아기가 죽기도 하고, 불임으로 가정불화와 가정파탄이 나기도 한다. 불신자는 물론 중생한 성도들도 똑같은 저주를 받고 있다. 가계저주를 반대하는 목회자의 아내도 마찬가지다. 이것 역시 조상들이 받은 저주가 후손들에게 똑같이 대물림(적용)되는 증거가 아니고 무엇이겠는가?

셋째, 남자가 받은 저주를 남자의 후손들이 똑같이 받았다.

> (창 3:17) 아담에게 이르시되 네가 네 아내의 말을 듣고 내가 네게 먹지 말라 한 나무의 열매를 먹었은즉 땅은 너로 말미암아 저주를 받고 너는 네 평생에 수고하여야 그 소산을 먹으리라

범죄한 아담이 일을 해야 음식을 먹는 저주를 받은 이후로 모든 남자가 아담이 받은 저주를 그대로 대물림받아서 가난 때문에 창피

---

88) 남편 : 이쉬(אִישׁ); 한 개인, 또는 남자로서의 '사람'; 흔히 보다 제한적인 용어의 부가어로 사용됨(또, 이 같은 경우에는 흔히 번역에 표현되지 않음): 또한, 또 다른, 어떤 (사람), 어떤, 투사, 동의, 각각의, 모든 (사람), 동료, [보병, 농부], (선한, 위대한, 힘센) 사람, 그 사람, 1) 남자, 남성, 2) 누구의 것이든지, 3) 각각의. 디럭스바이블 2005, 히브리어사전, 미션소프트

89) 원하고 : 테슈카(תְּשׁוּקָה); '사모함'; 갈망하다. 1) 욕망, 동경, 갈망, 소망. 디럭스바이블 2005, 히브리어사전, 미션소프트

를 당하기도 하고, 병들기도 하고, 가정불화가 일어나기도 하고, 가정파탄이 나기도 하고, 병을 고칠 돈이 없어서 죽기도 하고, 힘든 환경을 견디지 못해서 자살을 감행하기도 한다. 이 점은 목회자들도 마찬가지다. 이것 역시 조상들이 받은 저주가 후손들에게 똑같이 대물림되는 증거다.

넷째, 아담과 하와가 받은 저주를 아담과 하와의 후손들이 똑같이 받았다.

> (창 3:19) 네가 흙으로 돌아갈 때까지 얼굴에 땀을 흘려야 먹을 것을 먹으리니 네가 그것에서 취함을 입었음이라 너는 흙이니 흙으로 돌아갈 것이니라 하시니라

범죄한 아담과 하와가 죽임을 당하는 저주를 받은 이후로 그들의 죄에 참여하지 않은 모든 사람이 아담과 하와와 동일하게 죽임을 당하는 저주를 받고 있다. 불신자는 물론 중생한 성도들도 똑같은 저주를 받고 있다. 이것 역시 조상들이 받은 저주가 후손들에게 똑같이 대물림되는 증거다. 그러므로 창세기에 '아담과 하와가 받은 죽음의 저주가 후손들에게 대물림이 된다'는 기록이 없어도 가계저주를 인정하는 것이 옳다.

2) 십계명도 가계저주가 있는 것을 가르친다

> (출 20:5-6) ······네 하나님 여호와는 질투하는 하나님인즉 나를 미워하는

자의 죄를 갚되 아버지로부터 아들에게로 삼사 대까지 이르게 하거니와 나를 사랑하고 내 계명을 지키는 자에게는 천 대까지 은혜를 베푸느니라

본문은 하나님을 사랑하고 하나님의 계명을 지키는 사람에게는 하나님이 천대까지 복을 주시는 것과 하나님을 미워하는 사람에게는 죄를 갚되 아버지로부터 아들에게로 삼사 대까지 갚는 사실을 명백하게 가르치고 있다.

3) 신명기도 가계저주가 있는 것을 가르친다

(신 28:45-46) 네가 네 하나님 여호와의 말씀을 청종하지 아니하고 네게 명령하신 그의 명령과 규례를 지키지 아니하므로 이 모든 저주가 네게 와서 너를 따르고 네게 이르러 마침내 너를 멸하리니 이 모든 저주가 너와 네 자손에게 영원히 있어서 표징과 훈계가 되리라

본문은 "이 모든 저주가 너와 네 자손에게 영원히 있으리라"고 되어 있다. 본문은 조상이 받은 저주가 후손들에게 대물림되는 것을 명백하게 증언해 준다.

본문의 '영원히(오람, מעוֹלָם)'는 '영원히'라는 뜻으로도 사용되는 단어지만 본문에서는 '오랜 세월'의 뜻으로 사용되었다.[90] 본문은 하나님이 율법을 지키는 자에게 천 대까지 은혜를 베풀어 주실 것을

---

90) 영원히 : 오람(מעוֹלָם) 긴 기간, 오래됨, 미래, 영원, 언제나, 영속, 항상, 무궁한, 늙은, 고대의, 세상. 디럭스바이블 2005, 히브리어사전, 미션소프트

약속하신 것의 반대 현상이 일어날 수 있는 것을 증언한 것이다. 따라서 본문이 이 세상 끝날까지 가계저주가 있는 것을 가르치는 말씀임을 알 수 있다.

이로써 출애굽기 20장 5절의 말씀이 '조상들이 받은 저주가 기본적으로 삼사 대까지 적용되는 것'을 가르치는 말씀임을 알 수 있다. 조상들이 큰 죄(또는 많은 죄)를 지으면 그들이 받은 저주가 세상 끝날 때까지 그의 후손들에게 대물림이 될 수밖에 없는 것이다. 이 때문에 가계저주가 무서운 것이다.

4) 가나안의 후손들이 저주받은 사건도 가계저주가 있는 것을 가르친다

(창 9:20-25) 노아가 농사를 시작하여 포도나무를 심었더니 포도주를 마시고 취하여 그 장막 안에서 벌거벗은지라 가나안의 아버지 함이 그의 아버지의 하체를 보고 밖으로 나가서 그의 두 형제에게 알리매 셈과 야벳이 옷을 가져다가 자기들의 어깨에 메고 뒷걸음쳐 들어가서 그들의 아버지의 하체를 덮었으며 그들이 얼굴을 돌이키고 그들의 아버지의 하체를 보지 아니하였더라 노아가 술이 깨어 그의 작은 아들이 자기에게 행한 일을 알고 이에 이르되 가나안은 저주를 받아 그의 형제의 종들의 종이 되기를 원하노라 하고

홍수 심판에서 살아남은 노아는 포도 농사를 지어서 수확한 포도로 포도주를 만들었다. 어느 날 그는 자기가 만든 포도주를 지나치게 많이 마셨다. 결국 그는 술에 취하여 벌거벗고 추태를 부리다가 그대로 잠들고 말았다. 이것을 노아의 둘째 아들인 함이 가장 먼

저 발견했다. 함은 아버지의 추태를 감추지 않고, 셈과 야벳에게 가서 그 사실을 얘기했다. 그러자 셈과 야벳은 얼른 옷을 가지고 뒷걸음질을 쳐서 아버지에게 간 후에 그 옷으로 아버지의 몸을 가려 주었다. 노아는 술이 깬 다음에 아들들이 자기에게 한 일을 알게 되었다. 그때 노아는 이상하게도 가장 먼저 가나안을 저주했다.

"가나안은 저주를 받아 그의 형제의 종들의 종이 되기를 원하노라."

노아는 어째서 함을 저주하지 않고, 함의 넷째 아들인 가나안을 (창 10:6) 저주했을까? 메릴린 히키(Marilyn Hickey) 여사는 그 이유를 '가나안이 노아에게 술을 마시게 하고 동성연애를 했기 때문일 것'으로 추측했다.[91] 충분히 가능성이 있는 추측이다. 가나안의 후손들의 일부가 소돔과 고모라에서 살 때 그들이 그곳을 방문한 남자들(천사들)을 상대로 동성연애를 시도했기 때문이다(창 19:5). 이 사건으로 남색(男色)을 의미하는 영어 단어 '소도미(sodomy)'가 만들어졌다.

한 가지 분명한 사실은 함보다 가나안이 노아에게 더 큰 죄를 지은 것이다. 이 때문에 가나안이 함보다 더 큰 저주를 받을 수밖에 없었던 것이다.

우리의 주된 관심은 '노아가 가나안을 저주한 내용이 그의 후손들에게 대물림이 되었는지'를 확인하는 것이다. 이것은 가나안의

---

[91] 가계에 흐르는 저주를 끊어야 산다, 메릴린 히키 저, 최기운 역, 베다니출판사, 2009년, pp. 58-60.

후손들이 어떻게 되었는지를 살펴보면 쉽게 알 수 있는 일이다.
가나안의 후손들에 관한 성경의 기록을 검토해 보자.

(창 10:15-20) 가나안은 장자 시돈과 헷을 낳고 또 여부스 족속과 아모리 족속과 기르가스 족속과 히위 족속과 알가 족속과 신 족속과 아르왓 족속과 스말 족속과 하맛 족속을 낳았더니 이후로 가나안 자손의 족속이 흩어져 나아갔더라 가나안의 경계는 시돈에서부터 그랄을 지나 가사까지와 소돔과 고모라와 아드마와 스보임을 지나 라사까지였더라 이들은 함의 자손이라 각기 족속과 언어와 지방과 나라대로였더라

(신 20:16-17) 오직 네 하나님 여호와께서 네게 기업으로 주시는 이 민족들의 성읍에서는 호흡 있는 자를 하나도 살리지 말지니 곧 헷 족속과 아모리 족속과 가나안 족속과 브리스 족속과 히위 족속과 여부스 족속을 네가 진멸하되 네 하나님 여호와께서 네게 명령하신 대로 하라

(수 10:40) …… 여호수아가 …… 호흡이 있는 모든 자는 다 진멸하여 바쳤으니 이스라엘의 하나님 여호와께서 명령하신 것과 같았더라

(창 19:24-25) 여호와께서 하늘 곧 여호와께로부터 유황과 불을 소돔과 고모라에 비같이 내리사 그 성들과 온 들과 성에 거주하는 모든 백성과 땅에 난 것을 다 엎어 멸하셨더라

본문에서 보는 것처럼 가나안이 받은 저주가 그의 후손들에게 대물림이 되었다.

5) 엘리의 후손들이 저주받은 사건도 가계저주가 있는 것을 가르친다

(삼상 2:31-36) 보라 내가 네 팔과 네 조상의 집 팔을 끊어 네 집에 노인이 하나도 없게 하는 날이 이를지라 …… 네 집에서 출산되는 모든 자가 젊어서 죽으리라 네 두 아들 홉니와 비느하스가 한 날에 죽으리니 그 둘이 당할 그 일이 네게 표징이 되리라 …… 그리고 네 집에 남은 사람이 각기 와서 은 한 조각과 떡 한 덩이를 위하여 그에게 엎드려 이르되 청하노니 내게 제사장의 직분 하나를 맡겨 내게 떡 조각을 먹게 하소서 하리라 하셨다 하니라

엘리 제사장은 자녀들을 바르게 양육하지 못했다. 그 결과 그의 자녀들이 패역한 짓거리를 많이 했다. 그러자 하나님이 엘리와 그의 가문에 무서운 저주를 내리셨다. 엘리와 그의 두 아들, 그의 한 며느리가 한 날에 죽었고, 그의 후손들 대부분은 젊어서 죽었고, 살아 있는 후손들은 제사장 직분을 수행할 수 없게 되어서 음식을 구걸하는 신세가 되었다. 성경은 엘리의 후손들이 저주를 받은 것을 아래와 같이 기록했다.

(왕상 2:26-27) 왕이 제사장 아비아달에게 이르되 네 고향 아나돗으로 가라 너는 마땅히 죽을 자이로되 네가 내 아버지 다윗 앞에서 주 여호와의 궤를 메었고 또 내 아버지가 모든 환난을 받을 때에 너도 환난을 받았은즉 내가 오늘 너를 죽이지 아니하노라 하고 아비아달을 쫓아내어 여호와의 제사장 직분을 파면하니 여호와께서 실로에서 엘리의 집에 대하여 하신 말씀을 응하게 함이더라

6) 예수님도 가계저주가 있는 것을 가르치셨다

(마 23:35) 그러므로 의인 아벨의 피로부터 성전과 제단 사이에서 너희가 죽인 바라갸의 아들 사가랴의 피까지 땅 위에서 흘린 의로운 피가 다 너희에게 돌아가리라

하나님이 제정하신 대표의 원리와 일체의 원리에 의하면 우리가 선악과를 따먹었고, 우리가 아벨을 죽였고, 우리가 우상숭배를 했고, 우리가 예수님을 죽였다.

지금까지 이것을 몰라서 가계저주 옹호론자들이 가계저주를 충분히 설명하지 못한 것이고, 가계저주 반대론자들이 성경이 명백하게 가르치는 가계저주를 부인하는 어리석음을 범한 것이다. 이 때문에 수많은 성도가 가계저주를 끊지 못하여 고통을 받은 것이다. 이 얼마나 안타까운 일이란 말인가!

7) 상식적으로도 가계저주가 있는 증거를 쉽게 찾을 수 있다

어떤 가정의 아버지가 큰 죄를 지으면 그 죄를 짓지 않은 자녀들이 모두 큰 타격을 받는다. 아버지가 끔찍한 살인죄를 지으면, 자녀들이 살인자의 자녀인 것 때문에 고통을 받는다. 사업을 하는 아버지가 부도를 맞아서 빚더미에 앉으면 어린 자녀들은 모두 가난의 고통을 받는다. 일제에 나라를 팔아먹은 친일파의 자녀들이 지금까지 고통을 받는 것도 가계저주의 증거다.

의사들은 성인병이 가계를 통하여 대물림되는 것을 오래전에 규

명한 바 있다. 구체적으로 말하면 고혈압, 당뇨병, 심장병 등이 가계를 통하여 대물림된다. 이것 역시 가계저주가 대물림이 되는 것을 증명해 준다.

이밖에도 음란, 도박, 폭력, 도둑질 등이 대물림된다.

중생한 성도들도 가계저주를 끊지 않는 한 가계저주가 대물림이 될 수밖에 없다. 이것이 엄연한 현실인데도 많은 사람이 가계저주를 부인하는 것을 볼 때 안타깝기 그지없다.

필자가 받은 가계저주 사례

필자의 선조들은 다른 죄도 많이 지었겠지만 특히 우상숭배를 많이 했다. 이로 인하여 필자의 가계는 하나님의 저주를 받을 수밖에 없었다.

필자의 조부는 외아들이었다. 부모가 물려준 재산이 상당히 있었다. 성장한 조부는 양갓집 규수와 결혼했다. 불행하게도 조모는 첫아들을 낳다가 아들과 함께 사망하고 말았다. 조부는 후처를 얻었다. 그런데 그 후처도 자식을 낳지 못하고 죽었다. 조부는 다시 후처를 얻었다. 그러나 그 후처도 자식을 낳지 못하고 죽었다. 그러자 조부를 아는 사람들이 조부에게 딸을 안 주려고 했다. 조부는 하는 수 없이 모르는 동네의 여자와 결혼했다. 그분이 필자의 조모다.

조모는 아들을 낳았다. 자손이 귀한 집에 아들이 태어났으니 얼마나 기뻤겠는가? 그러나 기쁨도 잠시였다. 그 아들이 어릴 때 병으로 죽었기 때문이다. 조모는 그다음에 두 명의 아들을 더 낳았다. 하지만 그 아들들도 모두 어려서 죽었다.

조모는 자식을 낳기 위하여, 그리고 낳은 자식을 살리기 위하여 매우 극성스럽게 미신을 섬겼다. 그러던 어느 날 어떤 점쟁이가 조모에게 아래와 같이 조언했다.

"죽음의 귀신이 없는 곳으로 이사를 해서 아홉 골짜기의 물을 먹어야만 자식을 살릴 수 있다."

조부모는 이사를 시작했다. 보은에 살던 조부모는 대전, 부산, 홍천, 주문진, 평창에서 9번 이사를 했다. 그렇게 해서 조부모는 2남 1녀를 살릴 수 있었다. 그중의 첫째 아들이 필자의 아버지다.

필자는 세 살 때, 한 살을 넘긴 남동생을 그네로 들이받았다. 동생은 8일간 앓다가 죽었다.

필자 자신은 물에 빠져서 죽을 뻔하기도 했고, 장티푸스에 걸려서 죽을 뻔하기도 했다. 필자가 장티푸스에 걸려서 아무것도 먹지 못하고 바짝 말라 죽어가고 있을 때였다. 어느 날 검은 옷을 입은 사람이 나타나서 "따라오라"고 했다. 필자가 그 사실을 어머니에게 알리자 어머니는 "절대로 그 사람을 따라가면 안 된다"고 하셨다. 필자는 "안 가겠다"고 버텼다. 그러자 그 사람이 그냥 갔다. 그때부터 몸이 회복되었다.

어느 여름에 필자는 아기인 막내 여동생을 강가에 두고 미역을 감고 있었다. 그때 막내가 엉금엉금 기어서 물에 들어가서 떠내려가는 것을 길을 가던 동네 형이 발견하여 필자에게 알리는 바람에 필자가 허겁지겁 달려가서 겨우 건졌다.

필자의 부모는 네 명의 자녀를 낙태했다.

필자는 정부의 출산억제정책에 넘어가 정관수술을 받아서 두 명의 자녀 외에 더 이상 경건한 자손을 얻지 못했다.

필자는 아버지에게서 중독도 대물림받았다. 그 결과 TV중독, 바둑중독 등으로 고생했다.

필자는 어머니에게서 고혈압을 대물림받았다. 필자는 10년이 넘게 고혈압약을 복용하다가 약 2년 전에 어떤 식품을 먹고 고혈압에서 해방되었다. 그때부터 지금까지 고혈압약을 먹지 않고 있다.

필자는 양촌힐링센터에서 축사를 받기 전에는 힘든 일만 생기면 죽고 싶은 생각이 들었다. 이것이 죽음의 영이 역사한 결과인 것을 전인치유를 받고서야 알았다.

조부는 이사를 많이 하는 통에 대부분의 재산을 잃었다. 부친은 술과 노름과 빚보증 때문에 조부가 조금 남겨 준 재산을 모두 탕진하고 말았다. 필자도 몇 년 전까지는 가난하게 살았다.

조부모는 조부가 조모에게 꼼짝 못 했기 때문에 부부싸움은 하지 않았지만 재미없게 살았고, 부모님은 부부 갈등이 심했고, 필자 역시 아내와 심하게 충돌했다. 필자는 전인치유를 받은 후에야 아내와의 심한 충돌에서 벗어날 수 있었다. 전인치유를 받은 후 지금까지 아내와 심하게 충돌한 적이 한 번도 없다.

무당의 자녀가 무당이 되는 것도 가계를 통하여 악령들이 대물림되는 것을 증명해 준다. 필자와 다른 치유사역자들의 치유 임상에 의하면 무당의 후손은 무당이 되지 않아도 무당의 영이 대물림되는 것을 확인할 수 있었다.

🌱 학생의 간증문

"치유 중에 회개하는 시간을 가졌는데(그에게서 그의 증조할머니에게 있던 무당의 영이 드러났는데 그 악령이 나가지 않고 그를 괴롭혀서, 필자는 그에게 30분간 회개하는 시간을 갖도록 했다 – 필자 주), 주님께서 내가 죄인이라는 것을 알려주셨습니다. 나는 주님이 긍휼히 여기시지 않으면 주님을 볼 면목이 없는 것을 깨닫고 회개하였습니다. 그러자 주님께서 '이전 것은 지나갔으니 보라 새 것이 되었도다'라는 말씀을 주셨습니다. 내가 '주님은 전능하십니다', '주님께서 나를 사랑하셨습니다', '주님께 내려놓습니다' 하고 고백할 때 악령이 내 속에서 빠져나갔습니다(그가 회개한 후에 필자가 그의 몸을 점검해 보니까 그의 몸에서 더 이상 악한 영이 드러나지 않았다 – 필자 주)"(이 학생의 동생은 다른 치유사역자가 맡아서 치유했는데 그에게도 강력한 무당의 영이 드러났고, 사역 끝에 축사가 되었다).

한편 다윗 왕의 경우에서 보는 것처럼 사람이 큰 죄, 또는 많은 죄를 지었을 경우에 하나님은 그 죄를 용서하신 후에도 징계, 즉 저주를 내리신다.

> (삼하 12:9-14) 그러한데 어찌하여 네가 여호와의 말씀을 업신여기고 나 보기에 악을 행하였느냐 네가 칼로 헷 사람 우리아를 치되 암몬 자손의 칼로 죽이고 그의 아내를 빼앗아 네 아내로 삼았도다 이제 네가 나를 업신여기고 헷 사람 우리아의 아내를 빼앗아 네 아내로 삼았은즉 칼이 네 집에서 영원토록 떠나지 아니하리라 하셨고 여호와께서 또 이와 같이 이르시기를 보라 내가 너와 네 집에 재앙을 일으키고 내가 네 눈앞에서 네 아내를 빼앗아 네 이웃들에게 주리니 그 사람들이 네 아내들과 더불어 백주에 동침하리라 너는 은밀히 행하였으나 나는 온 이스라엘 앞에서 백주에 이 일을 행하리라 하셨나이다 하니 다윗이 나단에게 이르되 내가 여호와께 죄를 범하였노라 하매 나단이 다윗에게 말하되 여호와께서도 당신의 죄를 사하셨나니 당신이 죽지 아니하려니와 이 일로 말미암아 여호와의 원수가 크게 비방할 거리를 얻게 하였으니 당신이 낳은 아이가 반드시 죽으리이다 하고

다윗은 밧세바를 범한 죄와 그녀의 남편을 죽인 죄를 회개하여 하나님의 용서를 받았다. 그 후부터 다윗은 의롭게 살기를 힘썼다. 성경은 이 사실을 아래와 같이 증언한다.

(왕상 15:5) 이는 다윗이 헷 사람 우리아의 일 외에는 평생에 여호와 보시기에 정직하게 행하고 자기에게 명령하신 모든 일을 어기지 아니하였음이라

이처럼 다윗은 밧세바 사건 이후에 평생 의롭게 살기를 힘썼다. 그럼에도 불구하고 하나님은 그에게 많은 저주를 내리셨다. 밧세바와의 사이에서 낳은 아들이 죽은 것, 그의 아들들이 형제를 죽인 것, 아들들이 반역한 것 등이다. 이 때문에 다윗은 많은 고통을 겪을 수밖에 없었다. 이것을 볼 때 하나님이 큰 죄, 또는 많은 죄를 지으면 죄를 용서하신 후에도 반드시 그 죄에 합당한 저주를 내리시는 것을 알 수 있다.

5. 가계저주를 끊는 방법

박상신 목사는 가계저주를 끊는 것이 중요함을 아래와 같이 강조했다.

> "조상의 신앙 때문에 후손들이 복을 받는다면 조상의 죄악 때문에 후손들이 저주를 받는 것은 너무나 당연하다. 성경이 말한 대로 조상의 저주가 삼사 대까지 간다는 사실을 인정한다면 그냥 내버려 둬도 우리의 손자나 증손자쯤 가면 자동적으로 복 받는 가문이 될 것이다. 그렇게 기다리기에는 억울하지 않는가? 긴 세월을 단축시켜 우리 자신부터 하나님으로부터 오는 좋은 것들을 받아 누려야 하지 않겠는가? 쓴 뿌리를 찾아보자. 우리 조상들의 삶을 추적하여 하나님의 진노를 쌓고, 쓴 뿌리를 심은 자가 누구인지 찾아보고, 쓴 뿌리를 제거해 버리자."[92]

어떻게 가계저주를 끊을 수 있는가? 성경은 이 의문도 충분히 풀어 주고 있다.

---

92) 가계치유, 박상신, 크리스찬치유영성연구원, 2013년, p. 10

1) 조상들과 나를 동일시하여 회개할 때 가계저주를 끊을 수 있다

예레미야가 기도한 것처럼 우리의 조상들은 죄를 지은 후에 세상을 떠나 버렸다. 그리고 우리는 대표의 원리와 일체의 원리에 의하여 가계저주를 담당하고 있다.

> (애 5:7) 우리의 조상들은 범죄하고 없어졌으며 우리는 그들의 죄악을 담당하였나이다

> (마 23:35) 그러므로 의인 아벨의 피로부터 성전과 제단 사이에서 너희가 죽인 바라갸의 아들 사가랴의 피까지 땅 위에서 흘린 의로운 피가 다 너희에게 돌아가리라

조상들은 죽었기 때문에 그들이 회개할 것을 기대할 수 없다. 그러므로 가계저주를 끊으려면 우리가 대신 죄를 회개해야 한다. 대표의 원리와 일체의 원리에 의하여 우리가 조상들과 함께 죄를 지었기 때문이다.

다니엘은 조상들과 동일시하여 회개하는 모범을 보여 준 대표적인 인물이다.

> (단 9:11) 온 이스라엘이 주의 율법을 범하고 치우쳐 가서 주의 목소리를 듣지 아니하였으므로 이 저주가 우리에게 내렸으되 곧 하나님의 종 모세의 율법에 기록된 맹세대로 되었사오니 이는 우리가 주께 범죄하였음이니이다

다니엘서 1장을 보면 다니엘이 어릴 때부터 신실하게 신앙생활

을 한 것을 알 수 있다. 그런데도 그는 "우리가 주께 범죄하였나이다"라고 회개했다. 이런 회개로 인하여 그는 타국살이의 설움을 털어 버리고, 꿈에도 그리던 가나안 땅에 돌아가는 복을 받았다(느 10:6). 그는 성실하게 산 것과 조상들을 대신하여 금식하며 회개한 것 때문에 하늘의 상도 많이 받았을 것이다. 이것을 볼 때 우리가 세상을 떠난 조상들과 동일시하여 회개할 때 가계저주를 끊을 수 있는 것을 알 수 있다.

필자는 앞에서 다윗의 회개를 예로 들어서(참조, 시편 51편) 회개할 때는 하나님의 사죄 선언을 받을 때까지, 또는 사죄의 확신이 들 때까지 반복해서 회개해야 하는 것을 설명했다. 조상들과 동일시하여 회개하는 것도 마찬가지다. 이때도 하나님의 사죄 선언을 받을 때까지, 또는 사죄의 확신이 들 때까지 반복해서 회개해야 한다. 그래야만 조상에게 대물림받은 저주가 끊어진다.

성경에 기록되어 있지 않지만 다니엘은 조상들의 죄로 인하여 나라가 망할 때부터 조상들의 죄를 대신 회개하기 시작했을 것이다. 그는 70년 포로 생활이 끝날 때까지 그 회개를 계속했다(단 9:1-6). 이것은 다니엘이 조상들의 죄로 인한 저주가 끝날 때까지 조상들의 죄를 대신 회개한 것을 의미한다.

이런 실례들을 볼 때 조상들의 죄는 하루 이틀 회개해서 해결되지 않는 것을 알 수 있다.

조상들의 죄를 오랫동안 회개해야 하는 이유는 조상들 중에 큰 죄를 지은 사람들이 매우 많은 데 있다. 사람은 누구나 다 조상들 중에 살인자, 간음자, 우상숭배자, 사기꾼 등이 매우 많다. 이런 죄인들을 대신하여 회개하는 일이 어찌 하루 이틀에 가능하겠는가?

이 때문에 조상들의 죄를 오랫동안 회개해야 하는 것이다. 그러므로 우리가 조상들과 동일시하여 회개하는 것이 힘들 수밖에 없고, 회개 시간이 오래 걸릴 수밖에 없다. 그래서 우리가 내담자들에게 최소한 3-6개월 정도 조상들의 죄를 회개할 것을 주문하는 것이다. 이런 주문에 따라서 성실하게 조상과 자신의 죄를 회개하는 사람들은 누구나 다 큰 은혜를 받는다.

🌱 내담자 사례

그는 아내와 오랫동안 불화하다가 큰 위기를 만나서 부부가 함께 치유를 받으러 온 터였다. 그는 한 회사의 대표이사였다.

어느 날 그가 하나님의 은혜로 놀라운 아이템을 개발하게 되었다. 그는 그것을 판매하기 위한 자금 수억 원을 마련했다. 공교롭게도 그때 부부싸움이 크게 일어났다. 화가 난 아내는 그가 마련해 둔 거액의 돈을 몇 개월 만에 모두 없애 버렸다. 그러는 동안에 그와 자녀들이 많은 상처를 받았다. 그는 큰 절망에 빠진 상태에서 아내와 함께 양촌힐링센터에 전인치유를 받으러 왔다.

치유를 받는 동안 그는 자신이 아내와 불화한 원인을 깨닫게 되었다. 그 원인이 자신이 어렸을 때 부모에게 받은 상처와 자신의 죄와 가계저주 때문인 것을 알게 되었다.

그는 혼신을 다하여 토설하고 회개했다. 그리하여 진심으로 아내를 용서하게 되었다. 그의 아내 역시 진심으로 그를 용서하게 되었다.

집으로 돌아간 그는 '조상과 자신의 죄를 회개하는 기도문'을 이용하여 가족들과 함께 하루에 두 번씩 회개기도를 했다. 얼마 되지 않아서 그의 가정이 천국으로 변했다. 그는 그 기도를 회사의 직원들에게도 권했다. 그들의 가정 역시 놀라운 변화를 일으켰다.

1년 반이 지난 다음에 그를 다시 만났다. 그는 그동안에 하나님이 그의 가정을 천국으로 만들어 주신 것과 주님이 그의 사업의 문을 활짝 열어 주신 것을 간증했다.

중요한 것은 하나님께 사죄를 받을 때까지 회개를 계속해야 하는 것이다. 큰 죄와 많은 죄일수록 더욱 철저하게, 그리고 더욱 오랫동안 회개를 계속해야 한다.

많은 성도가 저주에서 벗어나지 못하는 중요한 이유 중의 하나가 하나님께 사죄를 받지 못한 상태에서 회개를 그만두기 때문이다. 독자들이 이것을 명심하면 좀더 철저한 회개를 해서 더욱 빨리 큰 은혜를 받을 수 있을 것이다.

조상들의 죄를 철저하게 회개하려면 자신의 조상이 어떤 죄를 지었는지를 아는 것이 좋다. 그것을 알지 못하면 철저하게 회개하는 데 어려움이 있기 때문이다.

조상들이 지은 죄를 정확하게 알지 못한다면 역사를 공부하여 자기의 조상들과 동시대에 살던 다른 사람들이 어떤 죄를 지었는지를 살펴서 그들이 범한 죄와 같은 죄를 회개하는 수밖에 없다.

한국의 경우에는 거의 모든 조상이 유교, 불교, 미신을 숭상하는 죄를 지었다. 그러므로 한국 성도들은 조상들의 이런 죄를 대신 회개하면 된다.

특히 3~4대 이전의 조상들이 받은 저주가 자신에게 가장 크게 영향을 끼친다. 이 때문에 조상들과 동일시하여 회개할 때는 3~4대 이전의 조상들이 지은 죄를 더욱 철저하게 회개해야 한다.

양촌힐링센터에서 사용하는 가계치유기도문의 일부를 소개하면 다음과 같다.

우리나라 지도자들의 죄를 회개합니다!
- 단군신화를 믿고 하나님이 만든 사람을 곰의 후손으로 가르친 죄와 학교에 단군상을 세운 죄를 회개합니다. 아멘!
- 무당과 박수를 무형문화재로 지정하여 국가에서 돈 주고 장려하는 죄를 회개합니다. 아멘!

우리 민족과 나의 악행을 회개합니다!
- 성추행한 죄와 성희롱한 죄를 회개합니다. 아멘!
- 짐승과 간음한 죄와 성폭행한 죄를 회개합니다. 아멘!
- 동성연애를 한 죄와 스와핑을 한 죄를 회개합니다. 아멘!

우리 민족과 나의 우상숭배 죄를 회개합니다!
- 죽은 조상에게 절한 죄와 풍수지리를 본 죄를 회개합니다. 아멘!
- 추석에 성묘한 죄와 삼우제를 지낸 죄와 상여에 절한 죄를 회개합니다. 아멘!
- 지방을 써 준 죄와 제사상에 지방을 붙인 죄와 산신제를 지낸 죄와 고사를 지낸 죄를 회개합니다. 아멘!

한편 충분히 죄를 회개해서 하나님의 용서를 받은 후에는 다시 그 죄를 회개하지 않아도 된다. 사탄이 용서받은 것을 의심하게 만들면 단호하게 의심을 거부해야 한다.

2) 의를 행할 때 가계저주를 끊을 수 있다

(겔 18:21-22) 그러나 악인이 만일 그가 행한 모든 죄에서 돌이켜 떠나 내 모든 율례를 지키고 정의와 공의를 행하면 반드시 살고 죽지 아니할 것이라 그 범죄한 것이 하나도 기억함이 되지 아니하리니 그가 행한 공의로 살리라

여리고성의 기생 라합은 조상들이 물려준 저주와 자신이 음란하게 살아서 초래한 저주로 인하여 죽음의 위기에 처한 사람이었다. 하지만 그녀는 목숨을 건 믿음으로 이스라엘의 정탐꾼을 숨겨 주었다. 그 결과 유다 지파의 살몬과 결혼할 수 있었고, 아들 보아스가 부자가 될 수 있었고, 다윗 왕의 고조모가 되는 복을 누릴 수 있었다.

야고보서 기자와 히브리서 기자는 동일하게 라합을 하나님께 충성해서 큰 상을 받은 구약 시대의 대표적인 인물들 중의 하나로 소개했다(약 2:25, 히 11:31).

아브라함의 아버지는 우상숭배자였다. 그런데도 아브라함은 믿음으로 살아서 가계저주를 끊고, 믿음의 조상이 되었다.

히스기야 왕은 악한 아하스 왕의 아들이다. 그런데도 그는 믿음으로 살아서 큰 복을 받았다.
이처럼 사람은 의를 행한 만큼 가계저주를 끊을 수 있다.

| 참고 |
어떤 성도가 조상과 자신을 동일시하여 회개하는 것을 몰라서 열

심히 자신의 죄만 회개하고 충성스럽게 의를 행하면, 그가 조상과 자신을 동일시하여 회개하지 못했어도 그의 의로운 행위만큼 하나님은 은혜를 베푸신다. 또한 몰라서 실행하지 못한 일은 하나님이 어느 정도 용납해 주신다. 이 때문에 우리의 선배 성도들이 조상과 동일시하여 회개하지 못했어도 선하게 신앙생활을 한 만큼 은혜를 받을 수 있었던 것이다.

물론 조상과 동일시하여 철저하게 회개한 후에 의롭게 살면 더 큰 은혜를 받을 수 있다.

3) 조상들의 범죄행위를 미워하고 거부할 때 가계저주를 끊을 수 있다

(신 13:6-10 요약) 네 어머니의 아들 곧 네 형제나 네 자녀나 네 품의 아내나 너와 생명을 함께하는 친구가 가만히 너를 꾀어 이르기를 너와 네 조상들이 알지 못하던 다른 …… 신들을 우리가 가서 섬기자 할지라도 너는 용서 없이 그를 죽이되 죽일 때에 네가 먼저 그에게 손을 대고 후에 뭇 백성이 손을 대라 그는 애굽 땅 종 되었던 집에서 너를 인도하여 내신 네 하나님 여호와에게서 너를 꾀어 떠나게 하려 한 자이니 너는 돌로 쳐 죽이라

(출 22:18) 너는 무당을 살려두지 말라

(신 18:10-12) 그의 아들이나 딸을 불 가운데로 지나게 하는 자나 점쟁이나 길흉을 말하는 자나 요술하는 자나 무당이나 진언자나 신접자나 박수나 초혼자를 너희 가운데에 용납하지 말라 이런 일을 행하는 모든 자를 여호와께

서 가증히 여기시나니 이런 가증한 일로 말미암아 네 하나님 여호와께서 그들을 네 앞에서 쫓아내시느니라

하나님이 가장 미워하시는 죄가 우상숭배다. 우상숭배는 하나님을 부인하는 큰 죄이기 때문이다. 이 때문에 하나님이 이스라엘 백성들에게 "우상숭배 죄를 짓도록 유혹하는 사람은 형제나 자녀나 아내나 친구라도 죽이라"고 하신 것이다. 물론 그때가 신정국가 시대였기 때문에 하나님이 그런 명령을 내리신 것이다.

아사 왕은 우상숭배를 하는 그의 어머니에게 단호한 조치를 취했다.

> **(왕상 15:11–13)** 아사가 그의 조상 다윗같이 여호와 보시기에 정직하게 행하여 남색하는 자를 그 땅에서 쫓아내고 그의 조상들이 지은 모든 우상을 없애고 또 그의 어머니 마아가가 혐오스러운 아세라 상을 만들었으므로 태후의 위를 폐하고 그 우상을 찍어 기드론 시냇가에서 불살랐으나

아사는 아세라를 숭배한 어머니의 태후의 위를 폐했다. 그리고 어머니가 만든 우상을 찍어서 불살라 버렸다.

지금은 신정국가 시대가 아니다. 우리는 구약 시대의 성도가 범죄한 가족들에게 취한 조치를 똑같이 할 수 없다. 그러면 어떻게 해야 하는가? 우리는 가족들의 죄에 참여하지 않는 것은 물론 그 죄를 단호하게 반대하고, 가족들의 범죄행위를 미워해야 한다. 조상들의 우상숭배는 더욱 그렇게 해야 한다.

(고전 16:22) 만일 누구든지 주를 사랑하지 아니하면 저주를 받을지어다 우리 주여 오시옵소서

가족들의 범죄행위를 대놓고 저주할 용기가 없으면 기드온처럼 몰래 저주해야 한다.

(삿 6:25-27) 그날 밤에 여호와께서 기드온에게 이르시되 네 아버지에게 있는 수소 곧 칠 년 된 둘째 수소를 끌어오고 네 아버지에게 있는 바알의 제단을 헐며 그 곁의 아세라 상을 찍고 또 이 산성 꼭대기에 네 하나님 여호와를 위하여 규례대로 한 제단을 쌓고 그 둘째 수소를 잡아 네가 찍은 아세라 나무로 번제를 드릴지니라 하시니라 이에 기드온이 종 열 사람을 데리고 여호와께서 그에게 말씀하신 대로 행하되 그의 아버지의 가문과 그 성읍 사람들을 두려워하므로 이 일을 감히 낮에 행하지 못하고 밤에 행하니라

만일 부모가 제사를 지내면 제사에 참여하지 말고, 정중하게 제사의 부당성을 설명해야 하며, 마음속으로 제사를 저주해야 한다.
집안의 가장은 자신이 우상숭배를 하지 않는 것은 물론 집에 있는 모든 우상의 물건들을 제거해야 한다. 부적, 이방 종교의 물건, 이방 종교의 경전 등을 모두 없애야 한다.

조상의 다른 죄들 역시 단호하게 거부하고 미워하며 저주해야 한다. 단호하게 이런 조치들을 취하면 그만큼 조상들과 가족들이 받은 저주가 나에게 적게 임한다. 반면 조상의 범죄행위를 미워하고 거부하는 조치가 미흡하면 그만큼 가계저주가 나에게 많이 임한다.

4) 가계저주를 통하여 들어온 악령들을 미워하고 악령들과 싸울 때 가계저주를 끊을 수 있다

범죄한 사람과 그의 후손들이 고통을 당하는 근본적인 원인은 사탄과 악령들의 공격을 받는 데 있다. 이 때문에 바울 사도가 아래와 같이 선언한 것이다.

> (엡 6:12) 우리의 씨름은 혈과 육을 상대하는 것이 아니요 통치자들과 권세들과 이 어둠의 세상 주관자들과 하늘에 있는 악의 영들을 상대함이라

어떤 사람이 범죄할 때 악령들은 합법적으로 그에게 침투한다. 그에게 들어온 악령들은 그의 후손들에게 대물림이 된다. 그가 후손들을 대표하여 범죄했기 때문이고, 후손들은 범죄한 조상과 일체가 되어서 그와 함께 범죄했기 때문이다.

하지만 대부분의 사람은 자기 속에 조상에게서 대물림이 된 악령들이 들어 있는 것을 모른다. 이런 사람들은 속수무책으로 악령들에게 이용을 당할 수밖에 없다. 그러므로 가계저주를 받은 후손들은 가계저주로 인하여 자기의 몸에 침투한 악령들을 미워하고, 그놈들과 싸워서 그놈들을 쫓아내야 한다.

❦ 내담자 사례

전인치유사역자가 볼 때 그는 가계저주가 많은 것으로 판단되는 사람이었다. 하지만 그가 두 번 치유를 받을 때까지 그에게서 악령이 전혀 드러나지 않았다. 가족들과의 불화가 계속되는 것 때문에

그는 세 번째 치유를 받으러 왔다. 필자를 만난 그는 자신에게는 아무런 문제가 없는 것처럼 말했다. 아예 필자의 말을 들으려고도 하지 않았다.

하는 수 없이 필자는 그에게 축사사역을 먼저 하기로 했다. 필자가 그의 몸 안에 구축된 악령의 진지를 파쇄하며 약 5분 정도 악령을 불러냈을 때, 그의 몸속에 숨어 있던 악령들이 정체를 드러냈다. 그는 매우 심하게 기침과 가래와 구토를 하기 시작했다. 그제야 그는 자신이 악령에게 속은 것을 깨달았다. 그때부터 그는 필자의 말에 귀를 기울였다.

필자는 한 시간 가까이 축사사역을 시행했다. 그 후에 그는 적극적으로 상처를 치유 받았다.

| 참고 |

축사사역을 할 때는 반드시 영적 무장을 철저하게 한 후에 해야 한다. 이것을 소홀히 하면 축사사역자나 그의 가족들이 악령들의 공격을 받기 때문이다.

이런 의미에서 양촌힐링센터의 김종주 원장이 개발한 영적 무장 기도문은 축사사역자들에게 활용 가치가 매우 많다. 내용은 앞에서 소개한 바 있다(189–190쪽 참고).

5) 가계저주의 주요 통로를 대적할 때 가계저주를 끊을 수 있다

저주의 주요 통로는 이방 종교다. 이 때문에 하나님이 신정정치 시대인 구약 시대에 이스라엘 백성들에게 "이방 종교의 제단을 헐고, 이방 종교의 제사장을 죽이라"고 명령하신 것이다.

> (출 22:18) 너는 무당을 살려두지 말라

> (신 7:5) 오직 너희가 그들에게 행할 것은 이러하니 그들의 제단을 헐며 주상을 깨뜨리며 아세라 목상을 찍으며 조각한 우상들을 불사를 것이니라

한국인에게 저주의 3대 통로는 불교, 유교, 무속이다. 우리의 조상 중에 여기에 연관되지 않은 사람은 한 사람도 없을 것이다. 이 때문에 우리가 엄청난 가계저주를 받고 있는 것이다.

하지만 현대는 정교분리 시대다. 그러므로 우리는 이방 종교의 제단을 헐거나 이방 종교의 제사장을 죽일 수 없다. 이 때문에 우리는 마음으로 제사상, 절간, 무속을 거부할 수밖에 없다.

6) 가장 탁월하게 가계저주를 끊는 것은 그것을 선용하는(승화시키는) 것이다

지금까지의 가계저주론에는 고난의 신학이 없다. 고난의 신학을 다른 말로 십자가 신학이라고 할 수 있다. 십자가를 지고 주님을 따르는 것은 성도에게 가장 가치 있는 일이다. 그런데도 지금까지 가계저주론 옹호자들은 이런 일을 간과한 채로 "가계저주를 끊어서 복되게 살자"고만 주장했다.

이것은 고난의 신학을 깨달은 사람들에게는 저급한 형태의 사상일 수밖에 없다. 이 때문에 가계저주 반대론자들이 더욱 가계저주

론을 배척한 것이다. 그래서 필자가 기존의 가계저주론에 고난의 신학을 보완하게 된 것이다.

저주에 관한 하나님의 소원은 두 가지다.

첫째, 저주에 관한 하나님의 작은 소원은 하나님의 자녀들이 저주에서 벗어난 후에 땅에서 행복하게 사는 것이다.

> (신 30:19-20) 내가 오늘 하늘과 땅을 불러 너희에게 증거를 삼노라 내가 생명과 사망과 복과 저주를 네 앞에 두었은즉 너와 네 자손이 살기 위하여 생명을 택하고 네 하나님 여호와를 사랑하고 그의 말씀을 청종하며 또 그를 의지하라 그는 네 생명이시요 네 장수이시니 여호와께서 네 조상 아브라함과 이삭과 야곱에게 주리라고 맹세하신 땅에 네가 거주하리라

이처럼 하나님은 하나님의 자녀들이 땅에서 살 때 저주에서 벗어나서 행복하게 살기를 소원하신다. 하지만 하나님에게는 이보다 더 큰 소원이 있다.

둘째, 저주에 관한 하나님의 큰 소원은 하나님의 자녀들이 저주를 감당하여 하나님께 영광을 돌려서 하늘의 상을 받는 것이다.

> (계 2:10) 너는 장차 받을 고난을 두려워하지 말라 볼지어다 마귀가 장차 너희 가운데에서 몇 사람을 옥에 던져 시험을 받게 하리니 너희가 십 일 동안 환난을 받으리라 네가 죽도록 충성하라 그리하면 내가 생명의 관을 네게 주리라

(마 5:11-12) 나로 말미암아 너희를 욕하고 박해하고 거짓으로 너희를 거슬러 모든 악한 말을 할 때에는 너희에게 복이 있나니 기뻐하고 즐거워하라 하늘에서 너희의 상이 큼이라 너희 전에 있던 선지자들도 이같이 박해하였느니라

인류에게 저주가 온 것은 인류의 조상인 아담과 하와가 사탄의 계략에 빠져서 선악과를 먹은 데 있다. 인류에게 주어진 하나님의 저주는 질병, 가난, 죽음 등이다. 사탄은 저주로 인류를 파멸시키기 위하여 아담과 하와를 타락시켰다.

하지만 무한히 지혜로우신 하나님은 사탄의 계략을 역이용하신다. 하나님은 성도들이 저주를 선용하여 하나님께 영광을 돌려서 하늘의 상을 받게 만드신다!

죽음의 저주를 생각해 보자.

죽음은 인간 최대의 저주다. 이 때문에 사탄은 죽음을 무기로 인간을 파멸시키려 획책한다. 대부분의 사람이 죽음을 가장 무서워하기 때문이다. 하지만 믿음이 큰 사람들은 죽음을 순교로 선용한다. 다시 말해서 믿음이 큰 사람들은 자원하여 죽음의 저주를 당하여 (자원하여 순교해서) 가장 효과적으로 하나님의 일을 한다. 이렇게 해서 그들은 하나님께 가장 큰 영광을 돌린다. 더 나아가 순교로 큰 상을 받는다.

이렇게 되면 사탄이 믿음의 사람들에게 죽음의 저주를 퍼부은 것이 그들을 가장 많이 도와준 꼴이 된다. 사탄이 속상해서 팔짝팔짝 뛸 수밖에 없다. 이 얼마나 통쾌한 일이란 말인가!

가난 역시 인간에게 매우 큰 저주다. 이 때문에 사탄은 가난을 무기로 인간을 파멸시키려 획책한다. 대부분의 사람이 가난을 무서워하기 때문이다. 하지만 믿음이 큰 사람들은 가난을 청빈으로 승화시켜서 가난으로 하나님께 더 큰 영광을 돌리고, 더 큰 상을 받는다. 한국에는 그런 목회자들이 더러 있다.

이렇게 되면 사탄이 가난의 저주로 믿음의 사람을 도와준 꼴이 된다. 사탄이 속상해서 팔짝팔짝 뛸 수밖에 없다. 이 얼마나 통쾌한 일이란 말인가!

다시 강조하거니와 저주를 벗어 버리는 것보다 저주를 선용하는 것이 더 좋다. 그래야 하나님께 더 큰 영광을 돌리고, 더 큰 상을 받기 때문이다. 그래서 하나님이 성도들에게 '저주를 선용할 것'을 적극적으로 권장하시는 것이다.

저주를 선용하는 성도들에게 하나님께서 베푸시는 은혜는 아래와 같다.

첫째, 하나님은 자원하여 저주를 감당하는 성도들에게 저주를 감당할 힘을 주신다.

예수님이 겟세마네에서 십자가를 지는 것을 힘들어하실 때, 하나님은 천사를 보내어 예수님에게 힘을 불어넣으셨다.

주기철 목사가 못이 박힌 판자 위를 걸을 수 있었던 것도 하나님이 힘을 주셨기 때문에 가능한 일이었다.

예수님은 자원하여 저주를 받으신 대표적인 분이다.

예수님은 마음만 먹으면 100세도 넘게 살 수 있었고, 죽지 않은 채로 승천하실 수도 있었다. 그런데도 주님은 자원하여 33세에 십자가에서 죽으셨다. 그렇게 해서 창세전에 선택한 하나님의 자녀들을 구원하셨다. 이로써 사탄은 죽음의 저주로 예수님을 도와준 꼴이 되고 말았다!

만일 예수님이 100세가 넘도록 건강하게 살다가 십자가에서 죽지 않고 그냥 승천하셨으면 예수님은 결코 구주가 되실 수 없었을 것이다. 이것을 볼 때 저주를 없애는 것보다 저주를 선용하는 것이 더 좋은 것을 알 수 있다.

예수님은 목수의 아들로 태어나셨다. 이 때문에 성장하는 동안에 가난의 저주를 감당하셔야만 했다. 하지만 사역을 시작한 후에는 얼마든지 부유하게 사실 수 있었다. 병을 고쳐 주고 헌금을 받으면 얼마든지 갑부가 되실 수 있었다. 그런데도 예수님은 자원하여 머리 둘 곳조차 없이 살면서 사람들을 섬기셨다(마 8:19-20). 그 결과 수많은 가난한 사람들을 구원하셨다. 가난의 저주를 사탄이 속상해서 팔짝팔짝 뛰게 만들 정도로 멋지게 선용하신 것이다!

만일 예수님이 평생 부잣집에서 떵떵거리며 사셨으면 가난한 사람들은 좀처럼 예수님을 구주로 믿지 않을 것이다.

사도들과 초대교회의 목회자들 역시 예수님을 본받아서 청빈하게 살았다.

(고후 6:9-10) 무명한 자 같으나 유명한 자요 죽은 자 같으나 보라 우리가 살아 있고 징계를 받는 자 같으나 죽임을 당하지 아니하고 근심하는 자 같

으나 항상 기뻐하고 가난한 자 같으나 많은 사람을 부요하게 하고 아무것도 없는 자 같으나 모든 것을 가진 자로다

(히 10:34) 너희가 갇힌 자를 동정하고 너희 소유를 빼앗기는 것도 기쁘게 당한 것은 더 낫고 영구한 소유가 있는 줄 앎이라

장 칼뱅은 『기독교강요』에서 초대교회 목회자들의 삶을 아래와 같이 소개했다.

"교회를 위하여 일하는 사람이 공적인 경비로 생활을 유지한다는 것은 올바른 일이며, 또한 하나님의 율법에서도 인정된 일이다(고전 9:14, 갈 6:6). 또 고대의 어떤 장로(감독)들은 자기의 유산을 하나님께 드리고 스스로 빈민이 되었다. 따라서 사역자들이 먹을 것이 부족하지 않도록, 그리고 빈민들도 무시가 되지 않도록 분배가 이루어졌다. 그러나 동시에 검소한 모범을 보여야 하는 사역자들이 사치하고 방종한 생활을 할 정도로 많이 받지 말고, 꼭 필요한 정도로 받도록 규정했다. …… 감독은 검소한 보통 정도의 의식(衣食)에 넉넉한 것 이외의 다른 것을 요구할 수 없었다. 만일 호화롭고 사치한 생활을 하는 감독이 있으면 즉시 동료들의 견책을 받았고, 복종하지 않으면 그 지위를 빼앗겼다."[93]

"그때의 사제들은 불필요한 재산이 많지 않았다는 것이 암브로시우스가 주재한 아퀼레이아 종교회의의 발표에 충분히 나타나 있다.

---

93) 기독교강요 하, 존 칼빈 저, 신복윤 외 3인 공역, 생명의말씀사, 1986년, p. 85

'주의 사제들은 빈곤이 영광이다.'

확실히 당시의 주교들은 재산이 있었고, 만일 외면적인 화려가 교회의 진정한 장식이 된다고 생각했다면 그렇게 할 수도 있었을 것이다. 그러나 식탁의 진미와 화려한 옷과 많은 하인들과 웅장한 저택을 자랑하는 것은 목회자의 직책에 가장 배치된다는 것을 알았기 때문에 겸손과 검소의 길을 걸었으며, 참으로 그리스도께서 그의 사역자들 사이에 정하신 빈곤한 생활을 따른 것이다."[94]

초대교회의 목회자들은 청빈을 영광으로 알았다. 사치하게 살기를 고집하는 목회자들은 그 직분을 박탈당했다.

종교개혁자들과 청교도목회자들 역시 빈곤을 영광으로 알았다. 이 때문에 그들이 세상 사람들에게 감동을 주어서 그들을 변화시킬 수 있었다.

오덕교 박사는 영국 국교도들의 박해를 피하여 미국으로 이민한 청교도들 중에서 정치가가 된 목회자들의 청빈한 삶을 그의 저서 『청교도 이야기』를 통하여 소개했다.

"브래드퍼드는 1622년 5월에 플리머스 주지사로 다시 선출되었다. 그는 이후로 31번에 걸쳐 주지사에 뽑혀서 33년간이나 공직을 수행하였다. 그는 다른 사람도 행정을 맡아야 한다는 생각으로 1623년부터 1627년까지 단호하게 주지사 출마를 거절했지만 주민들의 강력한 요청에 의해 에드워드 윈슬로와 프렌스를 도와 부지사로 일했

---

94) 기독교강요 하, 존 칼빈 저, 신복윤 외 3인 공역, 생명의말씀사, 1986년, p. 116

다. 브래드퍼드의 사양에도 불구하고 플리머스 주민들은 그들의 경제적인 이익을 보장하고, 외적으로부터 생명을 보호해 줄 수 있는 능력을 갖춘 지도자는 브래드퍼드뿐임을 확인하고, 1627년부터 1656년까지 그를 촌장으로 선출했다. 주민들의 호응에 힘입은 브래드퍼드는 성심성의를 다해 플리머스 정착촌을 지도해 나갔다. 체질화된 행정관료가 되지 않기 위해 늘 자신과 싸웠고, 경건과 덕으로 다스리려 하였으며, 촌장의 봉급을 받지 않는 등 백성들에게 누를 끼치지 않으려고 부단히 애를 썼다. 플리머스 정부는 이러한 브래드퍼드의 헌신에 감동되어 오히려 1639년부터 20파운드의 월급을 책정하여 강제로 지급함으로써 그의 공로를 인정하였다. 브래드퍼드는 죽을 때까지 플리머스 정착촌의 지도자로 일하면서 막강한 리더십을 발휘하였다. 그러나 그는 주어진 권세를 자기 일신의 영달이나 축재의 수단으로 사용하지 않았다. 오히려 합법적인 방법으로 축재할 수 있는 기회가 왔을 때에도 다른 사람에게 양보할 정도로 사욕이 없는 지도자였다. 영국 추밀원이 뉴잉글랜드(미국)에 대한 논의 중에 뉴잉글랜드 와익 지역의 불하권을 개인에게 주는 법안을 통과시켰지만, 브래드퍼드는 이를 홀로 차지하지 않고 이민자들과 함께 땅을 분배하였다. 1657년 수명이 다하여 죽을 때까지 플리머스에 집 한 채와 조그마한 농장을 소유했던 브래드퍼드의 청렴을 중시하는 정치가로서의 모범은 후대에 와서 미국 정치지도자의 자질을 결정하는 척도가 되었다."[95]

"윈슬로가 성공한 또 다른 이유는 그의 청빈함에 있다. 그는 1630년

---

95) 청교도 이야기, 오덕교, 이레서원, 2001년, pp. 195-197

뉴잉글랜드(미국)에 도착한 후부터 1649년 3월 26일 죽을 때까지 9년은 주지사로 지냈고, 나머지 10년은 부지사와 보조자로 일해 전 생애를 공직에 있었다. 막강한 힘이 있는 공직자가 무주공산과 같은 신대륙에서 사욕을 채우는 것은 쉬운 일이었지만, 그는 권력을 이용하여 재산을 축적하는 대신 오히려 자신의 재산을 교회나 국가에 헌납하여 권세자의 권리를 포기하는 지도자였다. 그는 자신에게 주어진 소명이 거룩하고 경건한 사회를 건설하는 것이라고 믿었기 때문에 개인의 유익보다는 오직 공익을 위해 모든 기회를 활용했다. 아내를 사랑하며, 자녀들을 신앙 가운데 양육하는 등 가정생활에 모범적이었으며, 다른 사람의 의견에 귀를 기울이는 아량이 넓은 지도자였고, 재산을 가난한 자들에게 나누어 줌으로써 죽을 때에는 남은 것이 하나도 없는 청빈한 지도자였다."[96]

미국에서 정치지도자가 된 청교도 목회자들의 삶이 청빈했으면 미국에서 목회자가 된 청교도 목회자들의 삶이 청빈했던 것은 불을 보듯 뻔한 일이다. 청교도 목회자들은 오늘날의 목회자들의 귀감이 아닐 수 없다.

쉐마운동을 펼치는 현용수 목사는 유대인들의 청빈한 삶을 아래와 같이 소개했다.

"유대인 랍비들은 정말 가난한 사람들이 많다. 그러나 그들은 아무리 헌 차를 타고 다녀도 자기 스스로가 떳떳하게 여길 뿐만 아니라

---

96) 청교도 이야기, 오덕교, 이레서원, 2001년, pp. 209-210

많은 사람의 존경을 받는다."[97]

"왜 유대인은 그렇게 모든 물건을 아끼고, 흠나지 않게 관리를 잘하는가? 청지기는 주인의 물건을 함부로 다루면 안 되기 때문이다. 물건을 함부로 다루면 망가지기 쉽다. 망가지면 주인에게 해를 주는 것이다. 해를 끼치는 청지기는 물러날 수밖에 없다.

유대인은 모든 면에서 생활의 절제가 몸에 배어 있다. 부유하다 하더라도, 기분이 좋다고 하여도 과하게 행동하는 것을 삼간다. 음식을 먹더라도, 또는 술을 마시더라도 절제할 줄 안다. 마음껏 기분을 내다가 실수하는 예는 거의 없다. 유대인은 '일생에 한 번 맛있는 요리를 실컷 먹고 다른 날에는 굶는 것보다는, 평생 양파만 먹고 사는 게 더 낫다'고 가르친다.

유대인의 이런 경제철학은 실용주의 생활방식으로 나타난다. 이스라엘 총리도 옛날 광야 시절 모세처럼 나무의자에 앉는다. 관공서 수장들의 의자도 검소하고, 사무실도 협소하다. 교수들의 연구실은 더 협소하다. 권위의식을 전혀 느낄 수 없다. 전 이스라엘의 KOTRA 텔아비브 무역관장이었던 강영수 씨의 경험에 의하면 '이스라엘 대기업 총수들의 사무실이라 해도 불과 5-10평 정도'라 한다. 물론 비서는 있지만 전용 운전사를 둔 경우는 드물다. 부속실 인원은 최소로 줄인다. 웬만한 일은 자신이 손수 한다."[98]

예수님을 모르는 유대인 랍비들도 청빈한 삶을 실천하여 사람들

---

[97] 인성교육 노하우 3, 현용수, 동아일보사, 2008년, p. 184
[98] 자녀들아 돈은 이렇게 벌고 이렇게 써라, 현용수, 동아일보사, 2009년, pp. 161-162

의 존경을 받아서 그들의 뜻을 널리 펼치고 있다. 하물며 예수님의 제자인 목회자들이겠는가!

고인이 된 김수환 추기경이 생전에 경차(티코)를 타고 다니는 것은 물론 검소하게 생활해서 천주교회의 위상을 크게 높인 것과 천주교회를 크게 부흥시킨 것은 널리 알려진 일이다. 우리 개신교회 목회자들이 타산지석으로 삼을 일이 아닐 수 없을 것이다.

성도는 하나님께 영광을 돌리고 교회를 부흥시키기 위하여 청빈하게 살고 순교해야 하는 것 외에도, 하늘의 상급을 받기 위해서 청빈하게 살면서 주의 일을 힘써야 하고, 할 수 있는 한 순교해야 한다. 히브리서 기자는 이 사실을 아래와 같이 증언했다.

> (히 11:8-10) 믿음으로 아브라함은 부르심을 받았을 때에 순종하여 장래의 유업으로 받을 땅에 나아갈새 갈 바를 알지 못하고 나아갔으며 믿음으로 그가 이방의 땅에 있는 것같이 약속의 땅에 거류하여 동일한 약속을 유업으로 함께 받은 이삭 및 야곱과 더불어 장막에 거하였으니 이는 그가 하나님이 계획하시고 지으실 터가 있는 성을 바랐음이라

> (히 11:24-26) 믿음으로 모세는 장성하여 바로의 공주의 아들이라 칭함 받기를 거절하고 도리어 하나님의 백성과 함께 고난받기를 잠시 죄악의 낙을 누리는 것보다 더 좋아하고 그리스도를 위하여 받는 수모를 애굽의 모든 보화보다 더 큰 재물로 여겼으니 이는 상 주심을 바라봄이라

다시 강조하거니와 "가난의 영을 쫓아내서 부유하게 살자"는 주

장과 "죽음의 영을 쫓아내서 건강하게 살자"는 주장은 바른 주장이다. 하지만 이것은 수준이 낮은 주장이다. 하나님이 진정으로 원하시는 것은 청빈하게 살아서 가난의 영을 박살 내는 것이고, 순교해서 죽음의 영을 박살 내는 것이다. 그러므로 우리는 할 수 있는 한 청빈하게 살기를 힘써야 하고, 조금이라도 더 순교에 가까이 다가가야 한다.

하지만 우리가 주의해야 할 것이 하나 있다. 우리가 악하고 게으르게 살다가 가난의 저주(또는 질병의 저주와 죽음의 저주)를 받은 후에 '나는 청빈하게 살았기 때문에(또는 병들었기 때문에, 또는 비참하게 죽었기 때문에) 하나님의 칭찬과 상급을 받을 것'이라고 착각하면 안 된다. 우리는 반드시 선하고 충성되게 살다가 가난해지거나 병들거나 비참하게 죽임을(순교를) 당해야 한다. 이렇게 할 때 하나님께 칭찬과 상급을 받을 수 있다.

다시 강조하겠다.

악하고 게으른 종에게는 빈곤과 질병과 비참한 죽음이 수치다!

착하고 충성된 종에게만 빈곤과 질병과 비참한 죽음이 영광이다!

둘째, 하나님은 어떤 성도들에게는 불가항력적으로 저주를 당하게 만드신다.

하나님은 바울 사도가 몸에 질병을 가진 채로 하나님께 충성하기를 바라셨다. 그래야만 많은 은혜를 받은 바울 사도가 교만하지 않고 하나님께 더욱 충성할 수 있기 때문이었다. 그래서 하나님은 바울 사도의 몸에 '사탄의 사자'를 보내셨다. 바울 사도는 이것을 크게 기뻐했다.

(고후 12:7-10) 여러 계시를 받은 것이 지극히 크므로 너무 자만하지 않게 하시려고 내 육체에 가시 곧 사탄의 사자를 주셨으니 이는 나를 쳐서 너무 자만하지 않게 하려 하심이라 이것이 내게서 떠나가게 하기 위하여 내가 세 번 주께 간구하였더니 나에게 이르시기를 내 은혜가 네게 족하도다 이는 내 능력이 약한 데서 온전하여짐이라 하신지라 그러므로 도리어 크게 기뻐함으로 나의 여러 약한 것들에 대하여 자랑하리니 이는 그리스도의 능력이 내게 머물게 하려 함이라 그러므로 내가 그리스도를 위하여 약한 것들과 능욕과 궁핍과 박해와 곤고를 기뻐하노니 이는 내가 약한 그때에 강함이라

하나님은 어떤 사람을 날 때부터 맹인이 되게 하셔서 그를 통하여 하나님의 일을 하신 적도 있다.

(요 9:1-3) 예수께서 길을 가실 때에 날 때부터 맹인 된 사람을 보신지라 제자들이 물어 이르되 랍비여 이 사람이 맹인으로 난 것이 누구의 죄로 인함이니이까 자기니이까 그의 부모니이까 예수께서 대답하시되 이 사람이나 그 부모의 죄로 인한 것이 아니라 그에게서 하나님이 하시는 일을 나타내고자 하심이라

하나님은 사탄이 욥을 저주하도록 허용하셨다. 하지만 욥은 무서운 저주를 받고서도 하나님을 찬양하는 믿음을 보였다.

(욥 1:20-22) 욥이 일어나 겉옷을 찢고 머리털을 밀고 땅에 엎드려 예배하며 이르되 내가 모태에서 알몸으로 나왔사온즉 또한 알몸이 그리로 돌아가올지라 주신 이도 여호와시요 거두신 이도 여호와시오니 여호와의 이름이 찬송을 받으실지니이다 하고 이 모든 일에 욥이 범죄하지 아니하고 하나님

을 향하여 원망하지 아니하니라

이지선 자매와 이희아 자매를 생각해 보자.

이희아 자매는 장애인으로 태어났고, 이지선 자매는 젊어서 차량화재로 심한 화상을 입었다. 그들이 죄를 많이 지어서 그처럼 끔찍한 장애를 지니게 된 것은 아닐 것이다. 만일 그들이 가계저주 때문에 그런 일을 당했으면 그들은 가계저주를 멋지게 선용한 믿음의 위인들일 수밖에 없다. 이지선 자매와 이희아 자매는 장애라는 저주 때문에 건강할 때보다 하나님께 더 큰 영광을 돌리고 있기 때문이다.

셋째, 하나님은 저주를 선용하는 성도에게 상을 주실 것을 약속하셨다.

(계 2:10) 너는 장차 받을 고난을 두려워하지 말라 볼지어다 마귀가 장차 너희 가운데에서 몇 사람을 옥에 던져 시험을 받게 하리니 너희가 십 일 동안 환난을 받으리라 네가 죽도록 충성하라 그리하면 내가 생명의 관을 네게 주리라

(마 5:11-12) 나로 말미암아 너희를 욕하고 박해하고 거짓으로 너희를 거슬러 모든 악한 말을 할 때에는 너희에게 복이 있나니 기뻐하고 즐거워하라 하늘에서 너희의 상이 큼이라 너희 전에 있던 선지자들도 이같이 박해하였느니라

(계 6:9-11) 다섯째 인을 떼실 때에 내가 보니 하나님의 말씀과 그들이 가

진 증거로 말미암아 죽임을 당한 영혼들이 제단 아래에 있어 큰 소리로 불러 이르되 거룩하고 참되신 대주재여 땅에 거하는 자들을 심판하여 우리 피를 갚아 주지 아니하시기를 어느 때까지 하시려 하나이까 하니 각각 그들에게 흰 두루마기를 주시며 이르시되 아직 잠시 동안 쉬되 그들의 동무 종들과 형제들도 자기처럼 죽임을 당하여 그 수가 차기까지 하라 하시더라

독자들이 상식적으로 알고 있듯이 저주에서 벗어나는 것보다 저주를 선용하는 것이 더욱 힘들다. 이것은 예수님이 겟세마네에서 십자가를 지지 않는 길을 가게 하여 주시기를 하나님께 기도한 것을 통하여 알 수 있다.

(마 26:36-39) 이에 예수께서 제자들과 함께 겟세마네라 하는 곳에 이르러 제자들에게 이르시되 내가 저기 가서 기도할 동안에 너희는 여기 앉아 있으라 하시고 베드로와 세베대의 두 아들을 데리고 가실새 고민하고 슬퍼하사 이에 말씀하시되 내 마음이 매우 고민하여 죽게 되었으니 너희는 여기 머물러 나와 함께 깨어 있으라 하시고 조금 나아가사 얼굴을 땅에 대시고 엎드려 기도하여 이르시되 내 아버지여 만일 할 만하시거든 이 잔을 내게서 지나가게 하옵소서 그러나 나의 원대로 마시옵고 아버지의 원대로 하옵소서 하시고

믿음으로 저주를 없앤 사람도 훌륭하지만 믿음으로 저주를 선용한 사람은 더욱 훌륭하다.
사람의 본성은 부유를 원하고, 건강을 원하고, 장수를 원한다. 성도들도 마찬가지다. 하지만 부유하고, 건강하고, 장수하는 것이 쉽지 않다. 신앙생활을 매우 잘하지 않고서는 부자가 될 수 없고,

건강하게 살 수 없고, 장수할 수 없기 때문이다. 수많은 성도가 부자가 되고 싶으면서도 가난하게 사는 이유가 여기에 있고, 건강하게 살고 싶으면서도 질병 때문에 고생하는 이유가 여기에 있고, 장수하고 싶으면서도 일찍 죽는 이유가 여기에 있다.

저주를 선용하는 것이 저주에서 벗어나는 것보다 힘들기 때문에 부자 성도들이 청빈하게 살기를 원해도 청빈을 실천하지 못하는 것이고, 건강한 성도들이 질병에 걸리는 것을 감수하면서 봉사하기를 원해도 봉사를 실천하지 못하는 것이고, 장수하는 성도들이 순교하기를 원해도 순교를 실천하지 못하는 것이다.

그런데 어떤 성도들은 얼마든지 부유하게 살 수 있는데도 하나님의 영광을 위하여 청빈하게 살고, 얼마든지 건강하게 살 수 있는데도 하나님의 일을 하다가 병들고, 얼마든지 장수할 수 있는데도 순교한다. 이것은 본성을 거스르는 일이다.

사람에게는 본성을 거스르는 것이 가장 힘들다. 이 때문에 재산을 이웃에게 나눠 준 후에 청빈하게 사는 성도들이 매우 적은 것이고, 질병에 걸리는 것을 감수하면서 봉사하는 성도들이 매우 적은 것이고, 순교하는 성도들이 매우 적은 것이다.

믿음으로 저주를 선용하는 사람은 세상이 감당하지 못하는 사람이다. 성경은 이런 사람을 크게 칭송한다.

(히 11:33-38) 그들은 믿음으로 나라들을 이기기도 하며 의를 행하기도 하며 약속을 받기도 하며 사자들의 입을 막기도 하며 불의 세력을 멸하기도

하며 칼날을 피하기도 하며 연약한 가운데서 강하게 되기도 하며 전쟁에 용감하게 되어 이방 사람들의 진을 물리치기도 하며 여자들은 자기의 죽은 자들을 부활로 받아들이기도 하며 또 어떤 이들은 더 좋은 부활을 얻고자 하여 심한 고문을 받되 구차히 풀려나기를 원하지 아니하였으며 또 어떤 이들은 조롱과 채찍질뿐 아니라 결박과 옥에 갇히는 시련도 받았으며 돌로 치는 것과 톱으로 켜는 것과 시험과 칼로 죽임을 당하고 양과 염소의 가죽을 입고 유리하여 궁핍과 환난과 학대를 받았으니(이런 사람은 세상이 감당하지 못하느니라) 그들이 광야와 산과 동굴과 토굴에 유리하였느니라

'믿음으로 전쟁에서 승리하고, 사자의 입에서 살아나는 것'도 위대하다. 그러나 이보다는 '믿음으로 조롱과 채찍질뿐 아니라 결박과 옥에 갇히는 시련을 받고, 돌로 치는 것과 톱으로 켜는 것과 시험과 칼로 죽임을 당하고, 양과 염소의 가죽을 입고 유리하면서 궁핍과 환난과 학대를 받는 것'이 더 위대하다.

저주를 선용하는 사람은 사탄이 써먹을 카드를 모두 사용하게 만든 사람이다. 사탄을 절망하게 만드는 사람이다. 이 얼마나 멋지고, 이 얼마나 통쾌한 일이란 말인가!

저주에서 벗어나는 것은 사탄에게 강펀치를 먹이는 것이다. 저주를 선용하는 것은 사탄을 케이오(KO)시키는 것이다. 사탄은 저주를 선용하는 사람을 더 이상 감당할 방법이 없어서 그런 사람 앞에서는 한숨만 쉰다. 사탄은 가난에서 벗어날 수 있는데도 청빈하게 살면서 이웃을 돕는 성도에게 할 말을 잊는다. 사탄은 하나님을 위하여 목숨을 바치는 성도를 가장 무서워한다.

한편 믿음으로 저주를 선용하기 원하는 성도가 반드시 주의할 것

이 있다. 그것은 저주를 끊지 못하여 저주를 당하는 것과 저주를 선용하는 것을 정확하게 구분해야 하는 점이다.

게을러서 가난한 것은 저주를 선용하는 것이 아니다.
습관이 나빠서 병든 것은 저주를 선용하는 것이 아니다.
죄를 지어서 고생하는 것은 저주를 선용하는 것이 아니다.
범죄 때문에 죽는 것은 저주를 선용하는 것이 아니다.

가난에서 벗어나기를 소원하며 가난하게 사는 것은 가난의 저주를 선용하는 것이 아니다.
질병에서 고침을 받기를 소원하며 질병에 시달리는 것은 죽음의 저주를 선용하는 것이 아니다.
순교를 원하지 않는데도 죽임을 당하는 것은 죽음의 저주를 선용하는 것이 아니다.

부유하게 살 수 있는데도 자원하여 청빈하게 사는 것이 가난의 저주를 선용하는 것이다.
주의 일을 열심히 하다가 병든 것을 기쁘게 감당하는 것이 죽음의 저주를 선용하는 것이다.
주의 일을 하는 것 때문에 고생하는 것을 기뻐하는 것이 저주를 선용하는 것이다.
자원하여 순교하는 것이 죽음의 저주를 선용하는 것이다.

우리는 네 가지의 삶 중에서 하나를 선택할 수 있다.

첫째, 지나치게 범죄하여 무서운 저주 아래 살다가 비참하게 인생을 마칠 수 있다.

둘째, 대충 신앙생활을 하면서 평생 저주에서 벗어나기를 소원하다가 평범하게 인생을 마칠 수 있다.

셋째, 열심히 신앙생활을 하여 저주에서 벗어난 후에 부귀공명을 누리다가 인생을 마칠 수 있다.

넷째, 얼마든지 저주에서 벗어날 수 있는 능력을 받았음에도 불구하고 자원하여 저주를 감당하여 하나님께 큰 영광을 돌리거나, 불가항력적인 저주를 기뻐하면서 하나님께 충성하여 하나님께 큰 영광을 돌린 후에 큰 상을 받을 수 있다.

첫 번째 길은 많이 어리석은 성도들이 선택하는 길이고, 두 번째 길은 조금 어리석은 성도들이 선택하는 길이고, 세 번째 길은 조금 현명한 성도들이 선택하는 길이고, 네 번째 길은 가장 현명한 성도들이 선택하는 길이다. 어떤 길을 선택할 것인지는 각자가 결정해야 한다.

마지막으로 설명할 것은 복합적인 원인 때문에 받는 고난이다.

엘리 제사장의 후손인 아비아달 제사장은 자기의 죄와 가계저주가 복합적으로 작용하여 저주를 받은 사람이다. 성경은 이 사실을 아래와 같이 증언한다.

(왕상 2:26-27) 왕이 제사장 아비아달에게 이르되 네 고향 아나돗으로 가라 너는 마땅히 죽을 자이로되 네가 내 아버지 다윗 앞에서 주 여호와의 궤

를 메었고 또 내 아버지가 모든 환난을 받을 때에 너도 환난을 받았은즉 내가 오늘 너를 죽이지 아니하노라 하고 아비아달을 쫓아내어 여호와의 제사장 직분을 파면하니 여호와께서 실로에서 엘리의 집에 대하여 하신 말씀을 응하게 함이더라

본문에서 보는 것처럼 아비아달은 엘리가 지은 죄와 그 자신이 지은 반역죄가 복합적으로 작용하여 제사장의 직분을 파면당하는 저주를 받았다.

바울은 자기의 죄와 가계의 죄와 하나님께 헌신한 것이 복합적으로 작용하여 고난을 받은 사람으로 볼 수 있다.

(행 9:17-25) 아나니아가 떠나 그 집에 들어가서 그에게 안수하여 이르되 형제 사울아 주 곧 네가 오는 길에서 나타나셨던 예수께서 나를 보내어 너로 다시 보게 하시고 성령으로 충만하게 하신다 하니 즉시 사울의 눈에서 비늘 같은 것이 벗어져 다시 보게 된지라 일어나 세례를 받고 음식을 먹으매 강건하여지니라 사울이 다메섹에 있는 제자들과 함께 며칠 있을새 즉시로 각 회당에서 예수가 하나님의 아들이심을 전파하니 듣는 사람이 다 놀라 말하되 이 사람이 예루살렘에서 이 이름을 부르는 사람을 멸하려던 자가 아니냐 여기 온 것도 그들을 결박하여 대제사장들에게 끌어가고자 함이 아니냐 하더라 사울은 힘을 더 얻어 예수를 그리스도라 증언하여 다메섹에 사는 유대인들을 당혹하게 하니라 여러 날이 지나매 유대인들이 사울 죽이기를 공모하더니 그 계교가 사울에게 알려지니라 그들이 그를 죽이려고 밤낮으로 성문까지 지키거늘 그의 제자들이 밤에 사울을 광주리에 담아 성벽에서 달아 내리니라

이처럼 바울은 회심 초기에 열심히 전도하다가 살해 위협을 받아서 도망자로 살았다. 이 고난은 그의 헌신과 그의 죄와 그의 조상들의 죄가 복합적으로 작용하여 닥친 것으로 보아야 한다.

그의 죄는 교회를 박해한 것이고, 그의 조상들의 죄는 조상들이 바리새인으로서 외식을 한 것이고, 그의 헌신은 예수님을 믿자마자 전도에 열성을 낸 것이다.

지금부터 약 10여 년 전에 필자는 성령세례를 받은 후에 성령론 난해 구절들과 구원론 난해 구절들을 깨달았다. 하지만 서둘러서 그것을 책으로 출판하는 바람에 설명을 충분하게 하지 않았다. 또한 마음의 상처 때문에 필자의 책을 비판하는 목회자들에게 강하게 반응했다. 그리하여 교단 목회자들의 강한 저항에 부딪히게 되었다. 그때 필자는 "목사직을 걸고 이 책들을 전파하겠다"고 선언했다. 이것이 소위 내적 맹세다.

그때 필자는 내적 맹세의 해악을 전혀 몰랐다. 결국 필자는 내적 맹세를 범한 죄와 진리를 지키기 위한 헌신과 가계저주가 복합되어 교단에서 추방을 당했다. 필자는 양촌힐링센터에 와서야 이 사실을 깨달을 수 있었다.

필자는 양촌힐링센터에서 치유사역을 하면서 저주를 선용하는 것이 가장 좋은 것을 깨달았다. 그때부터 박해를 기쁘게 감당하면서 하나님의 특별한 은혜로 성경의 난해 구절들을 해석하여 전파하는 사역을 감당하고 있다. 이 일을 하는 보람은 목회할 때의 보람과 차원이 다르다.

필자가 전인치유사역에 보람을 느낀 것은 앞에서 약간의 간증을 소개했으므로 여기서는 『지옥에 가는 크리스천들?』(1, 2, 3)을 보급하는 것에 큰 보람을 느끼는 점을 소개하겠다.

어떤 신학교의 교수는 본서를 읽은 후에 아래와 같은 문자를 보내왔다.

"어젯밤에 목사님의 저서『지옥에 가는 크리스천들?』(1, 2, 3)을 읽어 보고 참 감사했습니다. 대학생들과 목사님들 중에서 구원의 확신이 없는 사람들과 씨름해 오던 내용들을 명확하게 잘 정리해 주신 논문입니다."

어떤 목회자는 『지옥에 가는 크리스천들?』(1, 2, 3)의 동영상과 책을 읽은 후에 아래와 같은 문자를 보내왔다.

"목사님!『지옥에 가는 크리스천들?』(1, 2, 3)책 잘 받았습니다. 존경합니다! 유튜브에서의 열강! 경청, 숙독, 반복 수강! 너무 큰 도움 됩니다. 한번 거하게 쏘겠습니다! 내내 건강하세요!"

어떤 집사는 필자의 책『지옥에 가는 크리스천들?』(1, 2, 3)을 읽은 후에 큰 은혜를 받아서 이 책들을 서점에 보급할 수 있는 헌금을 했다.

어떤 집사는 신학교에 입학을 하면서 "나는『지옥에 가는 크리스천들?』을 널리 알리기 위하여 신학교에 간다"고 했다. 그는 얼마 전에 목사 안수를 받았다.

지금까지 설명한 것처럼 고난의 원인은 여러 가지다. 이 때문에 어떤 사람이 고난(재앙)을 당하는 것을 무조건 "가계저주 때문에 그런 것"이라고 해도 안 되고, 무조건 "의롭게 살아서 그런 것"이라고 해도 안 된다.

▼ 내적 맹세에 관하여

'내적 맹세'란 '마음, 또는 말로 쓸데없이 맹세하는 것'을 의미한다. 필자가 "목사직을 걸고 하나님이 깨닫게 해 준 진리를 지키겠다"고 한 것을 '내적 맹세'라 한다. 필자가 그때 내적 맹세의 무서움을 알았으면 '목사직을 걸고'란 말을 빼고, "최선을 다해서 하나님이 깨닫게 해 준 진리를 지키겠다"고 했을 것이다.

사람이 내적 맹세를 하면 사탄은 합법적으로 그 맹세가 이루어지도록 공작한다. 이 때문에 내적 맹세를 하는 사람에게 불행이 닥치게 된다.

성경에 나타난 내적 맹세의 실례(實例) 중에는 요나단과 사울의 맹세가 있다.

> (삼상 14:43-45) 사울이 요나단에게 이르되 네가 행한 것을 내게 말하라 요나단이 말하여 이르되 내가 다만 내 손에 가진 지팡이 끝으로 꿀을 조금 맛보았을 뿐이오나 내가 죽을 수밖에 없나이다 사울이 이르되 요나단아 네가 반드시 죽으리라 그렇지 않으면 하나님이 내게 벌을 내리시고 또 내리시기를 원하노라 하니 백성이 사울에게 말하되 이스라엘에 이 큰 구원을 이룬 요나단이 죽겠나이까 결단코 그렇지 아니하니이다 여호와의 살아 계심을 두고 맹세하옵나니 그의 머리털 하나도 땅에 떨어지지 아니할 것은 그가 오늘 하나님과 동역하였음이니이다 하여 백성이 요나단을 구원하여 죽지 않게 하니라

본문은 요나단이 사울의 맹세(저녁때까지 음식을 먹는 사람은 저주를 받으리라)를 알지 못한 상태에서 꿀을 먹은 것 때문에 일어난 사건을 다룬 내용이다. 요나단이 사울의 맹세를 알지 못했으므로 요나단이 꿀은 먹은 것은 죄가 아니다. 그러므로 그는 죽임을 당할 이유가 전혀 없다. 그런데도 요나단은 "내가 꿀을 먹었기 때문에 죽을 수밖에 없다"고 선언했다. 일종의 내적 맹세를 한 것이다. 그러자 사울은 "네가 반드시 죽으리라"고 선언했다. 이어서 "그렇지 않으면 하나님이 나에게 벌 위에 벌을 내리시리라"고 선언했다. 그 역시 내적 맹세를 한 것이다. 이런 죄와 다른 죄들과 가계저주가 복합되어서 사울과 요나단이 비참하게 죽은 것이다.

(삼상 31:1-6) 블레셋 사람들이 이스라엘을 치매 이스라엘 사람들이 블레셋 사람들 앞에서 도망하여 길보아 산에서 엎드러져 죽으니라 블레셋 사람들이 사울과 그의 아들들을 추격하여 사울의 아들 요나단과 아비나답과 말기수아를 죽이니라 사울이 패전하매 활 쏘는 자가 따라잡으니 사울이 그 활 쏘는 자에게 중상을 입은지라 그가 무기를 든 자에게 이르되 네 칼을 빼어 그것으로 나를 찌르라 할례받지 않은 자들이 와서 나를 찌르고 모욕할까 두려워하노라 하나 무기를 든 자가 심히 두려워하여 감히 행하지 아니하는지라 이에 사울이 자기의 칼을 뽑아서 그 위에 엎드러지매 무기를 든 자가 사울이 죽음을 보고 자기도 자기 칼 위에 엎드러져 그와 함께 죽으니라 사울과 그의 세 아들과 무기를 든 자와 그의 모든 사람이 다 그 날에 함께 죽었더라

| 참고 |

전인치유를 받지 않았지만 행복하게 살거나 자원하여 기쁘게 하나님께 충성하는 성도는 전인치유와 가계저주 때문에 고민할 필요

가 없다. 이런 성도는 이미 전인치유를 받은 것이고, 가계저주를 끊은 것이기 때문이다. 자신이 불행한 사람이라고 생각하는 성도들에게만 전인치유와 가계저주를 끊는 일이 필요하다.

이제 가계저주론을 마무리 지을 때가 되었다.
구약 시대의 성도들에게만 가계저주가 있는 것이 아니다. 신약 시대의 성도들에게도 가계저주가 있다. 하나님은 하나님께 순종하는 사람과 그의 후손에게는 복을 내리시고, 하나님께 불순종하는 사람과 그의 후손에게는 저주를 내리신다. 이것은 구약 시대의 성도와 신약 시대의 성도가 동일하게 적용된다. 구약 시대의 하나님과 신약 시대의 하나님이 동일한 하나님이기 때문이고, 구약 시대의 도덕법이 신약 시대에도 그대로 적용되기 때문이다.

가계저주를 부인하는 목회자들 중에도 가계저주로 고생하다가 죽는 이들이 많다. 가계저주 때문에 장애인이 되어서 고생하는 목회자들도 많고, 가계저주 때문에 가난으로 고생하는 목회자들도 많고, 가계저주 때문에 하나님의 영광을 훼손하면서 죽는 목회자들도 많다. 필자 역시 가계저주 때문에 죽음의 위기를 많이 넘겼고, 질병과 가난에 많이 시달렸고, 하나님의 영광을 많이 훼손했다.

목회자라도 큰 죄를 짓고 죽으면 그의 후손들은 그가 받은 저주를 대물림받을 수밖에 없다. 일제 시대 때 신사참배를 주도한 목회자들의 후손들을 보라. 그 목회자들이 초래한 저주 때문에 그들의 후손들이 대부분 지금까지 얼마나 고생을 많이 하는가?

일제 시대 때 친일 행각을 한 사람들의 후손들을 보라. 선조들이 초래한 저주 때문에 그들의 후손들이 대부분 지금 얼마나 고생을 많이 하는가?

반면 신사참배를 거부하다가 박해를 받은 목회자들의 후손들과 독립운동을 하다가 박해를 당한 후손들이 대부분 지금 얼마나 평안과 영광을 누리는가? 이런 일은 불신자와 성도에게 동일하게 일어난다. 이것이 가계저주, 또는 가계축복이다!

자신이 받은 가계저주를 부인하는 것은 자신이 마신 독극물을 부인하는 것과 같다. 독극물의 양이 적으면 건강에 약간의 지장을 받을 뿐이다. 하지만 독극물의 양이 많으면 큰 병에 걸리거나 비참하게 죽는다. 이와 같이 가계저주를 약하게 받은 사람은 생활에 약간의 지장을 받는다. 하지만 가계저주를 많이 받은 사람은 큰 고통을 당하거나 비참하게 죽는다.

사람은 가계저주를 받았을 경우에 그것을 끊지 않는 한 가계저주 때문에 불행을 당할 수밖에 없다. 이것은 일반상식일 뿐만 아니라 성경이 가르치는 진리다. 이런 진리를 부인하면 되겠는가? 이처럼 중요한 진리를 외면하면 되겠는가?

가계저주 찬성론자들이 가계저주를 충분히 설명하지 않은 채로 가계저주를 주장한 것은 실수다. 또한 가계저주 부정론자들이 가계저주를 충분히 연구하지 않은 채로 가계저주를 부인한 것도 실수다. 이 때문에 수많은 목회자들과 성도들이 가계저주를 끊지 못하여 큰 고통을 당하고 있을 뿐만 아니라 하나님의 영광을 가리고 있다. 우리 모두 다시는 이런 실수를 범하지 않도록 힘써야 하지 않겠는가?

여기서 우리 모두가 주의해야 할 것을 한 가지 말하고 싶다.

가계저주 논쟁은 자존심 싸움이 아니다. 이것은 진리 싸움이다. 그러므로 아무리 힘들어도 철저하게 이 문제를 규명해야 한다. 다수파의 힘으로 소수파를 박해하는 것은 지혜로운 태도가 아니다. 다수파의 힘에 굴복하여 소신을 꺾는 것도 지혜롭지 못하다. 가계저주론 논쟁은 치열하게 하되 상대방을 존중하는 것이 성도의 바른 자세가 아닐까?

| 맺는말 |

전인치유는 하나님의 뜻입니다. 이 때문에 예수님이 최선을 다하여 전인치유를 하신 것이고, 사도들 역시 그랬던 것이고, 초대교회 또한 그랬던 것입니다.

하지만 중세 시대로 접어들면서 교회는 전인치유를 외면하는 죄를 짓기 시작했습니다. 급기야 중세의 중기부터는 교회가 전인치유를 말살하는 죄를 짓고 말았습니다.

불행하게도 이런 상황은 종교개혁 시대에도 계속되었습니다. 종교개혁자 마르틴 루터는 전인치유에 관하여 천주교회와 동일한 입장을 취했고, 장 칼뱅은 기적 종료론을 내세우면서 전인치유를 부정했습니다. 프랜시스 맥너트 박사가 규정한 것처럼 '교회가 거의 완벽한 범죄'를 저지른 것입니다!

지금도 많은 목회자와 성도들이 전인치유를 부인합니다. 심지어 어떤 이들은 전인치유의 50퍼센트 이상을 차지하는 가계치유(가계저주)를 주장하는 사람들을 이단자로 취급하기조차 합니다. 이것이 무서워서 가계저주를 깨닫고도 공개적으로 주장하지 못하는 이들이 많습니다. 심지어 오랜 박해에 지쳐서 가계저주를 부인한 목회자도 있습니다. 그러나 닭의 목을 비틀어도 새벽이 오는 것처럼 다수파가 아무리 가계저주론을 억압해도 언젠가는 가계저주론이 승리할 것입니다. 가계저주론이 성경이 가르치는 진리기 때문이고, 하나님의 큰 은혜로 성경의 가계저주론 난해 구절들이 명쾌하게 해석되었기 때문입니다.

  필자는 전인치유를 경험하지 못한 독자들에게 하루속히 전인치유를 받기를 권합니다. 전인치유를 공부하지 못한 목회자들에게는 무엇보다 먼저 전인치유를 공부하기를 권합니다. 필자는 '전인치유를 모르고 신앙생활을 하는 것은 맹인이 맹인을 인도하는 것이다'라고 생각합니다. 그래서 이런 권면을 하는 것입니다.

  아무쪼록 이 책이 전인치유에 관한 이해를 넓히는 데 조금이라도 도움이 되었으면 합니다. 다시 한번 이 책을 쓰게 해 주신 하나님께 감사와 찬송과 영광을 올립니다

`개정 증보판` 성경주의 치유론

이것이 전인치유다

초판 발행일 2013년 8월 23일
개정 증보판 발행일 2020년 10월 30일

지은이 이화영
펴낸이 임만호
펴낸곳 도서출판 크리스챤서적
등 록 제10-22호(1979. 9. 13)
주 소 서울 강남구 선릉로112길 36 창조빌딩 3F (우: 06097)
전 화 02) 544-3468~9
F A X 02) 511-3920
e-mail holybooks@naver.com

책임편집 장민혜
디자인 이선애
제 작 임성암
관 리 양영주

Printed in Korea
ISBN 978-89-478-0364-9 03230

정가 15,000원

※ 잘못된 책은 바꾸어 드립니다.